外国人眼中的中国人

慈禧传

〔英〕约翰·奥特维·布兰德
〔英〕埃特蒙德·拜克豪斯————著

王纪卿————译

山西出版传媒集团　山西人民出版社

图书在版编目（CIP）数据

慈禧传 / (英) 约翰·奥特维·布兰德，(英) 埃特蒙德·拜克豪斯著；
王纪卿译 . -- 太原：山西人民出版社，2019.6
ISBN 978-7-203-10421-6

Ⅰ. ①慈… Ⅱ. ①约… ②埃… ③王… Ⅲ. ①西太后（1835-1908）—
传记 Ⅳ. ① K827=52

中国版本图书馆 CIP 数据核字 (2018) 第 219578 号

慈禧传

著　　者：〔英〕约翰·奥特维·布兰德　〔英〕埃特蒙德·拜克豪斯
译　　者：王纪卿
责任编辑：王新斐
复　　审：贾　娟
终　　审：来普亮
装帧设计：小徐书装

出 版 者：山西出版传媒集团·山西人民出版社
地　　址：太原市建设南路 21 号
邮　　编：030012
发行营销：0351-4922220　4955996　4956039　4922127（传真）
天猫官网：http://sxrmcbs.tmall.com　电话：0351-4922159
E - m a i l：sxskcb@163.com　发行部
　　　　　　sxskcb@126.com　总编室
网　　址：www.sxskcb.com

经 销 者：山西出版传媒集团·山西人民出版社
承 印 厂：山东新华印务有限责任公司

开　　本：710mm×1000mm　1/16
印　　张：16.5
字　　数：243 千字
印　　数：1—5000 册
版　　次：2019 年 6 月　第 1 版
印　　次：2019 年 6 月　第 1 次印刷
书　　号：ISBN 978-7-203-10421-6
定　　价：48.00 元

如有印装质量问题请与本社联系调换

译者的话

　　本书是中国历史上最有权势的女人之一慈禧皇太后的传记，作者是与她同时代的两位英国人，一位是曾任上海租界工部局书记官的《泰晤士报》驻华记者 J.O.P. 布兰德，传记名著《李鸿章传》的作者，另一位则是与慈禧皇太后有亲密接触的英国贵族埃特蒙德·拜克豪斯。虽然在本书中这两位作者只是声称，他们当中的一位"有幸见过一次皇太后"，并曾帮助慈禧的死敌康有为在遭到朝廷通缉时逃亡，但我们也无法断言二者与慈禧没有更为亲密的接触。相反，我们有理由相信，这两位作者非常贴近慈禧的时代，贴近她本人，而他们的作品会具有很大的权威性。

　　事实上，这部传记自 1910 年初版之后即风靡世界，因为它首次以独特的视野，向读者展示中国帝制史上最后一位强权统治者与清朝摇摇欲坠的形象，被传为旷世之作。两位作者展示了叶赫那拉氏作为一个弱质女人的善变、虚荣、爱玩、贪财、节啬、记恨，又深刻揭示了这个女强人精神层面上的男性气质，如热爱权力、冷静沉着、果决明快、熟稔历史、擅长对洋人玩障眼法，等等。而对于慈禧备受争议的问题，如她究竟是慈悲为怀还是残忍嗜杀，究竟是放荡不羁还是恪守传统美德，究竟是愚昧无知还是熟读诗书、热爱文艺，究竟是仇洋还是媚外，究竟是迷信还是轻信人言，究竟是保守透顶还是有意维新，等等，都有独到的见解和佐证。

　　把慈禧放在其所受教养、所处环境之中来考察，来加以评价，是本书的一个特点。作者没有企图以民主意识的高标准来要求传主，而是比较宽容地看待其历史局限性，因此给人的印象是对这个统治中国长达半个世纪的满族女人褒多于贬，因而民国笔记小说大家徐凌霄、徐一士兄弟认为，"似是书取材，以得之接近西后、荣禄者为多，故大为二者宣传耳"，并有多处记载失实。例如本书作者认为慈禧于丈夫咸丰皇帝在世时就参与政务，主持大计；又如本书记载同治皇帝驾崩后议立新君时，慈禧采用了投票法；又如本书称颂荣禄公忠体国，可与曾国藩媲美；凡此种种，徐氏兄弟都认为有悖于历史事实，甚至不符合常识。这些指责，译者在此无意于辨其是否合理，只想指出，就连徐氏兄弟也认为，本书中"亦不乏可供史家之参考者，是在吾人分别观之"。

在译者看来，清末由于太平天国运动与湘军的崛起，名臣辈出，其中有我们今天日益给予高度关注的曾国藩、左宗棠、胡林翼、李鸿章等人，而我们在探究这些人的赫赫事功、步步高升的生涯时，总是会看到有个女人如影随形地出现在他们的背景上，这个女人就是慈禧皇太后。可以说，研究晚清名臣，就绕不过这个女人，而晚清名臣的建树，都离不开这个女人的拔擢与支持。除了湘、淮军跟太平军、捻军与回民军的作战和她密切相关以外，左宗棠收复新疆，更是在她的大力支持下才得以葳功。当然，晚清政坛的种种劣迹，政权的腐朽，对外的软弱，也与她脱不开关系，这些在很多的慈禧传记中均有涉及，在此不再赘言。我们过去更多将慈禧放在宫闱秘史、道德评判的背景上来考察，而较少探究其治国之术和统治思想，因此，对于这个女人严肃的研究与评价，在其逝世一百多年后的今天，也许可以说还是刚刚起步。而本书对于澄清史实、提供研究的角度，确实具有很大的价值。

这个译本所依据的原本，是1913年经过作者认真增删修订的插图本，这个更优秀版本的译文，还是第一次与中国的读者见面。修订版在四个方面做了改进：其一，初版引用清朝文牍较多，行文较为刻板，可读性较差，而修订版在许多地方以作者的解说代替引文，阅读起来轻松许多；其二，改正了初版的错讹；其三，根据初版后发生的时事增补或修改了内容，使修订版得以与时俱进；其四，在卷首增刊了各家传媒的评论、出场人物简介以及北京地图及索引，使读者对本书的人物与场景一目了然，并便于记忆。

需要说明的是，本书中引用的《景善日记》，经专家们考证，皆以为并非出自景善之手，即系伪作，而其中所记之事则非尽伪。此种伪作，与出自美国人曼尼克思（Mannix）之手的伪作《李鸿章回忆录》一样，作伪者的技巧与功底确实令人惊叹，甚至难以置信。所以，其本身就是一种很值得探讨的现象。尽管本书中的许多记述和结论以此伪作为凭，但因本书除此之外作为依据引用的大量国事文件都是真凭实据，所以我们并不能因一篇伪作的引用而否定本书的史学和文学价值。

本书中对于中文文牍的引用，在译文中已尽可能依据中文原著还原，其中各位皇帝的上谕和两宫太后的懿旨及大臣们的奏疏，分别依据的是广西师范大学出版社出版的《咸丰同治两朝上谕档》和《光绪宣统两朝上谕档》，以及中华书局出版的《光绪朝东华录》。各种日记、文章的原文出处，除了在正文译注中做了说明的之外，其余都是录自有关出版物，不再一一标明出处。

王纪卿
2012 年春节前夕
谨识于长沙听雨轩

献给

A.F. 莫里森

大清国慈禧皇太后

慈禧

目 录
CONTENTS

前　言

普鲁士驻慈禧宫廷的亨利王子殿下

本书作者曾有幸与普鲁士的亨利王子殿下就 1898 年 5 月 15 日皇太后对他进行的召见做过下述的沟通。其中叙述了导致慈禧第一次接见驻北京宫廷外交使团女士们的那种环境，这种叙述具有隽永的趣味。而本书作者在准备此书修订版时，有幸能够利用这个机会将之公布于众。

当我在 1898 年被任命为海军少将，出任德国驻华巡洋舰队副司令的时候，我有了访问北京的机会，并获准接受已故皇太后与已故皇帝的召见。

我被告知，这种召见是大大超出常规的，在过去，中国历史上从未有一名欧洲人在一位中国皇帝身前站立如此之久。若非皇太后完全不顾其顾问们的意愿执意要在这时接见我，此事是不可能实现的。不过，皇太后的目的或许是想要证明她才是当权的君主。

召对的时间为 1898 年 5 月 15 日，地点在夏宫万寿山，当时展现了中国统治者的所有威仪。皇帝的召对是在我觐见了皇太后之后开始的。

在我接受召见的前一天，我拜访了北京的外国公使们，认识了英国公使窦纳乐爵士及其夫人。他们都对第二天将要发生的事情表现出浓厚的兴趣，以至于在交谈中，窦纳乐夫人问我是否介意代表驻北京外国使团的女士们向皇太后转达一个口信。我同意了，于是窦纳乐夫人要求我询问皇太后是否愿意在任何一天的任何时间，当她方便时，接见一下外国使团的女士们。我承诺，只要有合适的机会，我会尽力去做，但我当然无法保证一定能办到，因为我对皇太后接见时的情况一无所知，对中国的礼节也知之不详。

不过，机会的确出现了。在谈话的间歇，我鼓起勇气向皇太后提出了那个问题。她沉吟一会儿，回答说她愿意在两到三周的时间内接见那些女士。

我回到北京后，这个消息受到了热烈欢迎，就我记忆所及，那些女士在大约三周后受到了接见。如果对我的叙述有什么疑问，我肯定窦纳乐爵士和夫人都会证实我所言不差。

我讲述这些事实的原因是，这次接见在当时引起了相当大的轰动，被视为中国历史上的一个新起点，而就我最深的认识而言，这的确是一个新起点。我提起此事的另一个原因是，尽管这部著名的作品中记载了有关已故皇太后生平的那么多有趣的细节，却没有提及以上这些事情。或许本书的作者并不知晓上述事实，而这些事实是很重要的，可以弥补对那位伟大而强势的统治者的生平描述中缺失的一环。对于她，自从见过她之后，我就一直怀着最大的崇敬。

普鲁士的亨利王子
1912 年 2 月于基尔

第一章

叶赫那拉氏的家世与少女时代

叶赫那拉家族，满洲最古老的部族之一，其血统可以直接追溯到杨吉砮贝勒。这位杨吉砮的女儿嫁给了努尔哈赤（1588 年）——满人统治中国的真正奠基人，大清皇帝们最早的直系祖先。杨吉砮老是袭击汉人的领地，那里的人依然拥戴腐化堕落的汉人君主万历皇帝。1583 年，他在一次袭击中被杀于奉天。他的部落生息繁衍在那个地区，靠近朝鲜边境，仰望着高耸的长白山，满族发祥的真正摇篮。他和他的人民通过不断侵扰位于变化无常的边境上的那些富庶之地，似乎学会了战争的艺术，养成了强烈的征服欲。那些富庶之地，如今眼看就要遭受新入侵者的奴役。杨吉砮的女儿凭借丈夫的征服而拥有了皇后的尊号，而最终从明朝手中夺取整个满洲的正是她的儿子——以"天聪"的年号统治疆土的清太宗皇太极。

1835 年 11 月，叶赫那拉氏诞生于这个部族，她的人生注定要影响芸芸众生。叶赫那拉氏，她将三度成为中国的摄政者，独揽朝纲超过半个世纪。她的父亲名叫惠徵，拥有世袭职位，是八旗军团的一名指挥官。从他优越的出身来看，其同时代人一般认为他并不成功，至死也不过是一名道员而已。他任职于安徽省，辞世时女儿仅有三岁，一位名叫穆扬阿的亲戚悉心照顾他的寡妻和全家人，他的女儿后来成为咸丰的贵妃（后称慈禧皇太后），与钮祜禄氏（慈安皇后，后称慈安皇太后）共同垂帘听政。孩子们从他那里受到了完善的教育。

近年来流传着许多捕风捉影、荒诞可笑的故事，指陈皇太后的先人们身份卑微，有时甚至不大光彩。其中许多故事只不过是黄色新闻，搜寻哗众取宠的素材，迎合其读者诋毁偶像的本能。不过，有些故事无疑源于宫廷钩心斗角的妒忌、怨恨与恶意，源于"铁帽子王"们以及皇族长支中其他高官们的原创，他们当中很多人醉心于抹黑慈禧的家族与人格，目的是让叶赫那拉一族"丢脸"。就这样，由于从高处扔下的泥巴通常粘得牢，他们存心不良的故事不胫而走，常被信以为真，在北京，也在南方——看看康有为及其同辈人的著作就知道了。

举个例子。这些虚构的故事，道光皇帝第五子惇亲王常讲其中的一个，讲得有鼻子有眼，活像真的。这位王爷对慈禧心怀妒恨，因为他的野心成空——他被挤出了皇位的直系继承序列。但他在1875年仍然指望自己的儿子被选为皇帝。这个故事，他通常是这样讲的：当年皇太后的母亲带着一大家子（包括中国未来的统治者）守寡时，他们在其丈夫曾经为官并死于任上的宁国府城内过着贫穷潦倒的生活。她没有盘缠回京，眼看就要沦为乞丐，多亏发生了一件幸事，当她乘坐的船途经一座城市时，本来要送给另一位旅客的一笔银子，误送到了她的船上。那位旅客得知这个误会之后，看到这家人的穷困，起了恻隐之心，坚持要她把银子留下来。二十五年后，慈禧垂帘听政，大权独揽，这位官员进京朝觐，皇太后记得曾受此人恩惠，令他平身，对他的善意表达了谢忱。比之出自同一源头的许多故事，这个故事较为动人，那些故事的创意，同样也是基于这样一个想法：一位满人官员死于地方官的任上，穷困潦倒。但不幸的是，故事的真实性有问题。毫无疑问，慈禧父亲去世的时候，他的妻子儿女都不在身边。家人们提前进京了，期盼他早日回京，就任正白旗军团中的新职。

在进一步叙述之前，最好简介一下叶赫那拉家族在其与皇族长支关系中的地位，因为无论现在或是将来，就其对现代中国历史的影响而言，这都是一个意义不小的问题。自从载垣阴谋失败后，叶赫那拉氏成为帝国事实上的统治者以来，皇室与这个显贵家族之间总是相互猜忌，摩擦不断，而在戊戌政变后，两者之间的关系变得格外紧张，尽管对皇太后"圣怒"的有益的畏惧防止了断然的决裂，但发生麻烦的可能性始终潜藏在紫禁城内。接下来在京城里发生的一些事件，尤其是直隶总督端方因为被控在皇太后的葬礼上言行不敬而遭革职，由于失去了慈禧的铁腕，就凸显了满人阵营的不和以及困扰清政府的危机。就外国人而言，对于宫廷生活及党争的实际情形，很难形成清晰的概念，因为宗谱、亲戚之间的通婚与过继和古代家族的世仇等错综复杂的问题，会把他们弄得晕头转向。然而，应该说明，皇帝的族人（他们自称为爱新觉罗氏）分为黄带子和红带子两支，分别是努尔哈赤本人和他祖先的后代，凭借各自的世系，他们自认为血统纯正，是清朝最高级的贵胄（汉人也会承认这种自封）。叶赫那拉家族，虽然绝非皇室血统（君主跟一个家族的女性成员结婚，并不会令该家族获得超越贵族的等级），却大权在握，不仅因为其人多势众，还因为它为帝国贡献了三位皇太后；而尤为重要的是，因为慈禧拥有伟大的威望和个人声誉。如果以历史的观点来诠释 1908 至 1911 年之间的那些事件，并考虑到皇太后意味深长的遗诏，那么叶赫那拉家族的首领们肯定会要求光绪的寡妻追随她那位令人敬畏的姑妈的足迹，掌控国家大事，至少在她摄政的时期。由于慈禧眼光长远的治国才能，那位小皇帝，荣禄的外孙，从一开始就受到培训，要尊重老佛爷传下来的政策。

　　宫廷各派系之间的猜疑和纷争长存不消，起源于道光皇帝长支后裔们（其中以溥伦贝子与恭亲王为主要代表）的担忧。他们担心小皇上或其父亲摄政王会加高其本支创立者（第一代醇亲王）的谥号，让他身后获得皇帝的等级。这种追封在欧洲人看来也许无关紧要，但在中国人眼里，会造成皇族幼支一方的死后篡位，因为如此一来，第一代醇亲王就会被摆在与清王朝创立者努尔哈赤相等的地位上，实际上成为一个新世系的创立者。第一代醇亲王本人预见了发生这种情况的可能性，意识到肯定会引起严重的麻烦，因此就如我们后面将会看到的那样，他采取了预防措施，防止此类事情发生。那些以关注中国高端政策水流上所漂浮的稻草为职业的人们，有件事未能逃脱他们的眼光：自从小皇帝宣统登基以来，在第一代醇亲王的陵墓举行的祭祀变得非常讲究，隆重而讲排场。而在公文中，他的名字有了"二重晋封"，这就是说，在士大夫眼里，他被抬到了跟在位皇帝同等的水平。跟权威人士就这个问题说得上话的中国人普遍认为，当皇帝亲政时，他将被人引导着把进一步

醇亲王奕譞

的身后尊荣赐给他的祖父，包括"三重晋封"的荣耀，那将让其祖父与一位已故皇帝等量齐观，使他在该朝太庙里拥有专门的一席之地以享受祭祀。从中国人根本的观点来看，这样一个步骤的后果将是极为严重的，而且令人难以顺应。

老佛爷是本族的一个铁杆成员，在她的一生中，其直系亲属简直都凌驾于法律之上，沐浴着她那庇护的阳光，或者趁机获利，以至于摩擦的强劲暗流总是存在于他们与黄红带子们之间，这股暗流频频在京城的茶楼酒肆与街头集市激起回响。慈禧以冷落爱新觉罗族人为乐。在一道上谕中，她禁止皇族子弟在京城商业区居住，理由是她听说他们当中有些人从不光彩的生意中捞钱。她一点儿也不见爱于"铁帽子王"及努尔哈赤的其他贵裔，他们既怕她，又不停地抱怨她剥夺了他们确立已久的特权。

　　说到她对付这些世袭贵族的娴熟技巧，有一个很有趣的例子。当时一位皇亲公爵斗胆紧挨着皇城修建了一幢豪宅，俯瞰着皇宫禁苑相当大的一部分。房子刚建成，老佛爷便将它没收了，申斥房主不懂规矩，竟敢窥伺宫禁。她立刻将这幢豪宅赏给了弟弟承恩公照祥。

　　另一个事例说明了她的门阀观念，以及这种观念给地方当局带来的麻烦。朝廷于 1902 年西狩回銮，三年之后，在北京成立了新的巡警部。当时，皇太后的宠臣，汉人军机大臣徐世昌，被任命为这个新部的尚书，但他很快就发现，他手下的警察们在跟统治一族打交道时，运气实在不济。皇太后的二弟桂祥公是一名特别顽固的罪犯，完全不把警察规章放在眼里，怂恿仆从驾车逆行，还干了一些其他的违章之事，以此"挣脸"。有一次，一位热心的警察不畏权势，竟然逮捕了桂祥的一名仆从。徐世昌得知此事，当即下令放人，但桂祥觉得受了极大的侮辱，坚持要巡警部尚书亲自登门谦卑地道歉。倒霉的徐世昌三度造访公爵府，都被拒之门外，直到他在府外空敞的坪院上给桂祥磕头之后，他的歉意才被接受。此事在北京人眼中的意义，以及人们对慈禧族人权势的看法，可以从下面的事实推测而知：徐世昌随后当上了满洲诸省的总督，其后任邮传部尚书，1910 年 8 月晋升为军机大臣。然而，就这一次而言，老佛爷得知此事后，"准许"徐世昌不再在军机上行走，不久之后便将他调往了奉天。

　　叶赫那拉氏的母亲，即钮祜禄氏，比丈夫多活了许多年，住在锡拉胡同丈夫的房子里，离使馆区很近。当女儿成为皇额娘时，她受封为公爵夫人。她似乎是个精明能干的女人，即便是在一个以女性智慧而著称的家族当中，她也显得卓尔不群。她活到了高龄，死后在位于城外西郊的家族墓地中葬于丈夫身边，那个地方就在欧洲人的赛马场附近。她女儿在那里修了一座牌楼，树了通常都会有的大理石铭碑，显示出一片孝心。1902 年 1 月，皇太后西狩回銮，从正定府乘火车返京时，拒绝由京汉线入城，因为那条铁路靠近其父母的陵墓，如果经过那个地方时不虔诚地下车致礼，将会是对父母的大不敬。她为此得到正统派的赞扬。于是她改变路线，从南边进京，赢得了全体百姓的极大崇敬。

叶赫那拉氏的童年时代很少见诸记载，只知道在她儿时的玩伴中有一个名叫荣禄的亲戚，此人日后在她一生中的许多次危机中都扮演了非常突出的角色。普遍传说她一出生就被许配给了荣禄。这个说法无法证实，但毋庸置疑，荣禄对她影响很大，远远大于其家人或大臣们对她的影响，而这种影响力建立于他们的少年时代。康有为及其他反对清朝统治的汉人官员毫不犹豫地断言荣禄与她之间多年以来保持着不正当的亲密关系，始于巡狩热河期间，在她的皇帝丈夫去世之前。

叶赫那拉氏所受的教育是参与通常的经典课程，但她的脑子格外机敏灵活，加上野心勃勃，热爱权力，使她摆脱了经典教育通常会带来的僵化影响，把她的钻研转向活人世界的实际问题。她学会了娴熟地绘画，享受了艺术的真正快乐；她精通诗词，那种文体在形式上和最著名的英国公立学校的产物同属古典的刻板。十六岁时，她就掌握了汉文与满文的五经，有效地研读了二十四个朝代的历史记录。她无疑热爱知识，这是智慧的启蒙、力量的奥秘。此外，史家们断言，她对其伟大的天命有一种明确的预感。

1850 年，道光皇帝去世，他那活着的儿子们当中最年长的一位年方十九岁，承继大统，帝号咸丰。服丧期间（二十七个月），新皇帝不能结婚。期满之后，他发布一道上谕，命令所有符合条件的满族秀女都到内务府报到，候选备充后宫。咸丰继位之前已娶穆扬阿的长女为妻，但她已死于咸丰登基之前。在应诏候选的秀女当中，就有穆扬阿的次女萨克达氏（应为钮祜禄氏，下文中对同一个人的称呼皆做了改译。——译注）和年轻的叶赫那拉氏。1852 年 6 月 14 日，约六十名满人贵族的秀女出现在道光遗孀挑剔的目光前，她从中选出了二十八人，将之分为四个等级的嫔妃，即妃、嫔、贵人与常在。钮祜禄氏成了"嫔"，叶赫那拉氏则成为"贵人"。除了很少的例外，这些嫔妃更多的是其婆婆的仆从，而非其君主的妻子。理论上，她们的人数限于七十名，但很少维持在这个数字之内；除她们之外，宫禁内还有大约两千名满族女性，担当侍女和一般仆役，听从太监们的指挥。在所有家庭内部事务中，上一个故世皇帝的遗孀行使最高的权力，尽管有先例允许皇帝察看选秀的过程，但对于她们的安排与定级，皇帝并无发言权。

就这样，叶赫那拉氏离开了锡拉胡同的家，成为紫禁城的囚女，从此断绝了跟家人的所有直接交往。有一位退休的老妇人，从她首次踏进宫门，直到她去世为止，一直待候着她，提供了下面有关叶赫那拉氏唯一一次回娘家省亲时的有趣描述。那是1857年1月，她产下了儿子，即皇位继承人九个月之后，经皇帝特准，她可以离宫。一大早，太监们被派去向她母亲宣布：其女儿懿贵妃将在正午回家省亲。面对如此的殊荣，亲人及其朋友们莫不欢喜雀跃。锡拉胡同的街坊邻里全部蜂拥而出，观看太监和黄轿。轿子被抬进院内时，母亲和所有家庭成员（包括一些长辈）排列在外院的两厢。在通往内院的台阶的平台上，随从太监们请叶赫那拉氏下轿，然后她进入正堂，坐上尊席。家人们谦恭地上前向她行礼，除母亲和年长的亲戚之外，全体下跪。接下来大摆筵宴，经特别安排，母亲坐于女儿下首，以此承认她作为皇位继承人之母的地位。在场的所有人都对她有很好的印象：叶赫那拉氏一点儿也不装腔作势，流露出了真性情；她似乎没有沾染宫廷生活繁文缛节和讲求排场的习气，还是如同小家碧玉一般活泼有趣，对家事显得兴致勃勃，尤其关心妹妹们的教育。

宴会一直持续到傍晚，叶赫那拉氏提出和回答了数不清的问题。由于一月份短暂的白昼将尽，太监们请她起驾回宫。于是她跟家人依依告别，对她终身要跟家人隔绝表示衷心的伤感，但愿有朝一日皇上会再次允许她回来省亲。她说，她无论如何会设法让母亲进宫看望她。在向所有家庭成员分发礼品之后，她登舆被人肩抬而去。她再也未曾回过她的娘家，但在后来的岁月里，她母亲常到紫禁城来探望她。

叶赫那拉氏进宫之后，便开始扎稳脚跟，迅速赢得了道光遗孀的好感；起初通过皇太后的影响，后来凭借自己的魅力，她很快就成了她那位身体虚弱、风流成性的君主的首宠；1856年4月，她给皇帝生下了一位继承人，让他长期失落的雄心归于圆满，她的地位完全牢固了。在她进宫的那阵子，太平军运动在京城引起了极大的不安。1853年3月，太平军攻占了南方的都城金陵。当时叶赫那拉氏已经以披览来自各省的所有奏疏并给皇帝出谋划策为己任，利用她对天子日益增长的影响，确保了曾国藩被任命为军事统帅，

曾国藩

并为他提供经费在湖南募练乡勇。有了这支军队，加上戈登将军的帮助，曾国藩最终镇压了太平军。于是她很早就表现出了针对环境和传统藩篱的优越性，在国家危难时刻展示了使她与众不同的远大胸襟和明快果决。根据所有的官方先例，当时正在为母亲服丧的曾国藩是不能起用的，但叶赫那拉氏从来认为先例必须服从社稷，而不是社稷服从先例，这便是天生统治者的标志。

1855 年 8 月，道光遗孀驾崩，叶赫那拉氏因"尽心服侍"而升为"嫔"，她的同伴钮祜禄氏与此同时当上了皇后。

这一时期的汉人作家普遍认为咸丰治下将会见证清朝的终结，因为它"气数已尽"。全国到处都有叛乱；君主本人是个虚弱的浪荡子，无法在百姓当中激发忠诚和热爱。在士大夫眼里他是个堕落者，毫无令其五位先皇著称于世的学者品位，也无意追效先皇们的榜样，去编纂令学者们怀念他们的经典与辞书的重要版本。何况，他已有二十五岁，却没有生下一个继承人，被认为是不祥之兆，因为他的几位先皇早在十五岁之前就有了继承人。因此，当叶赫那拉氏于1856年4月产下儿子，太平军也被赶出了湖南和江西两省时，人们感觉到否极泰来，上天的眷顾再次对皇座绽开了笑颜。

在这一时期，皇帝的健康遭受中风的打击，已彻底垮掉，而叶赫那拉氏凭借皇位继承人之母的地位，更因她控制力很强的性格，成了帝国事实上的统治者。她的同伴，皇后钮祜禄氏，对国事很少或没有兴趣。在实际的等级上，叶赫那拉氏已经跃身于一等妃的位置，京师中人通常称之为"懿贵妃"。"懿"是她的尊称，意思是"女德"。

这一时期她在外交事务上的建议一般是具有进取性的，这不足为奇，只要我们记住她的少女时代，记住她的种族自豪感，记住她对外国及其资源的全然无知。人们普遍认为，被派去劝说额尔金勋爵离开大沽的特使耆英无功而返时，正是傲慢的叶赫那拉氏让皇帝颁发了那道上谕，令耆英以所赐"绸带"自尽，以示"皇恩浩荡"。皇帝拒绝批准钦差大臣叶某在广州与英国人谈判贸易问题，也是她的主意，这个决定直接导致了广州城于次年被外夷占领。那时的史家和笔记作者们留下的记载中，有一点通常是显而易见的，即皇帝的看法和作为都被忽略了，皇城和帝国的所有事务都得听从叶赫那拉氏。这件事本身，在一个不许女人管理国事的国度里，已经足够引人注目了，而我们还要记住，她当时仅为一介嫔妃，年仅二十二岁。

为了防止皇太后的几个名字和头衔发生混淆，应该解释的是，其家姓或族姓叶赫那拉，是在她被选入后宫之前和被选入后宫之时北京人对她的称呼。在宫里，在她被晋封为圣母皇太后（西太后）之前，她依然是叶赫那拉氏，但更多地被称作"懿妃"。作为共同垂帘听政者和圣母皇太后，皇帝下诏给她的正式封号是"慈禧"，还有很多尊称被加到这一封号之前。对于广大百姓，她既是皇太后，又是老佛爷，在她统治的末年，后一个亲切的尊称流行于北方。

第二章

逃往热河

英法联军入侵华北的原因及历史，已经众所周知，在此无须赘述。但是，叶赫那拉氏在逃往热河前后那段惊恐日子里所扮演的角色，欧洲读者是并不熟悉的。关于这个主题，一位翰林学士提供了最有趣的细节，他的日记在若干年后以纪事的形式私下印行，下面就是这份文献的摘录。它起初题为《罔极篇》，正如我们将会看到的那样，它主要是一座孝心的丰碑，其中朴实无华地交织着外夷的所作所为，以及叶赫那拉氏已占优势的个性。作者在文中流露出引人入胜的真挚情感，该文的叙事本身也充满了人情味。

（以下《罔极篇》的翻译以《吴柳堂先生文集》卷四之中文原文为基准。本书作者译为英文时有所增删，或与中文原文有所不同。对于删节之处，下面的译文未予补足；对于增添之处，以及不同于原文之处，则以黑体字标出，以使读者明了。——译注）

庚申七月。自慈亲得病起，五六日间，即传夷人已到海口，所有内外一切奏禀，概不发抄。以致讹言四起，人心惶惑，然犹未移徙也。时皇上方病，闻警拟狩北方，懿贵妃与僧王不可，且谓洋人必不得入京。

初一日至初十日。慈亲得腹泻之症。初谕家中人，不令不孝知。不孝由署回寓，偶见几上药方，始知病状，然犹以为年年偶犯耳，即令请刘医诊视，以平日多用疏通剂见效，故听其用药。不孝本不信刘医，因自咸丰三年至今八载，宅中自慈亲以次得病，请渠一诊，服药即见功效。

以故慈亲及家中人，无一不深信刘医者，而孰知祸胎即兆于此乎。呜呼！昔人谓为人子者不可不知医。不孝不知医，以致遭此大难，祸及慈亲，虽百身亦奚赎乎？

此十日内稍稍有迁徙者，缘海口接仗失利，我军伤亡，且伤一总兵官。北塘兵溃，炮台为夷人所有，僧邸奉旨不令接仗，以故坐困海口。外间未能深悉兵败之故，故消息不甚紧迫耳。

十四日（七月十三日）。是日，不孝见慈亲病势有加无减，心中焦灼，即请感冒假十日。不孝因慈亲抱病，外边一切事情，谕令家人不得告知慈亲。不孝日在慈亲前劝慰，安心静养。自是日以后，海口消息日紧一日。迁徙出京者，遂纷纷不止矣。

十七日（第二天）。是日，李敏斋大令前赴安徽大营，来宅辞行，知慈亲病，索看刘医方，大不以为然，且言必遭其祸。即亲自立方，中用石膏。不孝禀知慈亲，慈亲勉强服此，夜间觉气短。不孝着急，于五更即将敏斋接来一诊，据敏斋言并非药误。慈亲谓还是刘医方吃得平稳。不孝只得仍请刘医，照常用疏通剂。以不孝屡争老年人岂可如此克削，以后如槟榔、枳实等品，始开除不用矣。唯用顾气略略疏通方。

慈亲命不孝准备寿木，因慈亲自觉大限将近。所幸不孝已于八年前于奉天购得木材，寄放于京城之寿板厂，不孝已从该处取回。

十九日。不孝将寿木由富寿板厂取回，令其在宅鸠工兴作，二十日做成，仔细查看，花板料最难得宽厚，此则帮足三寸余，底盖足五寸，且样子极其好看，不意拼凑，反得全美。据匠人言，此刻若在京中买此，恐非千余金不可。适辛三爷亦来，云可值八百金。不孝以此事已成，略觉如愿。

二十一日。叫孔漆匠来宅，先将寿木生漆一遍，先做里，用漆二斤余。是日，李裁缝会请六人在宅，支案做寿衣，买绸缎等物。

二十五日。夜间将貂袄做成。不孝因见慈亲精神尚不大减，遂将蟒袄霞帔暂且不做。是时城中哄传夷人已到通州，定于二十七日攻城，居民纷纷移徙矣。

二十七日。用漆裹灰布一遍。是日，我军拿到夷目巴夏哩等九人，禁刑部监。于是京中鼎沸，圣驾有出巡之说。朝内大臣具折奏留，俱留中不发。凡在京旗汉大小官员眷口及财物，无一不移出京城者。然大生意如布巷前门一带，尚未摇动。此数日慈亲病症无增无减。不孝于二十四日又续病假十日。

八月初一日。用漆裹灰布一遍。慈亲自七月底以后，刘医则以益脾助气方日日进之，然总未见腹泻稍止。

初四日。慈亲于早间呼不孝进前，执手呜咽曰："我病必不能好，可给我预备，我于今日不想饮食矣。"不孝心如刀割，急呼李裁缝复到宅中，由源丰赊来蟒袄霞帔料，会人做成。是日，潘季玉世叔同杨剑芝孝廉到寓。据剑芝言病势过重，必须固下方能有转机。立方用赤石脂禹余粮涩下之剂。不孝禀知慈亲，慈亲生气，执意不肯服此方。

至夜五更，慈亲大泄一次，觉神气清爽，人人皆喜，即慈亲亦谓病势退矣。遂令成衣匠人等散工，不必如此着忙。至初五日，将蟒袄霞帔做出，又因慈亲嫌所盖小呢被子太重，即令做里面并被单皆用绸子被一床。慈亲言："虽然轻暖，然太过分，汝祖母、祖父何曾用过此来？"言讫泪下不止。

此时人心惶惶，移徙出京者日见其多，城门已闭彰义并东面一带城门矣。

初七日。我军与夷兵战于齐化门外。我军马队在前，且均系蒙古兵马，并未打过仗。一闻夷人枪炮，一齐跑回，将步队冲散，自相践踏，我兵遂溃。夷人逼近城边。先是，亲王及御前诸公屡劝圣驾出巡，圣意颇以为然。但格于二三老成并在朝交章劝止，故有并无出巡之旨，且明降谕旨，有能杀贼立功立见赐赏等语，故人人皆以为出巡之举已中止矣。

初八日。早，闻齐化门接仗失利之报，圣驾仓皇北巡。随行王公大臣皆狼狈莫可名状，若有数十万夷兵在后追及者。然其实夷人此时尚远，园中毫无警报，不知如何如此举动。当皇上之将行也，贵妃力阻，言："皇上在京可以震慑一切，圣驾若行，则宗庙无主，恐为夷人践踏。昔周室东迁，天子蒙尘，永为后世之羞。今若遽弃京城而去，辱莫甚焉。"

此时慈亲病重，不孝无心过问时局。大小官员若非已经离京，便是正在出城，商人之有能者皆将家眷送走。运费昂贵，多数人付不起，雇骡车去涿州需二十两，去保定府（约二百里）开价三十两。不孝不可能将慈亲送走，无可如何，只得坐待形势发展。

初九日。是日慈亲泄仍未止。商之刘医，将杨剑芝方试进半剂，连进两剂，稍止。后复不能止，从此不起矣，呜呼！

十二日。早间，慈亲大泄不止，再进固涩之药已不能咽。急将李裁缝叫来，将衣服套好，所有应用鸡鸣枕并被褥等物速为料理。

至是夜亥时，竟弃不孝而长逝矣。呜呼痛哉！抢地呼天，究复何益？自恨素不谙医，为人所误，此罪万死不能赎也。不得已，饮泣料理一切。先将中衣命内子等穿好，上用套好之白绉大衫、灰色绉夹袄、蓝缎棉袄、天青缎棉褂。上用蟒袄霞帔，补服钉在霞帔上，加上玉带，挂上琥珀朝珠，将金扁簪扎在头上。然后戴上凤冠，用大红表里褥子铺在床上，将慈亲安顿稳妥，头枕鸡鸣大红缎枕，安在上房正中。是日家家闭户，并无相好一人到宅者。

十三日。先将棺内拭净，用大红洋布八尺铺在底上，用薄薄一层土子灰，将洋布裹住灰，使灰不沾棺上，用天青缎长垫套在七星板上。然后将表里大红缎褥款款盛住入棺。周围上下用通草包垫好，使不能动。盖上绸裹里面大被，然后将大红表里被盖上，子盖紧紧扣住。于是日申刻封棺讫。

是时街上荒乱，无人来往。适门生杨柳岑水部来宅，渠已于七月丁内艰，言目下消息不好之至，渠已将母枢用钱暂买龙泉寺前地一块，于夜间暗暗入土，俟平定再起出，嘱不孝早为筹划，免得临时不及措手。不孝拟于上房后院破房内掘地安顿。柳岑以为在宅堂葬总不大妥，倘彼疑其内系金银，则害事不小。况夷人多疑，一入城，家家必须搜到。前入广东省城亦是如此，不可不虑。

十四日。彰义门开，不孝步行到九天庙，见正房尚空一间，令和尚先站定。回宅后思想九天庙一带安静之至，拟将灵柩送去暂安。不孝守住慈枢，将眷口送至霸州门生高摘艳处，主见亦未定。是时，内外十六门只开西便、彰义两门。前三门自初八日关闭后，至十一日始开顺治一门，内外城移徙者几于门不能容，前未移徙各家，至此亦尽移徙外出。然小生意及手艺人虽已尽走，而大生意各行尚未移动也。

二十一日（十九日）。用八人将慈枢送至九天庙安顿。不孝步行出城。是夜觉得城外比城内安静多多。

二十二日。早间进城，至城门口，几拥挤不能行矣。

二十三日。出门，见街上人三五一堆，俱作耳语。街道慌乱之至。至午后，忽西北火光烛天而起，哄传夷人已扑海淀圆明园一带矣。我兵数十万竟无一人敢当者，夷兵不过三百马队耳，如入无人之境，真是怪事。僧邸、胜帅兵已退德胜门外。

自二十四日以后，京中大生意如布巷、前门，绸缎、棉花各项，日日用车装驼载，不可复止矣。车价愈贵，移徙者愈多。即下至贫民亦用推车或驴头装载出京。是日恭邸于早间差弁到夷营送愿和照会。该弁行至夷营，见其持枪相向，惧而驰回。

二十四日以后，城北日见烟起，缘夷人到园后，先将三山陈设古玩尽行掳掠一空，后用火焚烧，借口乱兵烧毁。复出告示张挂各处，若和议不定，准于二十九日午刻攻城，居民务须远避，勿致玉石俱焚等语。以致居民愈恐，无一不思出京者。是日传言车驾已安抵热河。皇上下谕，言外兵深入，未克自裁，良用愧恨。传言皇上有病，而亲王载垣及端华谋摄朝政。若皇上崩，则懿贵妃等将为皇太后。但贵妃与载垣等人有隙，诸人多谗贵妃于帝前云。

二十六日。不孝在九天庙，探问外边夜间情形，俱言安静无事。唯日日过兵，九天庙却未驻兵。

二十九日。早间，荣儿进城来，言九天庙内已被天津兵丁住满，阖家惶恐。不孝急到庙内，见系我兵，始放心。唯时僧邸及胜帅俱扎营西北一带，距庙甚近，倘一开炮，俱成粉碎。况慈枢更为不妥之至。乃向

铜版画，1860 年英法联军攻打北京，在圆明园大水法十二生肖前集会

杠房约定九月初二日起程赴省，到刘医药铺，有推车数辆，每辆六金可到保定。随定四辆推车，装载行李。是日，夷人已于午刻进安定门，住居城楼，并城门洞内安大炮一，小炮四，口俱向南，插五色大旗。城中自一二品大员皆于是日出城。在城内者唯当事数人而已。是日，大臣等已将巴夏哩等以礼送回夷营矣。洋人方至营，而热河急诏至，命恭亲王尽杀之，以示不屈之意。懿贵妃既主持杀洋人于前，则此次之诏，或亦贵妃之意也。

九月初一。早间，彰义门未开，不孝坐车到西便门出城。人车拥挤，不能行走。不孝令车后来，自己步行出门，几乎碰杀矣。随到九天庙，令其将行李收拾，将做成蓝布棉棺套自己套上，正合式之至。不孝进城料理一切，到杠房告知，定于初二日起身，推车亦送给起身信息。是日，城外慌乱之至。自二十九日，梁海楼司农亦携如夫人与行李到庙居住，至初一日尚未入城，朝中大臣可知矣。

初二日早起，不孝即出城。时杠房人夫并推车已到，即将推车装行李四辆，并无人坐地步。随将慈枢用八人抬上。言明系龙杠，临时受其愚弄，竟未用中心大杠，只用小杠八人杠抬。不孝一时匆忙，未及细看，业已起身。即令内子并三弟妻金印坐自己单套轿车，荣儿步行随走。仓皇起身，狼狈之状惨不可言。不孝亦不忍多睹，只得听其如此。唯慈枢总要求妥当，余均在不计。打发起身后，一路步行回城。思想荣儿十五岁，并未步行上过路，倘慈亲有知，亦万不忍其受如此苦楚。遂雇推车一辆，令龚三拉纤追赶。幸是日出城矣。回宅后彻夜思量，慈枢并未用大杠，未免抬上时颠簸过甚。第二日一早，到杠房大闹数次，伊总言换杠而行了，及崔荣等由保定回京，据言并未换杠，路上亦未接得信函。杠房可恶之至。然已上了他船，无可如何。且据荣儿来信并崔荣说："一路杠头陈姓很操心，灵枢走得平稳之至，并不见得颠簸。到保定后，将毡套层层揭开，棺木并未受一点摩擦。"

自初二日慈枢及眷口起程后，京中夷人已入城内。讹言四起，人人自危。内城旗人未经移徙者，至此均将眷口移至南城店居住。流离颠沛之状，目不忍睹。有御史某上奏，言奸人荧惑帝听，仓皇北狩，弃宗庙人民于不顾，以致沦陷于夷，请速回銮云云。自初间起，日日闻得与夷人换和约未成，或由恭邸不肯出见，或因夷人所说难从，总未定局，居民愈觉不安。

初六日，英夷来照会，云我国太无礼，致将伊国人虐死五人，索赔银五十万两。适俄夷亦来照会云，闻得夷人索赔五十万金，伊愿说合令我们少赔。恭邸以此事即使说合，亦不过少十万、八万，又承俄国一大人情矣。随托言已许，不能复改，谢之。俄夷又来照会云：既已许赔五十万，自不必说。唯英国焚烧园亭，伊亦愿赔一百万两。前索二百万减去一百万，只需一百万，使了事矣。恭邸答应于初九日送去银五十万两。是时，夷人所添十六条无一不从者。当事者唯求其退兵，无一敢驳回。于是夷人大笑中国太无人矣。呜呼！尚忍言哉！尚忍言哉！懿贵妃闻恭亲王与洋人和，深以为耻，劝帝再开衅端。会帝病危，不愿离热河，于是报复之议遂寝矣。

请记住，这位翰林在日记中频频暗示，在英法联军向北京进军之时，皇帝毫无主见，于是我们有理由推测，下面这道颁发于咸丰十年八月初四日（1860年9月18日）的措辞严厉的上谕，即便不是出自叶赫那拉氏的手笔，也是在她怂恿下出炉的。

朕抚驭寰海，一视同仁，外洋诸国，互市通商，原所不禁。英吉利、法兰西，与中华和好有年，久无嫌隙。

咸丰七年冬间，在广东遽启兵端，闯入我城池，袭掳我官吏，朕犹以为总督叶名琛刚愎自用，召衅有由，未即兴问罪之师也。八年间，夷首额尔金等赴诉天津，当谕总督谭廷襄前往查办，该夷乃乘我不备，攻踞炮台，直抵津门。朕恐荼毒生灵，不与深较。爰命大学士桂良等往与面议，息事罢兵，因所请条约，多有要挟，复令桂良等驰往上海，商定税则，再将所立条约讲求明允，以为信据。讵夷酋卜鲁斯等桀骜不驯，复于八年驾驶兵船，直抵大沽，毁我防具。经统兵大臣僧格林沁痛加轰剿，始行退去，此由该夷自取，并非中国失信，天下所共知也。

本年夷酋额尔金、葛罗等复来海口，我中国不为已甚，准令由北塘登岸，赴京换约。不意该夷等包藏祸心，夹带炮车并马步各队，抄我大沽炮台后路，我兵撤退后，复至天津。因思桂良系前年在津原议之人，又令驰往，与之理谕，犹冀该夷等稍知礼义，但使所求尚可允许，不出情理之外，亦必予以优容。岂意额尔金等肆意要求，竟欲婪索兵费，强增口岸，陈兵拥众，入我郊畿，凶狡情形，至于斯极！爰命怡亲王载垣、兵部尚书穆荫前往再三开导，并命将所请各条妥为商办。逆夷犹敢逞凶，带领夷兵逼近通州，称欲带兵入见。朕若再事含容，其何以对天下？

现已严饬统兵大臣，带领各路马步诸军，与之决战。近畿各州县地方士民，或率领乡兵，齐心助战；或整饬团练，阻截路途。无论员弁兵民人等，如有能斩黑夷首一级者，赏银五十两；有能斩白夷首一级者，赏银一百两；有能斩著名夷首一人者，赏银五百两；有能焚抢夷船一只者，赏银五千两。所得资财，全行充赏。天津百姓素称义勇，务各敌忾同仇，明攻暗袭，以靖逆氛。

朕非好武穷兵之主，凡此大不得已之苦衷，当为天下臣民所共谅。至该夷所掳闽、广等处内地人民，皆朕赤子，如能自拔来归，或斩夷首来献，朕亦必予以厚赏。至该夷去国万里，原为流通货物而来，全由习恶汉奸百端唆使，以致如此决裂。并当谕令各海口一律闭关，绝其贸易。其余恭顺各国，任其各安生理。经此次剀切明谕，该夷倘能醒悟，悔罪输诚，所有从前通商各口，朕仍准其照常交易，以示宽大之仁。如尚执迷不悟，灭理横行，我将士民团等唯有尽力歼除，誓必全殄丑类，其毋后悔。

将此通谕中外知之。钦此。

八月初五，叶赫那拉氏出席了早朝，皇帝口谕：

夷人以议和为名，由津至通，节节进逼。所请各条，已皆允许，该夷必欲将该国夷书亲呈御览，坚欲撤退僧格林沁张家湾之兵，狂悖殊甚，抚局已形决裂，业经僧格林沁开仗获胜，大营现扎八里桥，阻截夷兵前进。

朝廷发布命令：坚决抗击从停泊在锦州海面的军舰上登陆的军队。

八月初七日，皇帝祭祀孔庙，但第二天早晨却不敢从颐和园进城，尽管他还想去祭祀列祖列宗，向他们报告自己打算离京。第二天一早，恭亲王被任命为全权大臣，取代怡亲王（载垣）的地位，而皇帝本人，尽管上谕措辞强硬，却在进入宫苑内的一座小庙敬拜了战神之后，便逃出了京城。在宣告离京的上谕中，这次逃跑被描述为一次"秋巡"。[1]

---

[1] 同样的委婉措辞也被用于描述 1900 年 8 月朝廷的西逃。

恭亲王奕䜣

　　朝廷仓皇启銮，仅在离京向北的路上行走了大约六十里，便停留在一座小庙里，度过第一个夜晚。一道上谕从这里发出，号召所有满人部队前往热河护驾。次日夜间，收到了恭亲王的一篇奏疏，报告夷兵的最新动向，但皇帝在回复中命令他随机应变，便宜行事。上谕说，对于事情的进程，皇帝无法遥控。换而言之，君主推卸掉了往后的责任。

　　十一日，朝廷驻跸密云县以北的狩猎屋。中国史家记载，皇帝疴沉，无法召见军机，由叶赫那拉氏代行其责。于是后者颁布了下面这道上谕：

　　本日胜保奏，夷氛逼近阙下，请飞召外援，以资夹击一折。

　　据称：用兵之道，全贵以长击短，洋人专以火器见长，若我军能奋身扑进，兵刃相接，贼之枪炮，近无可施，必能大捷。蒙古京营兵丁不能奋身击贼，唯川楚健勇能俯身猱进，与贼相搏，逆夷定可大受惩创。请饬下袁甲三等各于川楚勇中挑选得力若干名，派员管带，即行起程，克日赴京，以解危急等语。

　　逆夷犯顺，夺我大沽炮台，占踞天津，抚议未成，现已带兵至通州以西，距京咫尺。僧格林沁等兵屡次失利，都城戒严，情形万分危急。现在外军营川楚各勇，均甚得力，着曾国藩、袁甲三各选川楚精勇二三千名，即令鲍超、张得胜管带，并着庆廉于新募彝勇及各起川楚勇中，挑选得力者数千名，即派副将黄得魁、游击赵喜义管带；安徽苗练向称勇敢，着翁同书、傅振邦饬令苗沛霖遴选练丁数千名，派委妥员管带，均着兼程前进，克日赴京，交胜保调遣，勿得借词延宕，坐视君国之急。唯有殷盼大兵云集，迅扫逆氛，同膺懋赏，是为至要。

　　将此由六百里加急，各谕令知之。钦此。

在长城附近八沟市（原文为 Pa—Ko shih。——译注）的朝廷暂驻地，僧格林沁亲王的一份奏疏送到了，说在京城附近已见到夷兵的小股前哨部队，但还没有全面的炮击。皇帝回复以下面这道上谕：

　　据僧格林沁等奏夷务一折，览奏已悉。该夷现在虽未大队攻扑，时时窥探，迁延日久，必多诡计，抚局自宜早定。所奏法夷爱嘉略欲进城求见一节，已谕恭亲王奕䜣斟酌办理矣。至该夷大队如果直抵城下，僧格林沁等即督兵在后兜剿，毋令攻扑城池。倘城已攻破，万不能支，该大臣带兵速赴古北口，布置防守。

在经过一段悠闲的旅行之后，朝廷于十八日抵达热河。二十日，皇帝顾问们的意见似乎赞成不惜一切代价继续战争。于是颁发了一道上谕，指出外国军队竟敢在颐和园附近扎营，严禁恭亲王以任何理由赦免被俘外夷的性命。对此，恭亲王回奏说，战俘已被释放，安定门也已经交给了外国人。恭亲王实际上是一位合格的政治家，足以认识到中国唯一的机会就是屈服；于是他没有理会这道圣旨。不久皇帝也被说服了，批准重开谈判，并于九月十五日以下面这道上谕批准了已在北京签署的条约：

> 恭亲王奕䜣奏英法两国互换和约一折。英法两国业经朕派恭亲王奕䜣于本月十一、十二等日与换和约，从此永息干戈，共敦和好。所有和约内应行各事，宜即着通行各省督抚大吏，一体按照办理。钦此。

第三章

载垣阴谋

咸丰皇帝原定于 1861 年春天从热河返京，并已就此事降旨。然而，他的病情在一月份加重，他经不起旅途的折腾，这道上谕就被撤销了。

在热河，咸丰皇帝隔绝于诸位皇弟的直接影响，又因疾病而变得虚弱，因而逐渐落入了怡亲王（载垣）的控制之下。与载垣联通一气的有军机大臣郑亲王端华和宗室肃顺。这三人知道皇帝的末日快到了，必然会有一段辅政期，他们决定把大权抓在自己手里。怡亲王名义上是这场阴谋的领袖，但其教唆者和主魂则是肃顺。端华，其家族封号为郑亲王，是八大王家族之一的头儿，努尔哈赤之弟的直系后裔。肃顺是这位王爷同父异母的弟弟。年轻时，他是京师一个引人注目的角色，以无赖而著称，放荡不羁，沉迷于鹰猎与狂欢。他起初因两位王爷的举荐而引起皇帝注意，很快就赢得了耽于淫乐的君主的信任与好感。他从户部一个低级职位起步，迅速升迁，最终成为协办大学士，在这个职位上，他因贪婪和残忍而声名狼藉。他说服皇帝下令将其上司大学士柏葰[1]斩首，由此而令人对他又恨又怕。他的借口是柏葰在担任顺天府乡试主考官时偏袒考生，而真正的原因是柏葰刚正不阿、率直敢言，因此得罪了二王。正是在这一时期，他首次跟年轻的叶赫那拉氏发生冲突，后者担心此人对皇帝的影响日益增大，竭力抵消他的影响，同时要救大学士一命；她的努力失败了，肃顺的地位因她的失败而更加牢固。肃顺的所有反对

---

[1]　柏葰是当今外务部尚书那桐之父。

清军营地。1860 年 9 月 18 日，英法联军攻陷通州。21 日，清军与
英法联军在八里桥展开激战，统帅僧格林沁等率先逃走。22 日，咸
丰帝带人逃往河北承德。

者很快都被流放或降职。满朝悚惧，人人自危，尤其是人们意识到叶赫那拉
氏已经失宠，而肃顺则处心积虑地让大家有理由感到真实而频繁的恐慌。在
他的建议下，户部的所有主事全被革职，罪名是垄断现金市场，谋取非法盈
利。这个指控可能是有根据的，因为这类行径是京官们公认的部分谋生手段，
然而提起指控的却是因腐败而恶名昭著的肃顺，那就纯粹是报复了，这被他
接下来的行为所证实了。根据这一指控，他得以逮捕一百多名著名的富商，
用并不温和的手段将他们关押起来，直到他们花费巨资将自己赎出去。于是
肃顺积累了一大笔财富，使他能与怡、郑[1] 二王串通密谋，窥视大位，最终
导致他走向毁灭。直到今天，他的数百万家财大部分躺在大内的地下金库里，

[1]　"怡"与"郑"都是封号，意思分别为"和谐"与"镇定"。

那是在肃顺遭到弹劾伏法之后才搬进去的——由慈禧小心翼翼积攒起来的那数百万财宝，在1900年朝廷西狩期间，都被埋藏了起来。

主要是由于肃顺的建议，皇帝在英法联军逼近时离京出走，不顾叶赫那拉氏和军机处的再三恳求。也是由于他的建议，大多数高官和六部大臣未能陪同朝廷，凭着这一手，几位阴谋家就能对皇帝施加不断增长的影响，阻止与其不同的意见上达天听。唯有叶赫那拉氏表现出来的把握大局的极大勇气与智慧，才能在最危险的时刻粉碎这场阴谋。皇帝刚刚去世，密谋者尚未敲定最终的计划，她便秘密派人给恭亲王送去一封急信，要他火速赶到热河。在这里，在荣禄和其他忠实仆从的帮助下，她执行了一项大胆的计划，挫败了阴谋，将她置于中国政府首脑的位置上。那一天，几名篡权的辅政大臣败局已定，发现自己落入叶赫那拉氏手中，听见她发布由宗人府从速审判自己的命令，肃顺转向他的几名同伙，激烈地责备他们。"要是早听我言，杀掉这个女人，"他说，"我等何至有今日的下场！"

不过，我们先得转回这场阴谋的起点。一开始，怡亲王的目标是要让皇帝远离宠妃叶赫那拉氏的影响。他们抱着这个目的，告诉皇上一个秘密：外间纷纷谣传，叶赫那拉氏跟年轻的侍卫荣禄私通。当时荣禄是个大约二十五岁的健壮小伙子。他们认为皇后是一个可以忽略的因素，她脾气温和，性格平顺，对当朝的政治兴趣索然；但是，倘若他们的密谋要想成功，就必须一劳永逸地将叶赫那拉氏赶出宫，至少也要暂时打入"冷宫"。所谓冷宫，顾名思义，就是幽禁那些不听话或可耻嫔妃的处所。他们知道，无论他们的计划在热河取得多大的成功，只要皇帝回銮京城，危险就始终存在。在北京，臣僚们（哪怕君上最亲近的臣子）不可能时刻接近皇帝本人，而叶赫那拉氏在其太监的帮助下，会很容易重获皇帝的宠幸，恢复她的权力。因此，他们不断强调这位年轻妃子的所谓的行为不端，并引用乾隆某位皇后的先例。那个女人因为并非多么严重的失敬（对皇帝母亲的态度），就被监禁终身。于是，通过捕风捉影和暗示挑唆，他们大大影响了那个病人的头脑，他终于同意把叶赫那拉氏的婴儿，即皇位继承人，不再让她照看，批准把这个孩子交给怡亲王的福晋。为此，特意将那个女人召到热河行宫。与此同时，几名密谋者认为可以向皇帝揭发其弟恭亲王，指控他谋逆，默许外国人反对皇上，以及滥用全权大臣的权力。多年以来，怡亲王一直是恭亲王不共戴天的敌人。

在肃顺的策划之下，密谋者们进一步的意图是要屠杀京城里所有的欧洲人，处死（或至少终身监禁）皇帝的几个弟弟。于是他们提前草拟了几道上谕，证明并解释这些措施的正当性，打算在皇帝死后立即颁发，而皇帝现已行将就木。然而这时一个始料未及的障碍出现了，这是叶赫那拉氏的远见卓识为他们制造的许多障碍中的第一个。他们发现，叶赫那拉氏设法掌握了那枚特殊的印玺，神圣的习惯要求新皇登基的第一道圣旨必须加盖这枚印玺，以证明继位的合法性。这枚印玺一直由皇帝亲自保管，上面的印文意思是"合法传国"。没有这枚印玺，篡权者们可能颁布的任何上谕都会美中不足，缺乏一锤定音的合法性。依据中国人的看法，此后废除那些上谕将是有理可循的。怡亲王并未感觉到自己已经强大到了足以去冒控告叶赫那拉氏或采取公然措施来占有那枚印玺的风险。

听说自己的宠妃跟荣禄关系暧昧，皇帝非常生气，病情日益加重，那年的整个夏天，一直病恹恹地待在热河，他在京祭祀祖先的职责由恭亲王代行。六月初四日，即他三十岁生日的前一天，钦天监奏报：观察到五星连珠的吉兆。于是皇帝颁发下面这道上谕作复：

> 钦天监奏，八月初一日，日月合璧，五星连珠，并绘图呈览。本年五月，钦天监奏彗星见于西北，仰维天象示警，方滋警惕。兹复据奏日月合璧，五星连珠，自非虚词附会。唯念朕御极之初，即以侈言符瑞为戒。矧值东南贼匪未克殄除，眷念民生，唯增殷恻。即使星文表瑞，实为世运亨嘉之兆，亦唯有夕惕朝乾，冀邀上苍眷佑。如逆匪速就荡平，黎民复业，年谷顺成，休应孰过于斯。其不必宣付史馆，用昭以实不以文之意。钦此。

翌晨，皇帝在行宫苑中搭建的一座大殿里接受群臣朝贺，但叶赫那拉氏被排除在这场仪典之外。这是皇帝最后一次公开露面。从这天起，他的病情迅速恶化。

七月初七日，叶赫那拉氏设法派出一名秘密信使进京找恭亲王，向他通报其皇兄已奄奄一息，催促他火速派来叶赫那拉家族所属那一旗的一支旗兵。十六日，行在的军机大臣和六部九卿，载垣一党的所有追随者，进入皇帝的寝宫，在请皇后与嫔妃退下之后，说服皇帝签署圣旨，指定载垣、端华和肃顺在他去世后全权共同辅政，明确禁止叶赫那拉氏以任何形式控制皇嗣子。由于必不可少的国玺被叶赫那拉氏拿去了，无从寻觅，因此这些做法都是不合规范的。第二天黎明，皇帝驾崩，于是照例颁发密谋者们预先拟好的临终遗诏，其中任命载垣为首席辅政大臣，对恭亲王与皇后只字未提。

他们又以时龄仅五岁的新皇的名义颁布一道上谕，宣告他继承皇位，但人们注意到这道圣旨违背了自古不变的成例：忘了给予皇后恰当的颂扬。不过，在第二天，辅政大臣们担心横生枝节，又发了一道上谕，弥补了这一疏忽。上谕赐封皇后与叶赫那拉氏为皇太后。史家断言，顾命大臣们走这一步，是因他们意识到了叶赫那拉氏在热河驻军（全是满人）中享有不容置疑的声望，这个理由在他们心里的分量，重于她作为小皇帝母亲所有的权力。他们指望朝廷返京后能摆脱这种状况，却不敢冒险在他们的地位在京城获得确保之前，贸然将她除掉，以致引起内部的纷争。他们打算除掉她，这在后来得到了证明。很明显，只要她的野心和她具有磁性的个人魅力依然是左右局势的一个因素，他们的地位就不可能确保。然而，在最初的时刻，有必要确知京城与各省对摄政权的反响如何。

载垣的下一步行动，就是以联合辅政大臣的名义发表上谕，借此假传圣旨，并给首辅赐予"监国"的头衔，这个头衔到那时为止一直是专为皇帝的兄弟或叔伯们保留的。

当消息传到京城时，都察院及各部大臣交章上奏，奏折如洪水般涌来。大家恳求小皇帝将摄政权赐予两宫皇太后，或者按中国人的说法，叫作"垂帘听政"[1]。恭亲王和咸丰的其他皇弟此时与叶赫那拉氏暗通音信，他们和

---

[1] 这个表述意指一个事实，即两位听政的皇太后在朝会上应该是隐蔽在大臣们眼不能见之处的，因为在皇座前隔着一席帘子。

都察院一样，已经公认她是紫禁城的智囊。大家力劝她尽其所能促进先皇梓宫的启程回京。要达此目标，必须极度谨慎，机巧灵变，因为篡权者们已将先皇的几位嫔妃争取到他们那一边，他们还能依靠本族的若干名满人侍卫。在当时的境况下，肃顺的巨大财富绝非无足轻重的因素。肃顺本人并不受京城百姓的欢迎，因为他滥用权力，过于频繁地染指银票发行与现金的投机，让市民们吃亏不小，但谁都知道他的金库已经充溢，而世上没有一座城市比北京能用金钱买到更多的政治拥趸。肃顺的人生经历可以在后来的北京找到其完全的对应，只有其血腥的人生结局除外。

这时候，皇室的地位受到了歧视，而密谋者们的企图得到了政局的助力。外国军队占领了京城，许多省份在经历大造反的阵痛，百姓可能会欢迎统治者的变迁，而篡权的辅政大臣们对于所有国务的成熟经验是毋庸置疑的。然而，叶赫那拉氏那富有男子气概的不知疲倦的能量，加上荣禄及其他忠实追随者的有力支持，很快就让事情有了新的面貌，而军队的统帅曾国藩，她所提携的官员，从太平军手里克复了（安徽的）安庆，对她的事业是一个好兆头，于是形势向有利于她的方向转化。从此以后，她的勇气和手腕使她能够挑起对手互斗，赢得了时间与朋友，直至密谋者们的机会失去。然而，她的目标与野心，她在都察院内的朋友们已经表达过的，却在一定程度上受阻了，因为清朝家法禁止皇太后干政，而且存在相当近的先例，即顺治和康熙两位皇帝，都是由一班大臣辅政。就这两个先例而言，太宗皇后在政府里没有任何发言权。不过，一班大臣摄政的先例也被当作不祥之事，因为康熙冲龄时的几名辅政大臣，若非被发配充军，就是被迫自尽。很可能，恭亲王在鼓励和支持两宫皇太后的诉求时，还没有领略到叶赫那拉氏的个性力量，他认为一个女人辅政，会将最高权力交到他自己手中。

一位满人，曾随驾避往热河，曾描述他的经历，着重谈到叶赫那拉氏无尽的勇气和她举止风度的个人魅力，这些品质使她在大内侍卫们当中享有美誉，也为她赢得了最后的胜利。在这场阴谋最危险的时期，她小心翼翼地避免激起冲突，或引起篡权者们的怀疑，因此未与荣禄公开协商，而是买通太监安德海充当秘密中介（关于此人，后面还会讲到）。通过此人，每天有报告安全地送给京城里的恭亲王。与此同时，叶赫那拉氏假装宁静淡漠，故意对怡亲王表示顺从，打消了他的疑心。

八月十一日，辅政八大臣开会讨论局势，会后颁发一道上谕，以强烈的措辞斥责了御史董元醇在一份奏疏中提出的建议。此人请求任命两宫皇太后共同听政，并以先皇的遗诏作为这个提议的权威根据。与此同时，辅政八大臣以小皇帝的名义宣布，梓宫将于下月初二启行回京。这正是叶赫那拉氏一直在促成并等待的步骤。由于行在的大臣们和辅政大臣们都必须全程（约五百里）陪护梓宫回京，而灵柩车又沉重无比，由一百二十人推进，行走在多石的山路上，行进的速度必然很慢。每隔约五十里一站，必须准备休息之所，以庇护先皇遗体，让陪侍的官员过夜。如此一来，辅政大臣们至少要走十天，如果天气不好，则会耗时更久。对两位皇太后而言，灵车的缓慢行进十分有利，因为她们不用参加护送的队列，而是领头先行，乘快轿用五天时间就能赶到京城。清朝习俗与宫廷礼仪规定，殡葬队伍启程时，新皇和先帝的殡妃们要参与祈祷与酒祭，然后加紧赶路，提前到达目的地，准备举行类似的敬仪。于是叶赫那拉氏发现自己处于一个大为有利的战略位置，能够远远抢在敌人前面抵达京城。她迅速与恭亲王敲定了自己的计划，要给敌人一个热情的欢迎。

载垣及其同伙也心知肚明，被这位年轻皇太后甩在后面，他们处于大为不利的地位，前途会险情迭现。于是他们决定在途中暗杀叶赫那拉氏与另一位皇太后，为此下令：让首席辅政大臣的私人卫队护送两宫皇太后。要不是荣禄听到了这个阴谋的风声，两位皇太后肯定无法活着回到京城。在叶赫那拉氏的激励之下，荣禄迅速采取行动，连夜率一队亲兵离开送葬队伍，火速前去保卫两位皇太后，在她们抵达古北口之前追上了——此处是从平原进入内蒙古关口的尽头，就是将要实施暗杀的地点。

皇太后一行刚刚离开热河，就遇见了瓢泼大雨。道路泥泞，无法通行，两位皇太后被迫在长山峪避雨，这里没有像样的膳宿供应。梓宫大约在她们后方三十里。叶赫那拉氏时刻留心礼节，派了几名贴身侍卫，以其同伴和她本人的名义，恭问大行皇帝梓宫安否。怡亲王及其共同辅政诸人以一道上谕作答，报告灵柩车已安全抵达第一驻歇地。叶赫那拉氏于是做出最高当局的姿态，从私房钱中捐出白银千两，赏赐给灵柩车的车夫们，犒劳他们的艰辛服务。怡亲王深知自己的危险与日俱增，只要两位皇太后有设法对付他的行动自由，危险还会继续增加。不过，他依然要勇敢地扮演指派给他的角色，毫不马虎地恪守在他这个位置上必须遵循的传统。他给两宫皇太后上疏，谦卑地感谢她们对先皇遗骨的挂念。叶赫那拉氏则在复旨中赞扬他尽忠职守。就这样，在这条死亡之路上，他们在玩弄礼仪。双方往返的文件都记录于清朝档案，提供了明显的证据，说明满人和汉人即便是在生死关头，也同样把形式和文字看得极为重要。在义和团运动的高潮中，也可以举出类似的例子。

雨停了，两宫皇太后得以继续旅程，在荣禄护卫下安全地通过了山关，摆脱了遭遇伏击的危险。她们于九月二十九日抵京，比送葬队伍整整早到三天。她们刚刚抵京，便召开秘密会议，出席者有大行皇帝的诸弟，以及忠于皇太后事业的大臣和皇室宗亲。他们进行了漫长而焦虑的商议。尽管圣母皇太后持有合法继承的印玺，但要采取如此极端的步骤，如此匆忙，或许还如此暴力，捉拿护送大行皇帝梓宫的国家级高官，还没有过已知的先例。这样的行动，似乎会被当作对大行皇帝的不敬，以及对新君而言不吉利的开端。因此，一致的意见是，不可操之过急，要谨慎行事。于是决定表面上一律奉行清朝的传统。一旦梓宫抵达，第一步就是剥夺辅政八大臣篡夺的权力，其余依次而行。

按照预定，送葬队伍于十月初二日早晨抵达京城西北门，而在前一天夜晚，恭亲王派出一支大部队驻扎此处，以防载垣的同党发起突袭。小皇帝在两位皇太后的陪护下出城迎接梓宫到京，随行的还有大行皇帝的诸弟，以及一大帮文武官员。当灵柩车经过城门时，皇族们会跪地磕头，行礼如仪。梓宫前面是皇室纹章，其后是一大队满族骑兵。怡亲王及其他辅政大臣尽了安全扶柩抵京的责任，按照朝廷规制，接下来便要正式面奏小皇帝，才算履任完毕。为此，他们应召进入在城门内搭起的一座大帐里觐见新皇。两位皇太后都在场，还有先皇诸弟，以及大学士桂良和周祖培。

叶赫那拉氏，此时的主角，皇权的所有象征，显得镇定自若，一如常态，

1903 年慈禧与德龄在颐和园

拉开了这场大戏的序幕。她告诉怡亲王，母后皇太后和她本人感谢他及其同僚们作为赞襄政务大臣和军机大臣所尽的忠劳，而如今他们已被解职了。怡亲王装出满不在乎的样子，回答说，他是合法任命的首辅大臣，两位皇太后无权剥夺先帝实授给他的权力，在新皇冲龄践祚期间，圣母皇太后本人和其他任何人，未经他明确批准，不得参加朝会。

"咱们走着瞧吧。"叶赫那拉氏说罢，当即命令侍卫将三位参赞政务大臣拿下。接着，皇族们匆匆进宫，准备在紫禁城正门迎接先帝梓宫，因为，无论多么危急，在中国总是死者优先于活人。被罢黜的辅政大臣们默默地跟随其后。逃走或反抗是毫无指望的，因为大街小巷布满了效忠叶赫那拉氏事业的军队。她已胜券在握，从根本而言这是一次用精神力量解决具体问题的胜利。她第一次体尝到最高权力的壮丽与华耀。

两宫皇太后立即颁下一道盖有"传国"印玺的上谕，使自己的地位合法化。谕旨将几名密谋者和军机大臣革职，或令其等候处罚。此后，两宫皇太后以共同摄政者的身份，在东华门向梓宫行礼如仪，接着将其护送到了中殿暂栖。

身在京城平安之地，确信军队的忠诚，叶赫那拉氏现在处事更为大胆。她以自己和东太后的名义颁下第二道上谕（应为第一道懿旨。——译注），下令将三名主谋犯交宗人府严办。在恭亲王主持的调查期间，犯人们被剥夺了所有的职衔。睚眦必报的未来独裁者在这道谕旨中首次发声。

> 其胆敢质疑我等今晨召见恭亲王之权，用心之险难以置信，实属恶毒之极。前所施之罚，实不足以蔽辜。

对肃顺，皇太后尤为怒火难平。在热河失宠的那段日子里，肃顺福晋曾羞辱她，而叶赫那拉氏对羞辱从来是耿耿于怀的。第二天早晨，她特意针对肃顺颁下这道上谕：

> 前因肃顺跋扈不臣，招权纳贿，种种悖谬，当经降旨将肃顺革职，派令睿亲王仁寿、醇郡王奕譞，即将该革员拿交宗人府议罪。乃该革员于接奉谕旨之后，咆哮狂肆，目无君上，悖逆情形，实堪发指。且该革员恭送梓宫由热河回京，辄敢私带眷属行走，尤为法纪所不容。[1] 所有肃顺家产，除热河私寓令春佑严密查抄外，其在京家产，着即派西拉布前往查抄，毋令稍有隐匿。钦此。

肃顺的家产，据最保守估计，也价值数百万英镑，皇太后有了这笔收藏，一举获得了战斗力和坚实的核心。此后财富成为其野心的主要目标之一，成为其主要的力量源泉。在当朝历史记录上，只有一位官吏比肃顺更富有，那

---

[1] 私自让妇女伴随梓宫是可以用凌迟处死来惩罚的罪行。

就是乾隆朝的大学士和珅，他的家财同样被皇位继任者没收了。

然而，叶赫那拉氏强烈的报复欲没有就此满足。她的另一道谕旨，颁发于第二天，表明了其贪得无厌的天性，以及如同家庭主妇一般的节俭聚敛并守护财富的嗜好，这些是她至死未变的特征：

> 昨因肃顺跋扈不臣，已明降谕旨，革职拿问，并查抄家产矣。该革员于热河盖造房屋，年余以来，尚未完工，所蓄资财，谅必不少。着派春佑将该革员所有热河财产密速查抄候旨。该革员身撄重罪，难保不于事前寄顿。并着春佑传谕热河道福厚、承德府知府灵杰、热河总管毓泰，将寄顿之处悉为指出，一律查抄。倘福厚等敢于挟同隐匿，不吐实情，将来别经发觉，定当重治其罪，不能宽贷。该都统于派办要事，亦应认真办理，不得稍涉徇隐，致干重咎。将此由五百里谕令知之。钦此。

十月初六日，恭亲王与钦差大臣草草审结了对载垣及其同谋的指控，便递呈了他们的奏报。在就此奏报颁发的上谕中，案犯得到了最终的处置，载垣和端华被加恩赐令自尽，肃顺被判处斩首。

第四章

首度听政

载垣阴谋的破产，加上对几名首犯的严惩，给叶赫那拉氏的地位提供了保障，让她成为中国实际上的统治者（她的合作者就政治而言几乎是可以忽略的分量）。尽管如此，在垂帘听政的最初几年里，她仍然小心翼翼地避免显而易见的越权，将她自己及其野心藏在幕后，同时不放过任何机会增长经世之术的知识，获取主要大臣的支持。为此，这一时期的所有谕旨都是以皇帝的名义颁发的，慈禧的越权还不如光绪亲政后她退隐于颐和园的那段时期那么明显。首次听政（1861—1873）可以说是慈禧实验性的统治期，其间她尝到了权力的甜头，而避免锋芒外露。在第二个听政时期（1875—1889），她只是偶尔在朝廷的谕旨上署名，而她谨慎地掌握着所有官员的任命、赏罚的批准和其他国内政务，设法提高她在官僚群体中的个人声望与威信。光绪冲龄时"并未垂帘"，因为他是两宫皇太后所立，而同治皇帝是直接从其已故的父皇那里获得继位权。最后一次听政（1898—1908），则根本不是严格意义上的听政，而是在终身篡夺君主的皇权。这时她已明确了自己地位的力量，彻底放开了套在自己对权力的热爱之上的缰绳，带着几分因长期熟悉所生的轻蔑，给自己披上了所有表面可见的皇权象征，每天上朝，登大殿，升宝座，而傀儡皇帝则被贬于次座。她被公认并被拥戴为老佛爷，独一无二、无可争辩的帝国统治者。

在听政之初，她似乎也意识到女性统治者在中国历来不得人心，就连公元 8 世纪的武皇帝，中国历史上最伟大的女性，也被当作一个篡位者。

她知道，吕后（根据史家描述，其性格与她自己并不相似）巩固了标志着汉代崛起的权力，只赢得后人很小的敬意。另一方面，由于研读历史是她的消遣，她也知道，过去的皇太后们往往不顾原则与先例，支配国家的最高权力，她决定效法其榜样。除掉三名主要谋逆者后，御史和各部大臣们都请她以同样的雷霆手段处置他们的帮手和教唆者，而恭亲王若非为了报复，至少也是急于采取谨慎措施对付那些于先帝在位最后几个月内对他进过谗言的人。但是，叶赫那拉氏却表现出了政治家式的克制，她在早年就懂得了得饶人处且饶人的好处，而饶人一命，意味着笼络一家人。她将怡亲王仍留于军机处的同僚革职之后，余犯一概宽大处理。例如，吏部尚书陈孚恩遭到弹劾，就是他最早劝说咸丰皇帝逃亡热河，而未采纳慈禧的忠告，而且，在皇帝死后，他在京城里的大臣中，是唯一被篡权的大臣们召至热河的，尽管罪证确凿，慈禧却仅仅满足于将他革职。另一位官员，一名内务府大臣，竭力为密谋者们达成目的提供帮助，借口即将发生叛乱，极力劝阻咸丰皇帝在 1861 年春季返京，他也被革职了。但是没有出现大规模排斥性质的事情，尽管金钱和其他方面的好处通常会诱使北京的当权派实施报复。

在一道精明的上谕中，慈禧让人们明白，她希望只惩处少数人，即那些主要教唆他人的罪犯。她总是有这样一个特点：目标既已稳妥地达到，便采用提高警惕的宽大政策，即适可而止。在这个事例中，她已经充分知晓，载垣及其同党如果没有得到一大批高官的同情与支持，绝无机会，也无胆量，去图谋摄政之位。但她宁愿让铁拳藏在天鹅绒手套里，除非受到公开的挑战。她不愿打击一大片，不愿将私怨和报复心诉诸武力。我们在下文中还会看到，正是她的这个特点，使她享有几乎是堂吉诃德式仁慈的美名，尤其是在京城的百姓当中。我们发现这种美誉频频被描述为"面容和善"或"慈母"，这无疑代表了她复杂个性中的某种真实的动力。因此，一旦粉碎了这场阴谋，她便满足于告诫各相关人等："唯当各勤阙职，争自濯磨，守正不阿，毋蹈陈孚恩、黄宗汉等之恶习。"在另一道上谕中，她强调一个原则：失察之罪并不比公然行动轻许多。她严厉斥责诸王、大臣没能及时声讨密谋者，指责

慈禧

他们胆小怕事。她说，正是恐惧，而不是别的什么，妨碍了他们揭露真相。接下来，她用使中国人的谕旨成为一道永久盛宴的笔法之一补充道：今后倘再有任何篡权的密谋，她希望立刻有人毫不迟疑地向她报告密谋者的行动。最重要的是，她要皇室宗亲记住那三个阴谋家的下场，引以为戒，暗示再有此类图谋，将受到更加严厉的惩罚。

垂帘听政的起始步骤之一就是确定新皇的年号。篡权的王、大臣等已选定"祺祥"二字，意思是"吉兆的福祉"。但叶赫那拉氏的学究品位和精妙的判断力使她觉得这个年号取得蹩脚，字意重复。她要抹掉篡权者体制的一切记忆，选择了"同治"二字取而代之，意为"共同统治"，暗指两宫听政，以强调她自己在政府中的一份担当。就与皇帝本人相关的所有吉兆而言，后来的事实证明，此年号似乎未见得强过了另一个。

在将新年号诏告天下的同一天，两宫皇太后颁发了一道懿旨，解释并表明极不赞成强加到她们头上的殊荣：

> 垂帘之举，本非意所乐为。唯以时事多艰，该王、大臣等不能无所秉承，是以姑允所请，以期措施各当，共济艰难。一俟皇帝典学有成，即行归政。王、大臣仍当届时具奏，悉复旧制。

紧接着，又以皇帝的名义颁发了一道上谕，代表这个小男孩儿感谢两宫皇太后听政，承诺他一旦成年，将尽力服侍，以报慈恩。

当时对行政程序安排如下：两宫皇太后每天在偏殿共同主持朝会。朝会上，除所有朝廷大典之外，皇帝的叔祖父和四位叔父都免行"叩首"之礼，以间接地表示皇帝对长辈的尊敬。

两宫皇太后接受摄政权时，皇帝给她们赐封了尊号。头衔中的每个字代表每年从公帑中赐拨十万两白银（即时价两万英镑）。于是母后皇太后以尊号"慈安"而闻名，叶赫那拉氏则成了"慈禧"（慈爱与吉祥），前者为东宫皇太后，后者是西宫皇太后。在此后各个时期，尊号上又加了荣耀之字，每次加两字，于是在慈禧七十大寿时，她成了十六字尊号的骄傲拥有者。那一次，她谦和地拒绝了光绪皇帝（未经提示）要给她加封的四个字。慈安在有生之年一共获得了十个字。两位女士都在三十寿诞时得了两个字，在同治皇帝登基时各得了两个字，在他去世前为报答她们在其患天花期间"调护朕躬"各得了两个字，在她们四十寿诞时又各得两个字。慈禧在五十大寿时加了两字，光绪大婚时加了两字，六十大寿时又加了两字。走到生命终点时，慈禧完整的官方尊号便不易记住了，是为"孝钦慈禧端佑康颐昭豫庄诚寿恭钦献崇熙配天兴圣显皇后"。

听政之初，取悦并迁就恭亲王是适合叶赫那拉氏的做法。因此，慈禧与共同听政者一道，授予他"议政王"的头衔，并下特旨令他的"亲王"衔（这是先皇授予他的）成为世袭罔替 [1]。恭亲王请求免加第一个头衔，两宫皇太后一再郑重坚持。后来的事实表明，她们当中的一位确实不需顾问。由于恭亲王多次请免，两宫就世袭头衔做了让步，但说好了要在更合适的时机重提此事。叶赫那拉氏在她感恩的情怀中，忘不了恭亲王在热河为她扮演的勇敢角色，作为报答，将其女儿收养为大公主，准许她乘黄轿。这位格格对慈禧影响很大，尤其是在末期，在 1900 年帮助端郡王和义和团首领时表现得非常突出。

慈禧听政之初对许多行政常规程序一无所知，只能摸索着穿行于党派政治和外交事务的迷宫之中，担心自己年轻而缺乏历练，她自然要依赖于先皇之弟的成熟智慧，对他言听计从。但随着时间流逝，她眼界渐广，见识加深，她那专横独断的本能便逐渐显露，对忠告和约束日益不耐其烦。凭借对历史的钻研和自身的聪颖，她对用人和处理国务有了自信，先前受她欢迎的指导如今令她生厌了，最终变成了碍手碍脚。她生性专横，她这种女人在已有主张的事情上不容别人干涉，而恭亲王那一方面，其自傲和自主的脾气一点儿也不比慈禧逊色。当年轻的叶赫那拉氏开始表现出摒弃其忠告的倾向时，他无意于掩饰自己的不快，双方关系迅速地紧张起来。由于慈禧不再费心隐藏怨恨，恭亲王逐渐采用一种政策，怂恿其同事东太后采取较为独立的姿态，这一招肯定会在宫内制造敌意与摩擦。关于官员的任命，这在中国是掌权者的主要目标与特权，他也习惯于通过直接与各省串通，不与叶赫那拉氏通气，提拔并保护自己提名的人。这一时期诸多事件的目击者记录了他们的印象——恭亲王在两宫皇太后听政之初对她们的态度就有些傲慢，总是强调其位置与其服务的重要性，在一次朝会上，他甚至放肆地告诉两位皇太后：多亏了他，她们才能有今天的地位。此话慈禧大约不会忘记，也不会原谅。

在军机大臣召对时，两宫皇太后习惯于坐在一个高台上，各就自己的宝座，紧靠前方悬挂一袭黄绸帘子，因此军机大臣们看不见她们。两宫按照他们的资历顺序依次召见，恭亲王第一个觐见，因其职位是"议政"。台子上，

---

[1] 在中国，世袭头衔在传承的时候通常逐代递减。

在两宫身边，站立着她们的侍从太监，这违反了朝廷的家法。太监们习惯于通过帘子的折叠处窥视，仔细观察觐见官员的举止，不放过失敬或违礼的蛛丝马迹。严格地说，任何官员，不论级别多高，未经当值太监总管传召，都不得进入宝座殿内。但恭亲王认为自己凌驾于这样的规矩之上，可以不宣而入。他还有其他违礼之举，当皇太后阅历增加时，都一一向他指斥。例如，他答复两宫皇太后的指令（总是由慈禧发出）时会提高嗓门，有一次，他甚至胆敢要求慈禧重复刚说过的话，假装自己没听明白。简言之（史家说），他的态度暗示着僭越的平等，这是年轻皇太后的自尊心无法容忍的。他住在宫外，能与各方面的中外官员自由沟通，自然容易用阴谋对付她，为所欲为。另一方面，慈禧可能想象到并夸大了阴谋，因为她所得到的信息几乎全部来自太监，因此自然会夸大令人恐慌的程度。不用怀疑，她逐渐开始相信恭亲王有可能在挑战她的权威，于是她决定要向这位亲王证明：他的地位和权力完全依赖于自己的善意。

她继续留心机会，耐心地等待时机。直到垂帘听政的第四年（1865 年 4 月），时机终于成熟了。有一天在召对时，也许是瞬间的心不在焉，也许是逞强，恭亲王竟然站了起来，因此违反了原本是为了保护君主不会受到突然袭击的基本礼节。太监们立即禀报了两位皇太后，于是慈禧大声呼救，喊道："恭亲王图谋不轨，危及两宫！"侍卫们冲进来，恭亲王奉令立即离开现场。他刚走，两宫皇太后就颁布一道上谕，声称恭亲王企图篡夺皇权，总是高估自己对国家的重要性。于是他被罢黜了议政王之位，解除了军机大臣及宫内的其他要职，就连外交部（或称总理衙门领班大臣）的职务也被革除。"其作为有负两宫皇太后之倚任，"上谕称，"于大臣之遴选，公然任人唯亲，其谋篡之意，须严加遏止。"（此诏未能找到原文，此为译文。——译注）

然而一个月之后，慈禧认识到她自己的地位也并非稳如泰山，她对这位权势王爷的处理，在朝廷与各省引起了许多非议，于是她以自己和共同听政者的名义发布一道懿旨，将之称为说明之诏，既为保全自己的面子，也为稳住局势。在这份文件中，她居功不小，称颂自己人格与德行的力量，说她为了国家利益而严待近亲，还指出，当宗室成员自行其是时，对他们的任何不

咸丰皇帝陵墓清定陵

当纵容，如历史所证明的一样，容易陷国家于毁灭性的纷争。她因恭亲王对皇上失敬而对他行使惩戒的真正目的，是为了挽救他本人，使之避免其蠢行所带来的直接危害。但现在御史和其他大臣吁请宽恕他的过错，皇上不会不同意法外施恩，事情既已辨明，恭亲王着复归总管之位，仍领班总理衙门。恭亲王之所需，实为礼仪上之诫勉，如今他既已醒悟，皇太后也就打算既往不咎，想必他已懂得，今后当益加尽力尽忠，以报答两宫皇太后的慈恩。

此年即 1865 年秋季，朝廷为已故的咸丰皇帝举行大葬，陵墓的修造刚好历时四年。咸丰皇帝从前的福晋萨克达氏跟他一起下葬，此女死于 1850 年丈夫登基前一个月，其灵柩暂厝于京城以西约二十里处的一座乡村寺庙里等待安葬，已达十五年之久。和通常一样，葬礼和陵寝的建造耗资甚巨，筹集所需经费是颇难之事，因为南方各省，在正常情况下会做出最大的贡献，但其仍然经受着太平天国运动造成的惨痛后果。皇陵声称耗资一千万两银子，其中很大一部分自然会转换为宗室官员和其他人的收益。

　　小皇帝和垂帘听政的两位皇太后责无旁贷，要去东陵参加庄重的葬礼。恭亲王也要出席；建陵和筹资的主要工作都落在他的肩上，皇太后无由抱怨他玩忽职守。先皇遗体装在一具梓木做成的棺材里，棺木漆得很光亮，上面刻了佛经，被抬进一个有穹顶的巨大墓室，在两宫皇太后及皇上的注视下，被小心安置于其"宝床"上，这是支撑棺木的贵金属底座。嫔妃与太监在史前的岁月里是要与已故君主一起活埋的，而如今在他们的位置上，将真人大小的木人和纸人摆设于棺木两侧，在阴曹地府里虔敬地跪着服侍主子。巨烛点燃了，经文念诵起来，价值巨大的珍贵饰物被安置在墓庐之内；金玉权杖和一串珍珠项链被置于棺内。仪式完成时，墓庐的大门缓缓落下，将墓庐封闭。

　　次日，两宫皇太后颁旨，优词褒奖恭亲王的劳绩，为葬礼的圆满完成对他表达感谢。

　　这道上谕有如下一段意味深长的文字：

　　　　本年三月初七日所降谕旨，原因其小节之疏，恐蹈怨尤之渐，期望既厚，责备不得不严，业于三月十六、四月十四等日，将办理始末明白宣示，谅天下共见共闻。唯虑传之久远，后人不知原委，莫定是非，转为白圭之玷，殊无以释群疑而彰忠悃。所有三月初七谕旨，着毋庸编入起居注，以示眷念勋劳、保全令名至意。钦此。

　　皇太后根本是个情绪化的女人，这些谕旨不过反映了这个事实，从她专权之初，直到垂帘落幕，无不如此。四年后，恭亲王与东太后串通，除掉了她的宠臣总管太监安德海，招致她永久的深怨。

第五章

慈禧与太监

有一件事情，当代中国的史学家、言官、帝师和皇嗣子的监护人都曾反复强调，那就是，明朝之所以由弱而朽，最终亡国，原因在于太监体制对朝廷及其随从官员的腐败影响。有关这个教训，几个世纪以来，有大量以最为经典的方式写就的具有道德教育意义的谏章呈达君主，尽管其大多数的作者是从那些能够左右君王的太监们那里得到的官职，并且还指望通过他们得到拔擢。就中国官场语言由道貌岸然的陈词滥调与模棱两可的行话所织就的那张老得掉渣的破布而言，这些奏疏通常无非其中一角而已（这种情况并非中国独有），而在慈禧皇太后治下，这种弊端愈演愈烈，所占比例大得惊人，但她却乐于在这场复杂的闹剧中扮演角色，郑重地赞赏那些无畏劝谏者所表达的观点，同时对其亲信太监和家仆的罪行大发雷霆。

当然，对于这种罪恶的制度以及随之而起的弊端，也有严肃而雄辩的批评。事实上，在过去五十年内，任何名副其实的改革者，都会将废除宦官当作为了让中国跻身于文明强国所必须采取的先导措施。毋庸置疑，1898年政变的首要原因之一，就是总管太监李莲英对光绪皇帝的忌恨（光绪在若干年前竟然下令将他杖责），以及他不无理由认为这位皇帝打算改革北京政府，致力于整顿宫廷，并废除太监。至于义和团运动，已经清楚地证明，这个声名狼藉、权势通天的宫廷内侍，站在排外运动一边，运用其所有的分量，对女主人施加了巨大影响，如果正义得以伸张（也就是说，若无俄国使团的包庇），他的名字一定会被置于辛丑条约"黑名单"的前列。此处陈述李莲英在近年这两次国家危机中所扮演的角色，主要是为了强调一个事实——道貌岸然的陈词滥调，通常表达了一种真实而广泛存在的怨恨，而御史所唱的高调，得到了各省不满与厌恶的深沉低调的回应。因此，进步而爱国的汉人（例如袁世凯与唐绍仪，他们懂得保持这种野蛮的中世纪制度多么严重地贬抑了中国在世界眼中的地位），以及本国媒体的异口同声，反复敦促朝廷摒弃太监，而听政者也表赞同，但这样做无疑很难，甚至有可能是危险的，这就是这些"逢迎拍马之徒"所行使的权力。早在 1906 年，《泰晤士报》驻北京记者讨论了早日废除宦官的可能性，将之当作地平线上灿烂耀眼的许多改革措施之一。然而，按照在中国仍然很有分量的汉人守旧派的看法，有几百年的先例和论据可以援引于赞成早在基督教纪元开始很久以前就逐步形成的一种宫廷体制，这种体制与中国公认的一夫多妻观念相吻合，并承认与国民祖先崇拜的宗教相关的皇位合法继承是至关重要的。另一方面，在周朝之初几代圣王当政的黄金时代，国家组织中没有阉人的地位。后来，在周朝衰落的封建割据时期，孔子以反对的态度指出他们的危害，于是人们可以援引圣人的权威来反对太监及其作为。

随着清朝在北京建立（1644 年），满人作为征服者，接管了中国宫廷的全部现存体制与个人，包括太监，但他们及时地限制了后者的活动与机会。在年轻的顺治皇帝主持的第一次朝会上，满汉大臣联合抗议宫廷奴才近来的横暴行径，宣称"此等小人只可供洒扫之役，不可援为心腹而亲近之"。规矩很快就制定出来了，并一直生效（理论上），直到 1912 年皇帝退位为止，禁止太监身居任何官位，或持有任何高于四品的封号与荣衔。更重要的是，有鉴于大太监魏忠贤影响深远的阴谋（他为逃避死刑而自尽了），又制定了一条法律，禁止任何太监以任何借口离京。在接下来的二百年间，搭帮康熙、乾隆这两位著名君主的英明统治与传承下来的优良传统，皇宫太监们一般来说倒也管理得够严；但是到了 19 世纪，由于在放荡的咸丰皇帝治下发生严重的退化，早在慈禧登上舞台之前，太监们的不良影响就在紫禁城内再次占了上风。慈禧掌权以后，构成明末特征的所有腐败、诡计和野蛮行径，逐渐死灰复燃，成为其朝廷的固定特色。

慈禧在颐和园乘舆照。前为总管太监李莲英（右）、崔玉贵（左）

　　太监们在慈禧的整个统治期内都在行使权力，是不容置疑的。他们在慈禧的庇护下倒行逆施，明目张胆、毫无顾忌地滥用权力，一年胜似一年，而皇太后本人对批评越来越充耳不闻。直到 1898 年，她宠爱的贴身仆从李莲英毫不隐讳地夸口，说他可以随心所欲，不顾天子圣意，升黜最高级别的大臣。有关宫中那些由宫廷太监与优伶设计出来的狂欢聚会中的放纵行为，有无数的传闻，其中自然没有任何内容指向直接的证据。御史们的频繁谴责，广东人和其他讽刺作家的黄色作品，充其量只能提供一些无法证实的细节。尤其是康有为及其同党的作品，明显是出于盲目而肆无忌惮的仇恨，不惜违背常识与历史，令人不得不怀疑他们撰写的有关慈禧与荣禄的所有文字是否完全可信。但中国也和别处一样，凡是普遍流传的说法，通常都有一些事实依据。京城里的民众都对慈禧满怀忠诚，但对于慈禧宫廷的挥霍无度和总体放纵，对于太监体制的弊端，却无人予以否认。同样不容置疑的是，这些邪恶的走卒对软弱而缺乏教养的皇帝们施加了可悲的影响，这些统治者的堕落本能，会在行为不端时受到怂恿，导致他们迅速地垮台。众所周知，这就是慈禧亲生儿子同治皇帝的命运，而咸丰和光绪两位皇帝的死亡，也是因恶劣环境的诱惑而加速了，甚至有可能是由之造成的。过去七十年内天朝帝国与清朝朝廷的内部历史都与太监及其深远的阴谋息息相关。在慈禧治下的半个世纪里，皇座背后的权力（字面意思是高层的暗箱权力）掌握在她特别宠爱的侍从们手中。这些人当中的最后一位，活得比她还久，就是李莲英，以"皮硝李"[1]的绰号而闻名。中国之大，无人不知他是最大的"敲诈者"，是许多宫廷悲剧中举足轻重的恶棍。他对其皇家女主人的影响确实是非同小可，除了在朝会上，皇太后对他都是和蔼可亲的，允许他不拘礼节。没有一名廷臣，包括皇太后的家人，敢于企望如此特殊的待遇，或许只有荣禄除外。

1861年，朝廷驻跸热河，皇帝患病。在此期间，年轻的叶赫那拉氏偶然注意到一名近侍太监提供了乖巧而贴心的服务，对他颇为赏识。这名侍从名叫安德海，在载垣阴谋篡权的危机中，成为她忠实的心腹，在她与年轻侍卫荣禄的交往中成为媒介与密友。慈禧就任共同听政者后，安德海成为她最宠信的随从与使者，后来做了她的奴才，分享她所有的野心憧憬与计划，自己也捞了不少好处，同时发挥无可争辩的天才，提供精心策划的宫廷盛会和慈禧打心底里喜爱的戏剧表演，以供这位年轻的寡妇消遣。安德海本人就是一名才情不俗的演员，模样格外俊俏。

就是在这时候，听政者的根基尚未牢实，载垣阴谋的火焰还在直隶余烬未熄，身居要职的言官们上疏抨击慈禧在宫中明目张胆的挥霍与传说中的放荡。年轻的叶赫那拉氏刚愎自用，对批评与规劝已不耐烦，又深信近侍们的力量与忠心，丝毫不容这些抗议影响她的行为。然而，慈禧又是一个执着于礼仪与观瞻的女人，精于"保全面子"，她并不介意表示其对道学先生们的衷心嘉许与赞同。我们发现，她在听政的早年不止一次在措辞十分得体的上谕中宣示虔诚的意向，只是并没打算让人们信以为真，事实上也没人相信。

[1] 这个绰号的来由是：李莲英十六岁成为太监，此前在其家乡即直隶河间府做过皮匠学徒，而大多数太监都来自河间。

同治三年，以两位听政者的名义颁发了下面这道懿旨——

朕奉慈安皇太后、慈禧皇太后懿旨：据御史贾铎奏，风闻内务府有太监演戏，将库存进贡缎匹裁作戏衣，每演一日，赏费几至千金，请饬总管内务府大臣速行禁止，用以杜渐防微等语。

上年七月，因皇帝将次释服，文宗显皇帝梓宫尚未永远奉安，曾特降谕旨，将一切应行庆典酌议停止，所有升平署岁时照例供奉，俟山陵奉安后，候旨遵行，并将咸丰十年所传之民籍人等永远裁革。原以皇帝冲龄践祚，必宜绝戏愉之渐，戒奢侈之萌。乃本日据贾铎奏，风闻太监演戏，费至千金，并有用库存缎匹裁作戏衣之事。览奏实堪诧异，方今各省军务未平，百姓疮痍满目，库帑支绌，国用不充。先皇帝山陵未安，梓宫在殡，兴言及此，隐恸实殷，又何至有如该御史折内所称情事？[1]况库存银、缎有数可稽，非奏准不能擅动，兹事可断其必无。

唯深宫耳目，恐难周知，外间传闻，必非无自，难保无不肖太监人等假名在外招摇，亦不可不防其渐。着总管内务府大臣等严密稽查，如果实有其事，即着从严究办，毋得稍有瞻徇，致干咎戾。

皇帝典学之余，务当亲近正人，讲求治道。倘或左右近习，恣为娱耳悦目之事，冒贡非几，所系实非浅鲜。并着该大臣等随时查察，责成总管太监认真严禁所属。嗣后各处太监如有似此肆意妄行，在外倚势招摇等事，并着步军统领衙门一体拿办。总管太监不能举发，定将该总管太监革退，从重治罪。若总管内务府大臣等不加查察，别经发觉，必将该大臣等严加惩处。其各禀遵毋忽。此旨并着敬事房、内务府各录一通，敬谨存记。钦此。

就这样，慈禧以其最佳姿态"听政"，而在"深宫内院"，日子依旧过下去，还是一系列东方情调的娱乐活动，而总管太监对年轻皇太后的影响与

---

[1] 这种形式的辩论，在类似的情况下，可见于全中国。仆人会说："又何至敲诈我的主人？"

日俱增。无人不知，茶楼酒肆都在说，安德海的一时兴起，就成了紫禁城内的法律；叶赫那拉氏和他穿着历史剧中的花哨服装，经常游玩于宫内的湖面；安德海频频身着龙袍，即君主才能穿的圣装，而皇太后当众赐给他"玉如意"，即皇权的象征。在这种情况下，很自然地，甚至是必然地，无稽之谈流行起来，夸大了事实。我们发现有记载说安德海不是太监，还有说叶赫那拉氏产下一子 [1]，其父正是安德海。有关宫闱淫乱与狂欢的许多荒诞而活灵活现的故事在社会上流传，说有学子冒充太监，结果在宫中的地下走廊里被干掉了。有关狂欢饮宴的谣言和故事，其大部分无疑是捏造的，但仍然无可避免地反映了放荡的咸丰皇帝治下朝廷与后宫颇具特色的那种声名狼藉、不容置疑的腐败。

在这些事件中，有件事具有深远的影响，就是慈禧违背了当朝禁止太监离京的家法。1869 年，慈禧由于缺钱，又不愿跟恭亲王或共同听政者慈安商量，便派遣宠监安德海前往山东执行一项特殊使命——以皇太后的名义征集贡品。[2] 在此时，这位总管太监已经招致几位皇族王公贝勒，尤其是恭亲王的刻骨忌恨，不仅因为他对慈禧的影响与日俱增，还因为他对朝中众人倨傲无礼。有一次，皇太后给恭亲王下了一道简慢的口谕，说不能召见他，因为自己正和安总管说话，抽不出时间。这件事不仅令恭亲王大失颜面，导致对帝国十分严重的其他后果，而且还是令恭亲王永未释怀的侮辱，需要这位宠监付出生命的代价。

总管太监前往山东的非法使命，加上他在该省胆大妄为，给恭亲王提供了一个久寻未得的良机，使他能够既实施报复，又在两宫皇太后之间制造竞争与敌意。山东巡抚，一位名叫丁宝桢的胆识俱佳的官员，镇压太平天国运动时曾大显身手，对这位骄横的太监僭越皇权大为震怒，而又能够对宫中情

---

[1] 广州流行的汉文小册子对此事有极为详细的记述，声称此子至今还活着，名为仇民（原文为 Chiu Min，此为音译。——译注）。

[2] 一部富有想象力的作品（《中国宫廷秘事》La Vie Secrete de la Cour de Chine，巴黎，1910）出色地描述了这次使命，其中总管太监的姓为"小"（Siao）。这种奇怪的混淆是因为这位太监的绰号为"小安儿"，表明他个头矮小，正如全中国都把李莲英称为"皮硝李"。

慈禧与陪伴左右的太监及侍者

势了如指掌，于是直接禀报恭亲王，请求指示。巡抚的禀札到了恭亲王手中，而慈禧正在跟优伶们取乐。恭亲王一刻也没耽搁，立即求见共同听政的慈安皇太后，利用她虚荣而软弱的天性，诱使她签署了一道由恭亲王当场拟就的懿旨，下令将安德海即刻斩首，毋庸照例解送京城审讯。慈安是被迫勉从，心中自有清晰的预感，此举会令她那位善于控制别人的同事大发雷霆。据说她将盖上了印信的懿旨交给恭亲王时，曾说："西太后肯定会为此杀掉我。"恭亲王派特使将懿旨火速送走。

　　这份饶有趣味的公文，全文如下——

　　丁宝桢奏太监在外招摇煽惑一折，据德州知州赵新禀称：七月间有安姓太监，乘坐太平船二只，声势煊赫，自称奉旨差遣，织办龙衣。船上有日形三足乌旗一面，船旁有龙凤旗帜，带有男女多人，并有女乐品竹调丝，两岸观者如堵。又称：本月二十一日系该太监生辰，中设龙衣，男女罗拜。该州正在访拿间，船已扬帆南下，该抚已饬东昌、济宁各府州饬属跟踪追捕等语。

览奏深堪诧异，该太监擅自远出，并有种种不法情事，若不从严惩办，何以肃宫禁而儆效尤。着马新贻、张之万、丁日昌、丁宝桢派委干员，于所属地方，将六品蓝翎安姓太监严密查拿，令随从人等指证确实，毋庸审讯，即行就地正法，不准任其狡饰。如该太监闻风折回直境，即着曾国藩饬属一体严拿正法。倘有疏纵，唯该督抚等是问。其随从人等有迹近匪类者，并着严拿，分别惩办，毋庸再行请旨。将此由六百里各密谕知之。钦此。

一时间，慈禧陶醉于快乐中，对其宠监面临的危险，甚至对他的死亡，都是一无所知。显然，总管太监为众人所恨，使得恭亲王与慈安太后能够保守秘密，令罪犯得不到救助。十天以后，和上次一样，在恭亲王的诱使下，慈安颁发了第二道懿旨，记载了对那位太监的处置。懿旨如下：

兹据丁宝桢奏，已于泰安县地方将该犯安德海拿获，遵旨正法。其随从人等，本日已谕令丁宝桢分别严行惩办。我朝家法相承，整饬宦寺，有犯必惩，纲纪至严，每遇有在外招摇生事者，无不立治其罪。乃该太监安德海竟敢如此胆大妄为，种种不法，实属罪有应得。经此次严惩后，各太监自当益知儆惧。仍着总管内务府大臣严饬总管太监等，嗣后务将所管太监严加约束，俾各谨慎当差。如有不安本分、出外滋事者，除将本犯照例治罪外，定将该管太监一并惩办。并通谕直省各督抚严饬所属，遇有太监冒称奉差等事，无论已未犯法，立即锁拿，奏明惩治，毋稍宽纵。

这道懿旨底气不足，好像某个共谋者担心叶赫那拉氏即将爆发的怒火，于是在起草时小心翼翼。在措辞上，它和慈禧宣判某人死刑的懿旨大不相同。这里看不到她那种锋锐的风格，那种"笔力"，后者语锋中带着的狠劲，那便是她位高权重的奥秘。

安德海在山东被处死的同时，他带去的几名太监被处以绞刑；另有六人越狱逃跑，其中五人又被抓获处死。总管太监的家人也被发配西北为奴，充军戍边。慈禧的宠监被处死几天后，逃脱的那名太监回京了，通过皇太后的另一名心腹侍从李莲英给慈禧传了话。一开始，慈禧简直不相信她那位胆怯谦让的共事者居然胆敢一己担责，暗中签署这两道懿旨，无论当时她受到了多大的压力。当她意识到事情的真相时，宫廷中人见识了她那狂怒的爆发，在后来的岁月里，大家将会熟悉她的这种暴怒。她当即前往慈宁宫——其共事者的住处，激愤地要求一个解释。慈安吓坏了，竭力把全部责任推到恭亲王头上；但辩解没起作用，慈禧大闹一通，愤愤离去，发誓要报复这两个人。此事标志着叶赫那拉氏一生的转折：在此之前，她和她那位较无主见的共事者维持着友好的关系，以及两人在共同听政时的平等表象；而在此之后，她把更多的时间和更多的精力投入国事，巩固其地位与权力，以明确的决心，防止对其最高权威的任何进一步的干预。从这时起，她断然登上了中国统治者的第一把交椅，完全把共事者摒弃到了身后。

雷霆爆发的第二天早晨，当恭亲王在朝堂上现身时，慈禧对他严词申斥，威胁要将他革职削爵。尽管她暂时没有施加处罚，但将这次的冒犯铭记在心，时候一到，此仇必报。因此，恭亲王终生都没能摆脱慈禧怨恨的影响。她的第一个行动是在同治驾崩之时，针对恭亲王的儿子，皇位的合法继承人。不错，在后来的岁月中，她的确容许恭亲王身处高位，但这首先是因为她无法舍弃恭亲王提供的服务，其次是因为她真心喜欢恭亲王的女儿，她已将之过继为自己的孩子。

安德海总管太监与皇太后心腹侍从的地位，由上文已经提及的李莲英所取代。在随后的四十年中，这位宫仆注定要在中国政府中扮演一名主要角色，以他那柔软的双手掌握万众的生死，升黜帝国的最高官员，向十八行省索取丰厚的贡品。他十六岁"离家"（这是中国人描述制造太监的委婉说法），因相貌俊俏和举止优雅而引人注目，这些优势对慈禧绝对不会没有影响。据可信的权威记载，他在人生的早期就深得皇太后欢心，被赐予了非同寻常的自由，可以在皇太后面前落座，对了，甚至能在皇帝跟前坐下！在深宫密室里，他可以未经吩咐就和皇太后谈论他所挑选的任何话题。随着岁月流逝，他与老佛爷的亲密度逐步加深，在所有重大国务上，他都是皇太后常备的可靠顾问。到后来，他对外人甚至对大臣们提到皇太后，都会使用亲切的代名词"咱们"[1]，意为"我俩"，这通常是专用于血亲或平等熟人之间的称谓，而且他在党人中普遍地被称为"九千岁"，这是一个几乎渎犯神圣的称呼，因为皇帝就是"万岁"。唯有在庄严的国家仪典中，他才遵从他那个等级该有的礼仪，举止谦恭。

腐化、贪婪、记恨，对敌人和对手残酷无情，但必须公允地说，李莲英至少对皇太后是矢志忠心的，在危险时刻，他总会不遗余力地安慰和保护这个女人。何况他还具有另一些好品质，不但能够打动皇太后，也能感染许多满人大臣，他们并不认为到李总管的宅邸里打通关节会有失身份。他很开朗，说话风趣，表演出色，会讲逸闻，慷慨待客。最重要的是，他非常富有。1909 年 11 月，在皇太后的葬礼上，这位上了年纪的家仆表现得非常可怜，几乎令人心生敬意，足以令人暂时忘却他那七十年邪恶生涯所招致的积恨。他老病交加，步履蹒跚，很难走完送葬队列必须步行走过的那段不长的距离。但是，在文武百官和大群的宫廷奴仆中，唯独他表现出了显而易见的真挚而深刻的悲哀。看到这位秘史打造者的聪颖的容貌，令人不能不发好奇之想：当他拖着脚步，最后一次护送着他那位伟大的女主人，他在漫长而起伏跌宕的岁月中的亲密知己和同志，经过外交使团的观礼台时，他那敏锐的头脑里掠过了什么样的念头？在半个世纪里，他以不懈的热情与忠诚服侍皇太后，当仆从的忠诚如此普遍地进入买卖时，这可不是一件小事。李莲英自青年时代起，就作为慈禧的贴身内侍，行走或奔跑在她的车轿旁。从那时起，他们都经历了浮沉荣辱，而现在他被撇下了，独自一人，四周都是新面孔，面临即将到来的变化之险。然而，尽管年事已高，尽管其职业的影响正在衰减，但这位老人强健的体格绝未枯竭。

---

[1] 同样的措辞用于称呼刚刚剃度为僧的佛教信徒。

太监李莲英

李莲英非常明智，没有步其倒霉前任的后尘。他从不为了自己向各省索取钱财，也从未试图获得或要求高品官阶，始终谨慎地满足于四品顶戴，这是太监可以合法获得的最高品级。但是，在皇太后的保护和充分理解之下，他组建了一个勒索、敲诈与赏钱的常规体制，向帝国的每一名高官索取钱财，而其收入通常与老佛爷本人分享。我已在另一处指出，在1900年以后的西狩中，朝廷四处漂泊，皇太后及其总管太监实际上是联手收集"贡品"和敲诈勒索，并分享进账。在那时，总管太监的运气不如他的女主人，他失去了埋藏在京城的所有财宝。财宝藏匿于一个安全处所，只有其心腹属下知道，但其中一人将此秘密出卖给了法军，后者抢到了这笔宝藏，得到了丰厚的战利品。朝廷回京后，李莲英最先做的事情之一，就是得到老佛爷的首肯，砍掉了那个叛徒的头，此事未费什么周折。总管太监的财富，据北京银行家们在 1910 年的估算，约为二百万英镑，主要投资于京城的当铺和钱庄；这个数目大致表明 1900 年以来他在各省进贡中所享的份额，以及在官员任命时敲诈的钱财。这个总数并不惊人，只要我们知道，一个官位就能给他带来三十二万两白银，相当于四万英镑。

他致富的一个秘诀在于从不嫌弃小钱。我们手里有一封信（我们复制了一个副本），是李莲英写给一名宫廷常年承包商的，李莲英与他之间一定有过很多类似的交易。写信的纸是最常见的一种，和通常一样，附有一张名帖，也是低调生意人的那种式样。信文简明扼要，全文如下——

> 王七老爷尊前：自违芝范，时切怀思，敬维福寿康宁，定符远念矣。敬启者，弟[1] 自愧囊空，伏仰七老爷暂借银票一千五百两，给予去人，急速带回。容日再叙。弟李莲英。

至于回扣的金额，李莲英在每一次交易中总能确切地知晓宫廷的承包商和供应商应该支付多少，也知道无须怀疑"借款"不能到手的可能性。

他在朝廷里肯定是怂恿挥霍浪费，而且也不足为奇，但其对财政的控制远远超过了私蓄，在不止一个的历史时刻给帝国造成了巨大的伤害。例如 1894 年，中国屈辱地战败于日本之手，在很大程度上是由于他挪走了海军的巨额款项用于修建颐和园，而这项工程，李莲英及其手下从中渔利不小。1885 年，醇亲王被任命为海军衙门的主管，由庆王、李鸿章与曾侯爵协助。然而，在侯爵（他曾是组建该衙门的核心推动者）去世之后，海军事务就被几个少不更事的王爷操纵了。到了 1889 年，皇帝亲政，他的首要措施之一，就是下令重修颐和园，这座皇宫自从 1861 年遭到英法联军焚毁后，一直是一片废墟。由于资金不足，李莲英提议将海军拨款用于建园，以给老佛爷提供一处舒适的住所。这个提议得到了执行，由于政府财政的原因，海军部成

---

[1] 此为谦称。

了皇室（内务府）的一个分支机构。中日战争爆发时，皇太后下令撤销海军部。这道懿旨激起了普遍的批评，但是，由于海军与颐和园重建的资金被当成了同一码事、同一笔账目，因此这道懿旨的意思很明白：由于颐和园的重建现已竣工，而资金已经用完，那么这一笔账目就应该关闭了。徒然地求索从颐和园转入海军的款子，显然会一无所得。

1889 年，总管太监陪伴醇亲王首次巡视北洋海军港口，包括旅顺口和威海卫的海军基地。当时的舆论普遍认为，给予这位太监的荣耀显然比给予醇亲王的大得多。北洋水师的每一位军官，自丁提督以下，无不曲意逢迎这位炙手可热的皇家总管，力争名列其门生的名单，于是他被各式各样的贿赂和谄媚包围了。许多批评家，中国的和外国的，都把中日战争的灾难归咎于李鸿章，他们肯定忽视了一个事实，这个事实连李大总督也不敢公开地指出，即百分之九十应当用于海军维护与供给，用于维持海岸防卫的资金，都被这位总管太监挪用到了颐和园（而其中有很多落入他自己的腰包），以至于在紧要关头，水师官兵不肯效力，其大炮军械出了毛病。佩皮斯的读者们应该还记得，在英国历史上一个类似的危险时期，英国海军出现过类似的事态，幸运的是未曾影响官兵的士气。

李莲英对光绪皇帝的怨恨无疑是戊戌政变一个重要的原因，此后又促使慈禧与帝国名义上的统治者之间失和与对立。不少人说，皇帝的驾崩也与他的怨恨大有干系，这种说法在京城里不以为怪。这位太监对皇帝的锐意改革又恨又怕，也很忌惮皇帝的那些广东顾问，他们于 1898 年作为变法的倡导者麇集京城，于是自然而然，李莲英成为反动派的首席顾问与同党，并充当他们的使者，怂恿皇太后再次听政。可以断言，如果李莲英极力怂恿慈禧反对义和团，而不是支持拳民，如果他没有唆使慈禧迷信义和团的魔术，那么排外运动绝对不会蔓延到山东边界之外，中国人也就免去了赔款的重担。一个皮硝匠的学徒能够如此发迹，以及他对一个如此伟大民族的命运产生影响，使得对于亚洲政治与宫廷生活的研究成为多么有趣的事情！看一看这个人，在他参加女主人葬礼的那一天，此人内心最深处的想法会是多么痛苦，他被孑然一身地抛弃于坟墓的边缘，拥有他的帝国为之付出了沉重代价的不义之财!

在义和团危机的顶峰时,李莲英手握巨大的权力。端郡王的习惯是,每当他向皇太后和军机处解释他的看法时都会强调,在得到总管太监的忠告与赞同之前,不能采取任何措施。他会说:"此诏颁发,已得李公公之允。"他这样做的目的,是为了让反对者闭嘴,因为他很清楚,很少有人敢于反对总管太监赞同的任何措施。当皇太后嘉赏义和团并悬赏购买洋人脑袋时,正是在李莲英的唆使下,她同意了从其私帑中支付这项异常的费用。

当救兵逼近北京时,连最顽固的人都看出义和团已走到穷途末路,总管太监深陷于沮丧与屈辱之中,不仅因为他的预言没有兑现,还因为整个朝廷都知道,他的皇家女老板一如既往,又在寻找一只替罪羊,很可能把怒火发到他的头上。皇太后本人又怕又气,烦躁不安,很自然地会找上他,因为他曾领头劝皇太后踏上这条毁灭之路。在公使馆解围的那一天,辅国公载澜匆匆跑进皇宫,大声报告洋鬼子已经进城。慈禧转向他,质问他如何用从前那些吹牛的话来解释眼前的消息。她说:"洋鬼子莫非是从天而降吧?两天前你还告诉我,咱们在天津附近打了大胜仗。可你和我一样,一直都很清楚,总督和李秉衡都死了!"李莲英当时站在一旁,听了此话,赶紧跑出去,通知那些吓得发抖的小太监,最后说道:"老佛爷正在大发雷霆,没别的法子了,只好逃跑,撤到陕西,在那里等援军到来,他们费不了多少事,就会把洋鬼子赶回海上。"但是,逃亡的困苦和危险,对总管太监的影响比对老佛爷本人还要严重,直到朝廷安全地驻跸西安,他才恢复了镇定。

内务府的一名官员在逃亡时向京城的一位老乡透露了一些信息,使我们可以大致了解朝廷在那些动乱日子里的生活状况,以及总管太监与慈禧的其他内侍宠臣在国事中扮演的角色。以下是从那封信中截取的片段。

> 当岑春煊(陕西巡抚)来到山西边境接驾时,老佛爷掀起轿帘,朝外窥探,向他问道:"你知道我们在京城吃了什么苦头吗?"岑春煊回答:"微臣一无所知。"慈禧恼火地指着李莲英,说:"都是他干的好事,他毁了我。"总管太监耷拉着脑袋,第一次无言以对。后来,无畏

的岑春煊发现太监们奉李莲英之命，无情地骚扰乡间，实施搜掠，立刻向皇太后奏报这一情形，得到她不大情愿的批准，当场处决了三名罪犯。他真想把总管太监收纳在处死的罪犯之列，但他发现皇太后对她这位宠侍倚畀太重，他不敢冒险打扰她，冒犯她。不过，李莲英这次也是侥幸逃脱。后来，李莲英恢复了平静，朝廷站稳了脚跟，恢复正常运转，这位太监便在荣禄的帮助下，开始对巡抚实施报复，将岑春煊调去山西任巡抚。他这么做，不仅因为山西巡抚是个危险的职位，要担心外国联军的追击，还因为岑春煊在监管内务府开销的过程中，逐步赢得了皇太后的极大信任。这位巡抚以清廉正直闻名全国，因此，当他掌管行宫账务后，开销迅速地大幅减少。这种管理体制的第一个结果，就是禁止了太监们的"勒索"，把他们的薪酬限定于明确而合理的基础上。岑春煊很快就获得了皇太后的亲近与信任，令总管太监大为恼火，且怒火愈炽。他处处跟这位巡抚作对，最终在荣禄的协助下，成功地诱使皇太后放弃了他的个人服务。不过，在一个多月的时间里，老佛爷每天都要花几小时与这位无畏而正直的官员讨论公私事务，倘若她把岑春煊及同等品质的其他官员留在身边，一定有助于抑制她那些满人宗亲和太监们的腐败倾向。岑春煊被调到山西后，总管太监无所顾忌地扣压并销毁了他作为巡抚呈递给老佛爷的许多奏疏，因为那是他不愿让女主子见到的东西。渐渐地，他重新得到了女主子的彻底信任和眷顾，在朝廷回銮京城之前，他已经变得更加骄横自大，远甚于其一生中的任何阶段。在召见最高级别的大臣时，他竟然胆敢拒绝传达皇太后的懿旨，对皇太后直言相告，说他累了，当天处理的公务已经够多了。

那时候，朝廷从南方各省征收的巨量贡品首先要由李莲英经手，他的寓所里堆满了龙袍、贡缎和其他值钱的东西。进贡来的所有金银，皇太后分享一半，太监们分走五分之一，余下的交给荣禄用于军事，以及作为他自己的报酬。太监们在西安与开封所办的差事油水如此之大，李莲英竭尽所能劝阻老佛爷返京，极力恐吓她，预言外国列强会施加报复。不过，李莲英的动机不单纯是唯利是图，因为毫无疑问，在很长一段时间内，他完全相信自己的名字就在公使团的"黑名单"上，而这件事值得给予充分的考虑。他指示二总管崔太监每天从京城向他报告最新动向，直到庆王在奏疏中提出了保证，他才恢复勇气，不再阻止朝廷回京。他对皇太后的改革政策最终采取的妥协态度，多半是他从荣禄那里接受的忠告所造成的，后者强烈地敦促他收敛反动的意见和暴烈的脾气。

向西安朝廷进贡的银子超过五百万两，各省贡银的额数是互不相干的。总管太监负责监管贡品账目，老佛爷的另一名宠侍，一名姓孙的太监，则是他的副手，这位孙太监的贪婪和"勒索"的恐吓手段，与他的头儿相比，几乎不相上下。有一次，湖北负责进贡的官员把银子交给内务府，孙太监用杆秤称量。他说重量不足。解银官说："不可能呀，湖北的每一个银锭足有五十两，不可能出错的。"孙太监傲视着他，说道："你解过几回贡银？你懂不懂官里的规矩？"解银官吓坏了，但仍坚持说一切不会有错。孙太监怒道："那好，你是说老佛爷的秤有假吧？"他正要殴打这位倒霉的官员，老佛爷本人听到了这番争吵（她住所的院落很小），走了出来，令孙太监把贡银搬进她的房间，她要亲自称一称。她说："最近的确有很多短斤少两的情况，我这些太监的差事就是不让我受骗。"解银官告辞了，一副垂头丧气的模样，出门的路上碰见了内务府总管继禄，继禄对他说："我们都知道你受了委屈，但你不要在意。这些太监最近油水太少，因为老佛爷对他们盯得很紧。你得体谅他们，他们在京城里损失了很多。"

广州进献了二十四样贡品，但太监们发挥他们的主动性，为了勒索慷慨的赠予，拒收其中的九款贡品，于是押解官大为惶恐，唯恐老佛爷指责他私吞贡品。这是太监们为了自己的利益勒索贡品的最常用的手段之一。另一个办法是以皇太后的名义进行大规模的采购，而拒绝付款。西安甚至全省的百姓因他们的劫掠而处于水深火热之中，尤其因为当时的陕西省已因长期干旱而处于饥荒的初期。据岑巡抚的账簿记载，一斤面粉要卖九十六文，一个鸡蛋卖三十四文，一斤猪肉卖四百文，而鱼则几乎买不到，这些价格约相当于华南通行价格的六倍。

慈禧与光绪结束逃亡回到京城

　　许多太监似乎以羞辱皇帝为乐事，给他找一些小麻烦，往往刺激他爆发易起的怒气。有一封来自西安行在的信函，记载了皇帝脑子似乎有点小毛病，因为他和小太监们一起玩捉迷藏一类的愚蠢游戏，以此打发时间，直到皇太后过来打断他，于是他马上躲到角落里，闷声不响。游戏之余，在被激怒的时候，他会听任自己大发雷霆，把家用的陶器砸向其侍从们的头。对这些记载必须慎重看待，因为总管太监和保守党人经常散播这种消息，以损毁皇帝在外部世界眼中的形象。

　　如上所述，在朝廷于 1902 年西狩回銮之后，李莲英对皇太后的影响，总而言之是比以前更大了，他对所有的宫内事务都有最高的控制权。不过，他遵照皇太后的榜样，彻底改变了态度，宣称改革具有必要性，甚至表示赞成皇太后批准立宪案，只是由军机处和他本人对这个方案做了若干修改。人们不止一次听见他以通常那种亲密的口吻跟皇太后开玩笑，预言皇太后将会皈依基督教。他说："老佛爷，咱们都成假洋鬼子啦！"

尽管年事渐高，体弱多病，但李莲英仍然坚持不懈地捞外快，抓住大管家的特权不放，利用他的权力不择手段（其手段很多），极力维护宦官制度和他本人的地位。1901 年，陶模，已故的两广总督，曾递呈一份著名的奏疏，声称：鉴于后宫嫔妃人数已大大减少，应以宫女取代太监。李莲英成功地设法阻止了这份奏疏呈达皇太后之手，直到他采取了有效的措施，阻止皇太后接受这个提议。

从那以后，对宦官制度的抨击，以及有关马上要废除太监的传言，曾反复地出现，但太监们的影响并无减小的迹象，而像陶模那样无畏正直的官员在官僚群体中只是凤毛麟角。纸上的改革措施为数不少，这些措施只是预测在未来某个不确定的日期，将会出现克己复礼的局面，而对时局举足轻重并有助于保守势力牢牢把握权力的是，本土的新闻媒体已不再如从前一样坚定独立，完全堕入了官方的控制，而维新派的声音，一度揭露太监和国家腐败的其他原因，如今在这片国土上已湮没无闻了。

第六章

同治帝亲政与驾崩

同治十一年（1872 年 11 月），两宫皇太后作为共同的摄政者，颁布一道懿旨，详述了当初导致垂帘听政的环境（她们再次重申，此事是不得已而为之），并宣称皇帝学业已经完成，她们现在提议撤帘归政；因此，她们指令钦天监择选吉日，举行皇帝的亲政大典。星相家和占卜家们奏称，正月二十六日为吉日（就皇帝而言，他们在此撒了谎），在那一天，两宫皇太后颁布了她们首次听政期内的最后一道懿旨，该文值得照录如下——

钦奉慈安端裕皇太后、慈禧端佑皇太后懿旨：皇帝寅绍丕基，于今十有二载，春秋鼎盛，典学有成，兹于本月二十六日躬亲大政。欣慰之余，倍深警惕。

因念我朝列圣相承，无不以敬天法祖之心，为勤政爱民之治。况数年来，东南各省虽经底定，民生尚未乂安，滇陇边境及西北路军务未蒇，国用不足，时事方艰。皇帝日理万机，当敬念唯天唯祖宗所以托付一人者，至重且巨，祗承家法，夕惕朝乾，于一切用人行政孜孜讲求，不可稍涉怠忽。视朝之暇，仍当讨论经史，深求古今治乱之源，克俭克勤，励精图治。此则垂帘听政之初心，所夙夜企望而不能或释者也。

懿旨在末尾照例劝谕军机处与各省行政大臣们恪恭尽职，辅佐皇帝。就皇帝而言，这种殷切的期盼之情似乎效果不大，或完全没用，因为他

慈安太后

从一开始就不顺从母亲，更不用说尊敬了。这并不奇怪，因为我们记得，他很小的时候就明显地偏爱东太后慈安，他很清楚宫廷里所有的钩心斗角，尤其是两位听政者之间的矛盾。他现在长到了十七岁，多少继承了其威严双亲的专横跋扈。慈禧为他选定的妻子，善良正直的阿鲁特氏，助长了他的自主性。这位女士出身显贵，是侍讲崇绮的女儿。在初登最高权位的那一阵喜悦中，年轻的皇帝及其娇妻完全没有意识到他们所处地位的危险性，但他们很快就有了痛苦的经验，得知慈禧是不可违拗的，要在宫中与她和平相处，是一个只有顺从她的意志才能达到的目标。第一个麻烦起因于皇帝拒绝将国家文件交给其母审阅，但很快就有了其他更严重的摩擦缘由。但最重要的是，在一切缘由之后隐藏着一个凶险的事实：一旦皇帝有了嗣子，阿鲁特从那一天起就会成为圣母皇后，于是，慈禧很可能被降到一个暧昧而无足轻重的位置上。一定要记住这个事实，才能对此后发生的事情，尤其是对促使皇太后干出下面这种事情的动机，形成我们的看法。她干的那件事情是：在同治死后，不惜一切代价，坚持要择立一位婴儿皇帝，违反了皇位传承的神圣法律。且不说她无法忍受任何形式的反对，以及她绝对会不择手段地排除横亘在其野心之路上的任何人事，对于她在这一时期所作所为的公正评价，都不能否认，同治皇帝没有子嗣完全符合她的利益，而同治一旦"龙驭上宾"，其皇后一定会立刻随之而去。评论家们众口一词，都说慈禧放任了年轻皇帝放荡的习性，而当这一切导致皇帝重病后，她听任皇帝虚弱的身子病入膏肓，而不为他提供有效的医疗救治。一位内务府大臣，名叫桂清[1]，对皇帝的不端行为深感忧虑，并预见到了他的早夭，寻机劝谏：由小人太监给皇上施加的不良影响应当清除，对皇上的举止、德行和健康应当给予更多的关心。他甚至满腔热忱地要求把那些有罪的太监问斩，但这样一来，他不仅招致了皇太后的不悦，也令皇帝本人不快，因为他不愿受到身边任何人的批评，也不想接受帮助。于是倒霉的桂清被迫辞职，听任皇帝去面对宿命。他的同僚，内务府大臣文锡和贵宝，跟他是完全不同的两类人，是公开的太后党，不但放纵皇帝去走邪路，实际上还加以怂恿，于是他们常和皇帝结伴，在南城最污秽的场所结交三教九流，此事成为京城家喻户晓的丑闻。皇帝在国家大臣们早朝的规定时间过去很久之后才从欢宴中回宫，在宫中成为丑闻之源。他还卷入了许多次的醉酒斗殴，与城中的社会渣滓来往，也就难怪他会染上迅速置他于死地的病菌。1873年，龙座很明显就要空出来了。1874年12月，他染上天花，在他患病期间，两宫皇太后应召重掌国政，到了月底，他颁发了下面这道上谕：

朕于本月遇有天花之喜[2]，仰蒙慈安端裕康庆皇太后、慈禧端佑康颐皇太后调护朕躬，无微不至，并荷慈怀曲体，俯允将内外各衙门章奏代为披览裁定，朕心实深欣慰，允宜崇上两宫皇太后徽号，以冀仰答鸿慈于万一，所有一切应行典礼，着该衙门敬谨办理。钦此。

[1]　这位桂清是备受尊敬的已故直隶总督端方的叔叔。
[2]　此病在中国人当中被视为吉兆，尤其是在症状发展符合要求的时候。

　　皇帝脆弱的体质扛不住并发疾病的打击，其身体状况万分糟糕。1875年1月13日晚上8点钟，在两宫皇太后和大约二十名内务府王大臣的陪伴下，他"龙驭上宾"了。为皇帝送终的有恭亲王、醇亲王，还有慈禧的死党和仰慕者荣禄。皇帝驾崩后，一名御史，在同事中勇气超群，对那两名公然怂恿皇帝放荡行为的内务府大臣进行了弹劾，而慈禧再也用不着这两人了，于是下令将他们革职。为了进一步表明她对忠良服务与无私行为的真心赞赏，她下令将桂清复职，嘉赏他的忠心。但桂清拒绝了这份好意，这时他已对德行在皇太后事业中所具有的价值形成了他自己的看法。

　　皇帝无嗣而终，对于慈禧及其对最高权力的享有而言，一切都是得心应手，只有一件令她不愉快的事情成为她的障碍，那就是宫廷中人人皆知皇后阿鲁特氏怀孕了，因而可能会为已故的君主产下一名后嗣。倘若她生下一个男孩儿，显然阿鲁特氏和慈安就会因此而获得在理论上要高于慈禧的地位，因为慈禧圣母皇太后的称号因同治的去世而坠落了，她原先的地位仅是一名妃子而已。作为皇帝的母亲，她曾合理地在皇帝未成年时占有了主导地位，但这个条件现在结束了。她先前之所以能够拥有权力，是因为她作为皇帝母亲的身份，而如今她一无所有，只有无限的野心、勇气与智慧，来取代合法的权力与自然的纽带。随着其皇帝儿子的谢世，随着阿鲁特氏分娩的临近，显然她自己的地位需要孤注一掷的修正，如果她不想让自己的权力被削弱的话。

　　在皇族宗室的长老中，许多人妒忌叶赫那拉一支的影响，有一种强烈的动向，主张拥立可敬的道光皇帝的长子之孙，即婴儿溥伦，这个小孩儿有充足的理由承继大统，因为他比已故的同治小一辈，只有一点不妥，即其父是由旁支过继到本宗的。支持这一选择的皇亲贵胄们指出，婴儿溥伦几乎是唯一满足承继法统并适合于祭祀已故同治皇帝在天之灵的候选人。[1]

　　然而，慈禧一心只想保住自己的权位，容不得任何感情、宗教与其他方

---

[1]　每年和每季在宗庙与皇陵举行的祭祀活动包括在每位圣祖的灵位前"叩头"，最后一位已故皇帝的同辈人不能参与，更不能由他主持。

面的考量。为了确保达到目标，即便有必要破坏祖制和家法，这个女人也不会有所迟疑，她靠着自己的智慧，靠着都察院里那些奴才们的言听计从，来把事情摆平，至少也要压制所有的反对意见。在这个时期，她与其同事和共同听政者的关系很糟糕，她仍然没有原谅后者参与了将其总管太监安德海杀头一案；她也憎恨并且不信任恭亲王，毫无疑问，她已决定在年轻的皇后阿鲁特氏分娩之前将其除掉。那时皇室成员中唯一和她推心置腹的是她的小叔子醇亲王，道光皇帝的第七个儿子。这位王爷是个能人，只是生性放荡，他娶了慈禧亲爱的妹妹小叶赫那拉氏，于是就不难理解，促使慈禧决定把醇亲王尚在襁褓中的儿子扶上皇帝宝座的理由是最为有力的。在皇帝未成年时，她将继续统治帝国，当他长大成人时，慈禧的妹妹，即皇帝的母亲，将会施加影响，让皇帝对她俯首帖耳。慈禧反对立恭亲王的儿子为帝，部分是因为记恨其父参与了处死太监安德海一案，并记恨其他冒犯之处，部分是因为其子已经十七岁了，因而几乎是转眼之间就会亲政。慈禧懂得，在这种事情上，依照传统，依照由紫禁城内强势一方所采取的措施，必须除掉制造麻烦的敌手和冲突势力，要么听天由命，要么在强援之下一步登天。因此，她必须结束这场争论，和通常一样，她快刀斩乱麻，迅速战胜了对手们并无组织的努力。经过机敏的谋划，主要通过她宠信的那位太监去运作，她防止了溥伦支持者与恭亲王支持者两派势力的合作。而且，她得到了荣禄的协助，又把李鸿章淮军的一支人数不少的部队调到京城亮相，为自己计划的成功实施铺平了道路。万事齐备，她召集王、大臣开会，挑选并拥立新皇。

这次庄重的秘密会议在紫禁城西部的养心殿内举行，此处距离同治皇帝辞世的宫殿只有二百多米。除了两宫皇太后，还有二十五人出席会议，包括几名亲王贝勒和皇室宗亲，军机大臣，以及几名最高级别的京官；但所有人中只有五名汉人。溥伦的父亲载治与恭亲王都在场，都代表已被提名的合法皇位继承人。养心殿的各条通道上站满了太监，在荣禄的协助下，慈禧已下令派忠于她的部队守住了紫禁城的所有要点。其中许多官兵属于荣禄的那一旗，还有一些小队主要由叶赫那拉宗族的成员与追随者组成。根据慈禧明确的指令，新寡的皇后阿鲁特氏不许参会，要尽未亡人的职责，在被穿上了丧礼龙袍的已故夫君身边哭丧。

在议事厅内，慈禧和其同事在宝座上相向而坐，所有在场的官员都跪在地上。慈禧如往常一样居于主位，担当首席发言人的角色，提出要尽快选出新皇，不能久虚皇位，以待已故皇帝的儿子诞生。恭亲王犯颜直谏，不同意这种观点，指出阿鲁特氏的孩子很快就会出生，朝廷不难对皇帝驾崩一事短暂地秘不发丧。倘若生下的是阿哥，那时就可以名正言顺地将其扶上皇座；倘若遗腹子是位格格，那时仍然来得及挑选皇位的继承人。王公宗亲似乎都赞同这个意见，但慈禧弃之不顾。她说，南方叛逆尚未戡定，若让外界得知帝位空虚，皇朝便会面临颠覆之险。她质问道："覆巢之下，焉有完卵？"军机大臣和几位元老，包括来自南方的三名汉人代表，表示赞同此见，他们意识到，倘若局势不稳，最近非常活跃的太平军很容易发动新的反清运动。

接着，东太后发表己见，提出让恭亲王的儿子入承大统。遵循传统习惯，恭亲王叩头请辞，称其家族不敢承受这样的荣誉，提议择立年幼的溥伦。此时轮到溥伦的父亲力陈自己的儿子不足以入承大位，并非因为他对此事真有什么顾虑，只是习俗需要他采取这种自贬的姿态。慈禧对溥伦之父说道："有件事虽说与此无关，我倒是记得，你只是奕纬（道光皇帝长子）过继的子嗣。"她又转向恭亲王说："你能举出什么先例，证明曾有继子的后嗣被立为皇帝？"恭亲王遭到挑战，迟疑片刻，举出 15 世纪明朝皇帝英宗的例子作为合适的先例。对历史了如指掌的皇太后回答："此事不足为凭，英宗皇帝其实并非其前任的儿子，只是一名妃子瞒天过海，将他扶上皇位。他的治下是一场灾难，他一度沦为蒙古人的囚徒，后来在北京隐居八年，帝位被其弟所占。"接着，慈禧转向她的同事，说道："我想立奕譞（醇亲王）之子载湉为帝，奉劝各位不要耽搁时间。"听到此话，恭亲王转向他的弟弟，愤怒地说道："难道继承权的长幼之序可以不顾了吗？"[1]慈禧说："那就投票决定吧。"其同事没有异议。投票结果是，以醇亲王为首的七名宗亲支持溥伦，有三票投给了恭亲王的儿子，其余的票全投给了慈禧提名的人。投票是公开记名的，

---

[1] 按长幼之序，恭亲王排行第六，醇亲王排行第七。

幼年载湉（光绪皇帝）

其结果完全是由于这个多年来被公认为中国实际统治者的女人所具备的坚强意志和霸道个性。投票结束后，慈安，这个总是不愿延长讨论并急于解决问题的和事佬，表示她愿意将余下来的事情全部交给其同事去操办。时间已过九点，猛烈的沙尘暴正在肆虐，夜晚奇寒，但慈禧在危机时刻绝不耽搁时间，下令将一支有力的禁军派往西城的醇亲王府，他们护卫着一乘皇帝御用的八抬黄轿，把小皇帝接入宫内。与此同时，为了不让恭亲王闲下来碍手碍脚，慈禧打发他去照料大行皇帝的遗体，同时安排荣禄的军队将皇宫包围，严密护卫。正是她这种细致入微的关照，使她显著地超越了其反对者的那些踌躇不定、缺乏效能的办法；正是这个女人所具有的这种拿破仑式的性格，解释了她为何获得了许多其本国人往往归之于运气的成功。

　　午夜之前，小皇帝被稳妥地安置在宫中，他大哭大闹，似乎是他进入紫禁城的凶兆。随同幼帝入宫的还有他的母亲（慈禧之妹）和几名保姆。他在治下被皇朝先例强迫去做的第一件事，如同将来的许多悲剧一样，就是立刻被人送到已故先皇躺着的大殿内，在那里以其年龄所允许的方式，在已逝统治者的遗体前"叩头"。于是，发布了一道两宫皇太后签署的懿旨，称："皇帝龙驭上宾，未有储贰，不得已以醇亲王奕𫍯之子载湉承继文宗显皇帝为子，入承大统为嗣皇帝。俟嗣皇帝生有皇子，即承继大行皇帝为嗣。特谕。"

用这种办法，慈禧完全绕过了孀居的皇后阿鲁特氏，事先就不顾及其遗腹子应有的权利。慈禧又一次轻而易举地大获全胜。这道懿旨发布后，离开议事厅的那些人都很清楚，寡居的年轻皇后与同治皇帝未出世的孩子似乎惹不出什么大麻烦了。

出于形式需要，依照本朝先例，王、大臣们联名上疏，请求两宫皇太后再度听政，而这两个女人则像演戏一般，大度地俯允这个请求，其理由是自古就有的：在皇帝冲龄期间，必须有一个中央当局，使帝国的官员们可以向其寻求必要的保护。不过，两宫皇太后要表现出勉为其难的姿态，才符合章法，于是慈禧在对该疏的批复中说道："览王、大臣等所奏，更觉悲痛莫释。垂帘之举，本属一时权宜，专念嗣皇帝此时尚在冲龄，且时事多艰，王、大臣等不能无所秉承，不得已姑如所请。一俟嗣皇帝典学有成，即行归政。"

褪袄皇帝也被强加意旨，表示"祗承懿训，寅感实深"。于是这场可悲滑稽剧中必走的过场就此完结。皇太后下令，已经动工的昆明湖与颐和园修建工程着即停止，明面上的理由是，未来的岁月里，听政的两宫皇太后既无时间也无心情去游玩；不过，真正的原因却是，皇帝的驾崩使两宫皇太后没有任何必要离开紫禁城了。

慈禧力排众议，违背祖制，得以将自己的愿望强加给军机处，将她妹妹的幼子强行扶上皇位，完全是由于她的能量和影响力。她的人格魅力，她那令人信服的率直手段，其效果超过了任何传统势力。这个事实，以及她的胜利，会变得更加明显，只要我们记住，曾有人向她指出，而军机处也很清楚，褪袄皇帝身体虚弱，可以从小看大，他似乎不大可能为皇座生育一名接班人。那些批评慈禧择立这位幼帝的人，对此心知肚明，如果不是缺乏勇气和决心，就会因此而理直气壮，因为很明显，只要这个事实得到承认，那么慈禧的唯一动机就是个人野心了。

从那时起，直到皇帝和皇太后本人分别于 1908 年 11 月 14 日和 15 日相继去世为止，广泛地流传着一种说法：这个皇帝的登位是如此不吉利，他不可能死于慈禧之后；还有许多人预言他将活不到亲政之时。一切都预示着慈禧会死于皇帝之后，原因很简单：只有这样，她才有望于再次操纵皇位的继承，并继续她的摄政。我们知道，凶象的预言家们弄错了，因为光绪活到了亲政之年，但我们也知道，在戊戌政变之后，仅仅是对南方叛乱的担心才救了皇帝一命，并防止了一名新皇帝的继位。

接着，新君的年号被定为"光绪"，意为"光荣继统"，用以强调新帝是上一位满人大帝道光的直系子孙，并暗示一种希望：咸丰与同治的厄运岁月已到尽头。两宫皇太后的下一个举动，就是给已故皇帝的寡妻赐加尊号，但此荣耀不足以阻止她在 3 月 27 日自尽，以此抗议她所遭受的不公，抗议对其丈夫身后的不敬，以及对其遗腹子权利的剥夺。这是非官方的流行解释，但对于其自杀的真相，一直是众说纷纭，而今后也难统一，许多人并非不近人情地指控慈禧逼死了这个不幸的女人。与此相对，皇太后的支持者们指出，慈禧已成功地将光绪扶上了皇位，事情已是铁板钉钉，无可撤销，没有任何必要再采取暴力行径。还有个别人说，即便事态需要采取暴力措施，慈禧也不会这么做。证据的天平必然会倾向不公平的竞争。不过，不管怎么说，可以肯定的是，皇后阿鲁特氏的死对舆论的影响，比她活着能够造成的影响要更为深刻。结果，成千上万份奏疏从都察院和各省如雪片一般飞来，强烈抗议择立醇亲王之幼子，指责此举既违背了祖宗成法，又破坏了自古有之的继承传统。值得注意的是，所有这些抗议都明确地针对慈禧，因为大家几乎无不承认，她的听政同事是无足轻重的。一时之间，慈禧的声望（因此也包括叶赫那拉一族的地位）受到了严重的影响，而四年之后，御史吴可读在同治陵墓旁自尽，以强调这件罪行的严重性，引起公众对此事的关注。慈禧被迫向那场风暴低头，再次更庄严地发誓：已故皇帝绝不会长久没有后嗣祭祀其亡灵。此后，人们会看到她如何来兑现那个誓言。

醇亲王，身为新皇之父，给朝廷上疏，请求开去他的所有差使，因为作为一名官员，他必须向皇帝叩头，而作为父亲，他又不能向自己的儿子叩头。这位王爷在奏疏中说，当他听说自己的儿子被择立为皇位继承人时，"仓促间昏迷，罔知所措，追异回家内，身战心摇，如痴如梦，致触犯旧有肝疾等症，实属委顿成废。唯有哀恳皇太后恩施格外，洞照无遗，曲赐矜全，许乞骸骨，为天地容一虚糜爵位之人，为宣宗成皇帝留一庸钝无才之子"。这份奏疏会令读者很不愉快地想起佩克斯列夫（狄更斯小说中的伪君子。——译注）。

皇太后令其心腹大臣们"鉴于特例所需"，设计一种面面俱到的妥协办法，其结果是，同意开去醇亲王的各项差使，准许他不参加涉及给皇帝行礼的所有宫廷仪典，但仍保留一种身份，当两宫召见时，"时备顾问"。在两宫皇太后的万寿日，他可以私下里对她们俯伏行礼，却不用作为朝廷一员跟随皇帝。其一等王爵世袭罔替，他奉旨向惇亲王，一名指挥神机营的军官，提供富有经验与才智的忠告。这是一道必须服从的命令，因为这支部队因其指挥官不体面的无能与腐败而日益声名狼藉。

想一想第一次垂帘听政的建立，我们会发现，历史是何其忠实地复制了自己。

第七章

吴可读尸谏

同治的年轻寡妻死后，皇位继承的合法性，以及慈禧对所有传统的破坏，立即成为皇朝的保守派和较有良心的支持者们严重关心的问题。第一个不满的证据包含在一位满人内阁侍读学士所上的奏疏之中，此人虽然承认小皇帝光绪继承大统的既成事实，但要求皇上采取措施，或做出保证，最终要让继承权回归正统，并为已故的同治皇帝立嗣。

慈禧确实为这个继承权的问题变得肝火旺盛，她自己的良知无疑和那些上疏的爱国大臣的观点会得出一致的结论。她这一次颁下的上谕简短、尖锐，透出阵阵火气：

> 前降旨俟嗣皇帝生有皇子，即承继大行皇帝为嗣，业经明白宣示，中外咸知。兹据内阁侍读学士广安奏请饬廷臣会议颁立铁券等语，冒昧渎陈，殊堪诧异。广安着传旨申饬。钦此。

许多大臣的奏疏和抗议都强调皇位继承权合法性的问题对整个国家的重要性，强调其对祭祀基本原则的深远影响。尽管如此，在剖白心迹之余，以北京六部九卿为首的官僚群体，仍然倾向于默认既成事实；无论如何，没有任何迹象表明存在任何反对皇太后意志的有组织的舆论。犯规显然是严重的，和通常一样，上天无疑会因朝廷的恶行而迁怒于无辜的"愚民"；但是，形成中国官场特色的个人主义和互相猜忌，阻碍了所有采取联合行动或补救措

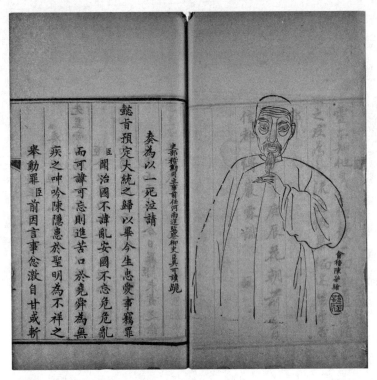

刊载吴可读画像的文集

施的想法。

然而，有一位官员，对自己的信念充满勇气，以自我毁灭这种由来已久的权宜之计，吸引了举国上下对此问题严重性的关注，这是再多的生花妙笔也办不到的。愤怒的爱国之士诉诸自杀，以证明其发自内心的苦恼，无论在中国还是日本，都是历史学家们赞扬和认可的行为。不可否认，作为对所有形式的专制主义的辩驳，它具有无与伦比的终极优点。何况，它具有从容就义和文明达观的某些性质，令人不由自主地想起了罗马贵族的优点，而这充分说明了如此赴死为什么会在热爱其正统如同热爱和平与稳定的民族当中给他带来荣誉。

将在中国名垂青史的这个名字，就是御史吴可读，一位正直无畏的最佳典型的学者，他是国家和真实信仰的捍卫者，与小皇帝光绪的非法继承问题相关联。由于他在遗疏中陈述的原因，他在同治皇帝去世后等待了四年，怀有一线希望，即散布于士大夫和官员当中的不满能够形成气候，迫使皇太后颁发一道懿旨，调整未来的继承权，以慰同治皇帝被剥夺了继承权的在天之灵。这个指望落空了，于是，他抓住大行皇帝举行大葬（1879 年）这一合乎古礼的机会，自尽于先帝陵寝附近，特意留下临终绝笔，他知道，此文将会长存于全国士人与官员们的记忆之中。他的死对慈禧认识错误有直接的效果。慈禧意识到吴可读死谏背后的舆论力量，立即致力于安慰其问罪之灵，立下他所请求的誓言，承诺将来为同治皇帝立嗣。吴可读之死并非只此一次影响她的行为，扰乱她那迷信的头脑。在后来的岁月里，尤其是逃往西安之时，她在朝廷遭受的灾难中，看到了吴可读的影响，以及她所犯罪行的报应。

在这里，我们要讲述这位爱国者死谏的整个故事，也要全文翻译他的奏疏，因为这是行为准则和心智淡定的榜样，是儒家哲学体系的香花，所以值得我们进行贴近而同情的研究。

他的自杀发生在接近同治陵墓的马伸桥镇的一座小庙里。对于自己遗体的处置，他的指示细致入微，尽量不给家人和朋友带来麻烦，表明其具有绅士风度和学者风度。他给管理那所小庙的道人，一个"小人"，写了下面这些很有特色的文字：

> 周老道知之，尔万勿惶恐。我并非害尔者，只不能不借尔清净之地以归我洁白之身（可请恒德堂石掌柜来同照料）。尔可即速一面报知州主（尔可先报此地武官老爷，望武官老爷马上报知州主，所有信函并折匣均交武官老爷转呈），一面以银数两市一薄材，用沥青刷里。我衣冠俱已齐备，只将靴底皮掌割去，速即装殓入棺。（临时自将右手四指误触刀刃，所以有血，棺木地方可与石掌柜商量，用二十余金亦可，我并无冤头债主之说，不必怕干连人命，尔就说我烦劳他，感切，感切！）州大老爷想亦无可相验，我并非因冤仇而死。俟其看视后，即行封钉，缝子多用漆漆几层，即候朝廷查办。后可用数两买一不系山陵禁地一块，

速速入土。[1] 此节我嘱托贤牧伯成全我一生忠爱之心，且天下黄土，何处不可葬身，而必归乡里乎？我匣内有京平纹银四十五两零（我带来钢表并衣物，宅中自有记载），除费用外可余廿余金，一并赠尔，为受惊薄仪。我儿子若来，我已令他再厚给尔也。（我死于此，我儿子未能视含视殓，尔一切代他办理，他岂有到来不感激尔之道理？我身须好好防闲，勿令毁伤为荷。）想此事州主亦断不令书差或有难为尔之处，慎勿惧。此白。（尔万不可动我信并要紧折匣，明日一早即将我身解下，停在外间阴凉处，不可见日，即用此床靠外间炕边即好，不可久悬，州主万不罪尔擅解也。我有遗嘱与尔，可不必怕。今正差务忙迫之时，断不能一二日即了也。）

再告周老道知，我因住屋与尔师徒逼近，恐其惊醒尔等解救，则吾事败矣，故用自己由京带来洋药服之，则缳首之时，尔等救亦无济。总之与尔无干，尔却不可似这几日诸事把持，即尔徒尔亦不令承办我事（若仍把持，独自出主意，是尔自招其害，切切）。尔须好好尽心，速速报官，再明请本街老成庙中首事人替尔指示一切。无多嘱，尔须速速报官，请帮手为要。初四日又笔。（此我亲笔，尔不可存，我儿来时给予他收存。尔另抄一纸，作尔凭据。所有字纸不可失，只字片纸俱交我儿手。衣物乃小事。尔须小心将阎老道叫来，尔切不可把持，况此非尔一人能照应，尔徒子徒孙又不小。尔不过图利耳，我儿来绝不亏尔，保管尔如愿也。此纸尔如有剪损痕迹，我儿查出绝不依尔。毛头纸一页在后。）

告周老道知，尔万万不可放闲人进房中来看，又不可令小儿们并妇女稍近我旁。此乃自尽其分，并非奇事，有何可看处，识者方悯之不暇也。至嘱，至嘱。

接下来，他在写给儿子的一封信中，表达了自己的临终愿望，其中包含很多儒家学者刻骨铭心的理想和信念。此文感人，因其纯粹的高尚，因其古

---

[1] 这个埋葬之地接近包含皇帝陵墓在内的封闭的大园子，但必须是在园外。

老血统的骄傲，也因按照他的理解已经尽职尽责的自豪。

吾儿之桓知之，尔闻信切不可惊惶过戚，致阖家大小受惊。尔母已老，尔妇又少，三孙更幼小可怜，尔须缓缓告知，言我已死得其所，不必以轻生为忧。我家谱自前明始迁祖以来，三百载椒房之亲，二百年耕读之家，十八代忠厚之泽，七十岁清白之身。我少好游荡，作狎邪游，然从无疑我大节之有亏者，故同乡及两书院及门诸子，至今犹愿吾主讲席。我以先皇帝奉安有期，故昨年左爵相聘，书两来不就者，原以待今日也。

我自廿四岁乡荐以后，即束脩自爱，及入官后，更不敢妄为。每览史书内忠孝节义，辄不禁感叹羡慕，对友朋言时事，合以古人情形，时或歌哭，欲起舞，至不能已已。故于先皇宾天时，即拟就一折，欲由都察院呈进，彼时已以此身置之度外。嗣因一契友见之，劝其不必以被罪之臣又复冒昧，且折中援引近时情事未尽确实，故留以有待。今不及待矣！甘心以死，自践前日心中所言，以全毕生忠爱之忱，并非因数年来被人诬谤而然。

尔见此信后，即来蓟州，东至三十里之马伸桥三义庙内，周老道即知我死葬处所。我已托周老道买一棺木，里用沥青，我衣冠已齐全，嘱其将靴底皮掌割去。[1] 即于彼处买一块地，埋我于惠陵左近，岂不远胜于家中茔地！况尔祖父、祖母已有尔二叔埋于墓下，不必需我归于先茔也。此坟地自葬尔祖后，尔二叔以家务不能承担，于咸丰九年自裁于京师宅中；今我又因国家大事而亡，人必以为此地不祥，我岂信此等俗说者。尔必以为不可不扶柩而旋，只将我出京时所照小像到家中画全，以此作古来衣冠之葬亦可，何必定移柩数千里之外，所费不少。

尔见信后，如朝廷以我为妄言，加以重罪，断无圣明之世罪及我妻孥之理。尔可速即向通家或有可通挪之处即行拼凑出京，沿途只好托钵

---

[1]　寿衣应该都是新的，干净的，而剪掉鞋底，他的靴子就不会显得那么破旧。

而回，万万不可逗留都中，又为尔父惹风波也。[1] 我最恨尔多言口快，自今以来只可痛改痛忍。人对尔言尔父忠，尔并不可言不忠；人对尔言尔父直，尔并不可言不直。马援诫侄、王昶诫子二书，不可不熟读。

尔母幼时为武世家小姐，为尔外祖父母所最怜。自到我家，替我孝养尔祖父母，贤名久播于我里，不过随我未曾受用荣富。今已年老，又只有尔一人，尔姊已殁，尔妹又不在面前，尔必好好奉侍回家。尔姊夫、妹夫处替我问好。再，祖遗薄田数亩，全赖尔二叔、三叔把守，尔父无力焉。不唯无力，而且有破费处，尔能体我心，将此全让于尔两弟，我亦知尔必不能学古人，即如我乡曹熙堂太守分家，尽可难得。家有大小，处置则一也，尤望尔三弟兄永远同居，更佳更佳。尔妇亦系旧家女，颇知大理，告知尔妇，家中弟兄全在妇女调和。我记得吾乡铁绍裴观察遗我善书内，有一妇人以死猪假作死尸，辗转感动其夫，仍与其弟和美者。此妇乃大英雄手段，岂敢望于尔妇，只时时化导尔妇，明于家务，人必能见听也。三小孙要紧，不及复见矣。书至此，泪下搁笔逾时矣。

我所带四十余两[2]，除蓟州贤牧伯令周老道置办我棺木葬地外，所余我已尽数送与周老道。尔到蓟州时，先谒见州主贤伯，我已函托矣。尔到三义庙，可再从优给予压惊钱。归京后，俟我此事已定，朝廷查办后，总以速速出京为要。东和处我欠京钱四百千，数十年交好，不可累他，彼生意可以还清，以全始终。尔初当大事，必然手忙脚乱，要知我之一死，固不敢逼朝廷做何处置，然自问此心可以不愧。君子论是非可否，不计祸福利害，尔又何必过为忧虑乎？

张香涛先生幼樵并安圃前均致候，想如前时聚谈时不可得矣，可胜感叹。到家即去见湘阴爵相，爵相虽待我不终，然亦离间诬谤使然，无怪其然。而知己之感，耿耿在心，尔可为我请爵相安，必不令尔无啖饭处所也。吾乡亲友并素所拖累者，不及一一作札，老娘娘并徐姑娘可极力周全为是。尔岳父前致意，伊女为我生三孙，乃我家大功臣。至于为

---

[1]　即导致两宫皇太后肢解他的尸体。

[2]　约为十英镑。

人，则在自立，不可靠人。丈人在则可，丈人殁则不可。尔妹夫处，我在则可靠，我死则不可专靠。尔姊夫处亦然。速速起程出京！速速起程回家！速速速！速速速！尚有多少未尽事宜，不能细记，缘时有限，不及也。

之桓再知：周老道我甚不放心，然亦小人图利，尔不可难为他，我已托州主贤牧伯矣。周道之徒祥霖，因他言父亲出口二十余年，忽接其父信，叫他来口外，我怜他能有孝心，已给他川资二两零，此不必令其师知之。尔到时，诸事必与此间州主商酌，此地武官亦好，可以同商。州主刘公甚有政声，今见此事，必能悯尔年轻，为尔做主。周道只可多酬谢，此亦小人常态，不足责也。我另留阎老道，他支使回庙，亦不过把持，欲独自居功尔。至我给他一张纸，计五张接连，均有缝押，如有裁损痕迹，可告知刘公，不能不追出。所嘱周道纸，此我亲笔，尔全行取回，只叫他另抄一单，以作为他无干并一切照应凭据。此等小人，只当念其好，忘其不好处。我一生最恶牵扯他人，今不能不借他庙内，以为安厝我之地方。棺木只用十余两，葬地不过一席，亦只数金，我罪臣，不可厚也。若他能叫阎道来更好，尔亦可厚谢之。此地恒德堂药铺内石掌柜，与我只一面，尔亦可约同照料，伊如怕干连，可以罢了。我自二十日到马伸桥庙内租住，银五两尚未付，尔一并算付可也。

至我之所以迟迟到今日者，以国家正有大事，岂可以小臣扰乱宸听，况时值圣朝，我两宫皇太后并我皇上宵旰勤劳，数年所降谕旨，无不人人称快，我每读之，至于泣下，恨我已衰，不能出力，叠山先，文山后，睢阳早，许远迟，尔父岂敢仰比古人！且当圣明之世，遇圣明之主，岂能与唐中衰、宋末乱比，况又非唐明宋理之君。然其处死则一也。世乱识忠臣，非佳语亦非吉兆也。慎勿惊为奇事，我不遽引决者，正为俟朝廷大事竣耳。

尔可遵我前函谕，作速奉尔母并眷口回家，好好教三孙读书，以备将来选用，不必定扶柩而回也。不能尽言，谕尔大小两函，不妨呈贤牧伯刘公阅看，亦不妨人人见之。唯两奏草底，尔亦不可拆看，我已封固，夹在卷夹内，请刘公交尔。（州主刘公，颂声载道，闻其约束家人、书差甚严，恨我不及一识面，可谓无缘。我已托其不令书差难为周道，尔再一求。刘公贤明，见尔年轻，必能为我尽心。而诸凡求指示，则我身后之受德，同于生前之知己，无缘深于有缘矣。切嘱切嘱！）父柳堂亲笔遗嘱。

他写给朝廷的奏折，实际上（正如他给儿子的信中清楚表明的）是对帝国统治者腐败的控诉；顺便提一下，它很好地说明了关于皇位继承问题的正统观念。它开门见山地说明了撰写该疏的目的，即希望在他死后，能促使皇太后依据本朝的先例和法律，确定未来的继承权，为同治皇帝立嗣。这份非同寻常的文件全文如下：

奏为以一死泣请懿旨预定大统之归、以毕今生忠爱事。

窃罪臣闻治国不讳乱，安国不忘危，危乱而可讳可忘，则进苦口于尧舜，为无疾之呻吟；陈隐患于圣明，为不祥之举动。罪臣前因言事愤激，自甘或斩或囚。经王大臣会议，奏请传臣质讯，乃蒙先皇帝曲赐矜全，既免臣于以斩而死，复免臣于以囚而死，又复免臣于以传讯而触忌、触怒而死。犯三死而未死，不求生而再生，则今日罪臣未尽之余年，皆我先皇帝数年前所赐也。

乃天崩地坼，忽遭十三年十二月初五日之变。即日钦奉两宫皇太后懿旨：大行皇帝龙驭上宾，未有储贰，不得已以醇亲王之子承继文宗显皇帝为子，入承大统，为嗣皇帝，俟嗣皇帝生有皇子，即承继大行皇帝为嗣，特谕。罪臣涕泣跪诵，反复思维。窃以为两宫皇太后一误再误，为文宗显皇帝立子，不为我大行皇帝立嗣。既不为我大行皇帝立嗣，则今日嗣皇帝所承大统，乃奉我两宫皇太后之命，受之于文宗显皇帝，非受之于我大行皇帝也。而将来大统之承，亦未奉有明文，必归之承继之子。即谓懿旨内既有承继为嗣一语，则大统之仍归继子，自不待言。

罪臣窃以为未然。自古拥立推戴之际，为臣子所难言。我朝二百余

同治皇帝的陵寝——清惠陵

年，祖宗家法，子以传子，骨肉之间，万世应无间然。况醇亲王公忠体国，中外翕然，称为贤王。观王当时一奏，令人忠义奋发之气勃然而生。言为心声，岂能伪为，罪臣读之，至于歌哭不能已已。倘王闻臣有此奏，未必不怒臣之妄，而怜臣之愚，必不以臣言为开离间之端。而我皇上仁孝性成，承我两宫皇太后授以宝位，将来千秋万岁时，均能以我两宫皇太后今日之心为心。而在廷之忠佞不齐，即众论之异同不一。以宋初宰相赵普之贤，犹有首背杜太后之事。以前明大学士王直之为国家旧人，犹以黄竑请立景帝太子一疏出于蛮夷而不出于我辈为愧。贤者如此，遑问不肖；旧人如此，奚责新进；名位已定者如此，况在未定。不得已于一误再误中，而求一归于不误之策，唯有仰乞我两宫皇太后再行明白降一谕旨，将来大统仍归承继大行皇帝嗣子。嗣皇帝虽百斯男，中外及左右臣工均不得以异言进。正名定分，预绝纷纭，如此则犹是本朝祖宗子以传子之家法。而我大行皇帝未有子而有子，即我两宫皇太后未有孙而有孙，异日绳绳揖揖，相引于万代者，皆我两宫皇太后所自出，而不可移异者也。罪臣所谓一误再误而终归于不误者，此也。

彼时罪臣即以此意拟成一折，呈由都察院转递，继思罪臣业经降调，不得越职言事。且此何等事，此何等言，出之大臣、重臣、亲臣，则为深谋远虑；出之小臣、疏臣、远臣，则为轻议妄言。又思在廷诸臣中忠直最著者，未必即以此事为可缓、言亦无益而置之，故罪臣且留以有待。洎罪臣以查办废员内蒙恩圈出引见，奉旨以主事特用，仍复选授吏部，迤来又已五六年矣。此五六年中，环顾在廷诸臣，仍未有念及于此者。今逢我大行皇帝永远奉安山陵，恐遂渐久渐忘，则罪臣昔日所留以有待者，今则迫不及待矣。仰鼎湖之仙驾，瞻恋九重；望弓箭于桥山[1]，魂依尺帛。谨以我先皇帝所赐余年，为我先皇帝上乞懿旨数行于我两宫皇太后之前。唯是临命之身，神志瞀乱，折中词意未克详明，引用率多遗忘，不及前此未上一折一二。缮写又不能庄正，罪臣本无古人学问，岂能似古人从容。昔有赴死而行不复成步者，人曰："子惧乎？"曰："惧。"曰："既惧何不归？"曰："惧，吾私也；死，吾公也。"罪臣今日亦犹是。鸟之将死，其鸣也哀；人之将死，其言也善。[2]罪臣岂敢比曾参之贤，即死，其言亦未必善。唯望我两宫皇太后、我皇上怜其哀鸣，勿以为无疾之呻吟，不祥之举动，则罪臣虽死无憾。

宋臣有言：凡事言于未然，诚为太过，及其已然，则又无所及，言之何益？可使朝廷受未然之言，不可使臣等有无及之悔。今罪臣诚愿异日臣言之不验，使天下后世笑臣愚；不愿异日臣言之或验，使天下后世谓臣明。等杜牧[3]之罪言，虽逾职分；效史鳅之尸谏，只尽愚忠。臣尤顾我两宫皇太后、我皇上体圣祖世宗之心，调剂宽猛，养忠厚和平之福，任用老成，毋争外国之所独争，为中华留不尽；毋创祖宗之所未创，为子孙留有余。罪臣言毕于斯，愿毕于斯，命毕于斯。

---

[1] 据传说，黄帝就是从那里升天，其衣冠也是葬于彼处。

[2] 曾子语录，他是孔子最著名的弟子之一。

[3] 一种中国式的文字误用者，在历史上以不合时宜地坚执一词的人而著称。

再，罪臣曾任御史，故敢冒死具折，又以今职不能专达，恳由臣部堂官代为上进。罪臣前以臣衙门所派随同行礼司员内，未经派及罪臣，是以罪臣再四面求臣部堂官大学士宝鋆，始添派而来。罪臣之死，为宝鋆所不及料，想宝鋆并无不应派而误派之咎。时当盛世，岂容有疑于古来殉葬不情之事。特以我先皇帝龙驭，永归天上，普天同泣，故不禁哀痛迫切，谨以大统所系，贪陈偻偻，自称罪臣以闻。谨具奏。

第八章

慈禧独自听政

哀悼同治皇帝的日子过去了，他的遗体以钦天监所期望的吉祥方式安置了，他的灵魂得到了抚慰。亏了吴可读，他的母后做出了庄严的承诺：在适当的时候，将会为他提供一位合适并合法的后嗣。紫禁城的生活再次平静下来，重新踏上了东西两宫皇太后联合听政之下的旧辙。

但没过多久，那位新皇帝，一个神经质的身体虚弱的小男孩儿，在不知不觉之间，对于把他扶上皇位的那个女人而言，成了一根肉中刺。随着他从婴儿进入童年，众所周知，且纷纷传言，他明显地偏爱慈安皇太后，后者性情温和，待人友善，赢得了这孩子的心。于是，在天真而孤独的孩提时代，他常去东宫；而慈禧皇太后，她的自尊容忍不了任何竞争对手，哪怕是争夺一个孩子的心，但她却被迫成为旁观者，意识到未来统治者心智的成形掌握在另一个女人手中了。不乏爱嚼舌根的人告诉她：她的同事总是悄悄地，心怀不可告人的动机，怂恿这孩子跟她作对，惹她生气。在这种情况下，小皇帝逐渐成为这两个女人之间与日俱增的猜忌摩擦的根源。

毫无疑问，慈禧既恨这孩子偏心，也恨她的同事怂恿其偏心的行为。在朝廷，每个人和每件事都是阴谋与党争的潜在工具，小皇帝的态度不会不引起她的密切关注。她很清楚，慈安本人绝不会成为强有力的竞争对手，但她此后会享有皇帝的信任与支持，教唆皇帝成为反慈禧派系的中心（后来他果然如此），这种形势就存在对慈禧本人的威胁。因此，随着皇帝亲政的日子日益逼近，她有更大的必要竭力小心预防。她不想遭遇乾隆的皇后被打入"冷宫"的那种厄运，这位皇后因被控"生活奢靡，纵情宴乐，违抗母后"而被褫夺了荣衔。

进一步摩擦的导火索，在两宫皇太后于1880年前往东陵时引发了，当时小皇帝只有九岁。这一次，慈安明显受到恭亲王的鼓动，维护并坚持自己的权利，在皇陵祭祖的所有仪式上，在每一座被称为"宝城"的覆盖皇帝墓室的小土丘前依照习俗匍匐敬拜时，她都要求居于首位。当两宫皇太后走到咸丰皇帝墓前时，严重的摩擦发生了。慈安，作为已故君主的正宫，主张其居于中心位置的权利，同时把她的同事贬至她右手边的位置，而把左手边的尊位空出来。慈安还不满足于此，还要提醒她的同事：凡是祭祀咸丰的时候，慈禧只享有一名贵妃的资格，她被提升为圣母皇太后，是在咸丰去世之后发生的事情。作为妃子，礼仪要求她在祭祀时站在侧边，稍微靠后，而慈安左侧空出的尊位，属于咸丰第一位皇后的阴魂，此女虽然在咸丰登基之前就去世了，但死后已被晋封为皇后。慈禧意识到，对她的这份侮辱，是恭亲王和其他宗室亲贵唆使的，她无意于束手就范，于是不由分说，坚持要占据其实际级别和权力所赋予她的那个位置。这场争执尖锐而短暂。可以想象到，慈禧赢了，但她感到在皇陵前发生的这一幕，已为随从们所目睹，有渎圣之嫌，无论如何都是甚不得体的。她在此事中丢了脸，明显出于别人的预谋，这个事实直接影响到她此后的行为，以及她与听政同事之间的关系。[1]

在皇陵祭祖之时，荣禄担任京兆神机营统领，负有护卫两宫皇太后的职责。然而，回京后不久，他便惹得慈禧大为生气，原因是他做出了慈禧不能原谅的事情，即便是最受她宠爱的人，她也不会原谅。自从载垣谋逆的那些日子以来，尤其是在同治去世后发生危机的那个时期，这个强悍的满人总是得到她格外的青睐和信任，作为内务府的总管，他有权随意进入紫禁城。但在1880年，无疑是因为耐不住宫廷生活的死板所导致的烦闷，他轻率地与

---

[1] 我们惊讶地发现，皇陵屡屡成为这种有失体面的争吵发生的场所，宫禁内长年都积的怨恨与痛苦，在这里找到了宣泄口。一个这样的实例发生于1909年慈禧大葬之时，当时同治和光绪仍然存活着的后妃们，因为类似的优先权问题，而与新太后隆裕发生争执，拒绝回城，愤愤地赖在皇陵不走，直到朝廷派来一名特使，一位王公手下的官员，谦恭地恳求她们打道回府。她们闹出了一个不小的丑闻。

翊坤宫内部。同治去世后，慈禧在这里住了一段时间。

已故皇帝的一名妃子私通。帝师翁同龢，与荣禄之间从来只有敌意，把这个丑闻奏闻皇太后。此事过后，宫内盛传，慈禧办事滴水不漏，在宫内的女眷区逮到了罪犯，这是一桩极为可耻的罪行。即便如此，荣禄也只是被草草而静悄悄地开革一切职务，在接下来的七年内赋闲在家。在这件事情里，慈禧以其自身的舒适与安全感为代价，维护她的自尊，而过了不久，她就有理由后悔赶走了她最忠实最可信赖的顾问。她在廷臣中找不到一个人可以取代荣禄。她想念荣禄明智的忠告，想念他的勇气与忠诚。但是，她一旦迈出了将荣禄革职的这一步，就不愿回心转意，以免在荣禄和朝廷面前丢脸。然而，荣禄的离去，无疑导致了她与慈安之间日益严重的摩擦，她怀疑慈安与荣禄的通奸有干系。

终于，在1881年3月，两宫皇太后之间发生了严重的争吵，事关总管太监李莲英施加的影响，以及他的骄横跋扈。慈安抱怨说，她同事的这位宠监和心腹奴才不把她放在眼里，视其权威为无物，以至于就连她自己的手下人都嘲笑她。她悲叹并谴责当前的状况，郁闷地评论一桩人人皆知的丑事：这位太监公开被称作"九千岁"，这个头衔暗示，他只比皇帝（"万岁"）低一级，有资格享受近似于皇帝的荣耀。[1]

这次争吵极为激烈，两宫皇太后之间事后也未达成任何形式的和解。人们认为，并在当时毫不隐讳地议论：由于怒不可遏，再也无法忍受对其权力的干涉，慈禧造就了其听政同事的死亡，一般认为用的是毒药。在东方宫廷的氛围中，这种指控是不可避免的，同样不可避免的是，这些指控既没有证据，也得不到反证。然而，由于存在一个不幸的事实，即那些妨碍慈禧实现野心或是招致她不快的人往往都活不长久，因此我们不能无视人们对于诸如此类不公平竞争的指控。这种情况为数太多，我们无法忽略，或将之当作纯粹的巧合。就目前这件事而言，慈安皇太后突发神秘的怪病，用上谕里的话来说，她于三月初十日夜间"仙驭升遐"。按照常规，她在临终前拟写了一份遗诏，我们将会看到，其中几乎只字未提当时的政治问题。哪怕在她临终的时刻，她似乎都理所当然地把这些事情留给了她那位富有主见的同事。她提到了自己作为咸丰皇帝正宫的地位，记载了小皇帝冲龄期间勤奋学习的事实（对于小皇帝的教育她总是非常关心），遗诏接着写道：

> 虽当时事多艰，昕宵勤政，然幸体气素称强健，或冀克享遐龄，得资颐养。本月初九日，偶染微疴，皇帝侍药问安，祈予速痊。不意初十日病势陡重，延至戌时，神思渐散，遂至弥留。予年四十有五，母仪尊养垂二十年。屡逢庆典，叠晋徽称，夫复何憾？

遵照她的要求，也是按照习俗所规定的谦谨，服丧期从二十七个月减为二十七天。这份遗诏的结尾令人有人性的感动，排除了慈禧插手遗诏起草的可能性，因为它把慈安描述为殚精竭虑"以俭约朴素为宫壸先"。由于多年

---

[1] 这个头衔原本是赐给明朝皇帝朱由校宫里一名声名狼藉的太监的，他因对其风流主子的影响力，死后得到主子的追封。太监安德海也用过这个头衔，见《慈禧与太监》一章。

来御史和大臣们针对慈禧的许多指控，都提到她那臭名远扬的奢侈挥霍，这一点，以及慈安对于丧事从简为其简朴一生画上圆满句号的临终要求，都对慈禧构成了明显的抨击。

慈安死了。她儿时的玩伴，那个曾与她一起面对紫禁城庄严神秘的小姑娘，后来因为未能产下皇位后嗣而在圣母皇太后的魅力比照之下黯然失色的那个女人，她多年以来有气无力的竞争对手，即慈安皇太后，再也不会令她心烦了。从今往后，无人篡权，慈禧可以放开手脚，独自领航国之大船，成为帝国唯一的摄政者。

随着其听政同事的去世，慈禧产生了一个愿望，要摆脱既存权势约定俗成的权力对她的指指点点。她还滋生出一种野心，要成为国家命运唯一而无可争辩的控制者，以及公认的国家元首。多年以来，事实上，自从她的宠监安德海被恭亲王[1]和她的听政同事处死以后，她就一直与恭亲王不和，妒忌他的影响力，以及他在经邦治国方面当之无愧的名声。若干年前，她把恭亲王的"议政王"头衔革去了，其原委已如前述。但她不能没有恭亲王效劳，希望得益于他那成熟的经验，尤其是在外交方面，于是她很不情愿、迫不得已地容忍了恭亲王。然而，到了1884年，她自觉强大到足以自立，而对法战争（是关于中国主张对日本的宗主国地位的争论而引发的）给了她一个机会，一个借口，一举摆脱恭亲王及其在军机处的同僚。

将他们革职的表面借口是中国水师被法国人在闽江摧毁，而皇太后的真正理由是，她认为恭亲王与年轻的皇帝串通一气跟她作对，而且恭亲王在某种程度上要对最近的一份奏疏负责，几名御史在那份奏疏中严厉地抨击她道德堕落、奢侈无度。

于是恭亲王退下舞台了，从此未任官职，湮没无闻。直至1894年，在对日战争的第一次灾难过后，慈禧随着年龄增长，变得更为明智，再一次向他求援。他再也未能重获第一次听政早期对皇太后的那种影响力，但他复官之后，直到他于1898年去世，他的威望一直很高，尤其是在外国人当中。

---

[1] 见《慈禧与太监》一章。

慈禧太后亲笔撰写的罢免奕䜣的懿旨

慈禧虽不喜欢他，却也被迫承认，他很有尊严地接受并容忍了对他的降黜。

在上述上谕发布之后，恭亲王的职位由礼亲王取代，此人为八王家族之首，是努尔哈赤一位幼子的后裔。与他一起在军机处共事的还有张之洞的兄长张之万与孙毓汶[1]，后者是帝师翁同龢的死敌。在任命他入值军机处的问题上，慈禧玩了一手她最爱用的策略，在其顾问们当中制造不和，作为其冲突势力的必然结果，她便能维护自己权威的均势。

皇太后接下来采取的步骤，激起了一阵反对批评的风暴。她颁下懿旨：一切紧要事务，军机处在向皇上进言之前，都要先跟帝父醇亲王商议。但又

---

[1] 孙毓汶一直颇受器重，直到1894年12月，皇帝在翁同龢劝说下将他革职。那时皇太后很少管事，成天在颐和园和优伶混在一起，并从事其他消遣，对于政治只是扮演观众，所以孙毓汶的生命一度确然危险。

补充道：待皇帝成年之后，她将再就这个问题另行颁旨。这不仅是一次全新的离经叛道，因为它使帝父成了事实上的行政首脑，而且还意味着有可能违背 1875 年就为同治皇帝立嗣而对全国的庄严立誓。这再次激起了人们的强烈担心：醇亲王今后有可能会说服他的儿子无视已故皇帝的祖传权利，因此而确立醇亲王家族为新的皇室支系。采取这个政策对醇亲王有强大的诱惑力，因为这将使他和妻子（慈禧之妹）在有生之年得到帝王的品级，而在身后获得帝王的荣耀。倘若如此，同治皇帝的统治实际上就被抹杀了，继而让后代丢脸，因为他们让大清王朝的长支有了一个不光彩的结局。而叶赫那拉家族会成为至高无上的势力。如此，就给未来的分裂、背叛、诡计和宫廷阴谋留出了广阔的空间。事实上，由此导致的局面，跟英国历史上约克家族与兰开斯特家族之间竞争导致的局面有些类似。

一位名叫盛昱的宗亲，还有其他学者，以最耸人听闻的言辞上奏，恳求皇太后取消这项任命，并且提议：如果醇亲王的忠告确系必需，那也只能直接向她本人提出，而不是向军机处。

对于这些抗议，慈禧答复如下：

圣谟深远，允宜永遵。唯自垂帘以来，揆度时势，不能不用亲藩进参机务，此不得已之深衷，当为在廷诸臣所共谅。本月十四日谕令醇亲王奕譞与军机大臣会商事件，本为军机处办理紧要事件而言，并非寻常诸事概令与闻，亦断不能另派差使。醇亲王奕譞再四坚辞，磕头恳恩，当经曲加勉励，并谕俟皇帝亲政后再降懿旨，始暂时奉命。此中委折，尔诸臣岂能尽知耶？至军机处政事委任枢臣，不准推诿希图卸肩，以专责成。经此次剀切晓谕，在廷诸臣自当仰体上意，毋再多渎。盛昱等所奏，应毋庸议。

这种回复，很奇怪地让我们联想到伊丽莎白女王，以及她对待尽忠职守的臣子们所提请愿的方式。

第九章

慈禧"退隐"

1887年，光绪皇帝年满十七岁，慈禧发现自己面临着必须把外表可见的君权标志交还给他的局面。这种变化，自然被她的廷臣和亲戚视为忧虑，他们在过去十年里一直沐浴着她那无限制的权威和庇护的阳光，他们的地位和特权，很可能受到新政权的威胁。因此，当她义不容辞地表达打算从公共生活中退隐的愿望时，毫不足怪，急迫的请愿与劝谏便如雪片般飞来，请求她再掌权一小会儿，如果她终究不会听信劝谏的话。直到1889年2月，在皇帝娶她弟弟承恩公桂祥的女儿为妻时，她才明确地把行政的缰绳交给了皇帝。

慈禧如今五十五岁了。在近三十年的时间里，她担任了天朝帝国事实上的统治者。她尝过了独裁统治的甜头，满足了她所有的统治本能，看起来，她并非不愿享受自己的劳动果实，以紫禁城里循规蹈矩的例行公事，去换取正在重建中的颐和园中的那种安逸享乐和相当自由的生活。她总是渴望运动与变化，厌倦了日益艰繁的朝会和政令，以及贪图土地的列强对中国边境与日俱增的压力而带来的担忧，她不可能不被金光灿灿的悠闲和愉悦的生活展望所吸引。光绪活着，没有明目张胆的篡权行为，在他经过考验并被人们发现其不足之前，她没有任何正当的理由继续留在龙座上。外国的和中国的某些著作家，认为她在这一时期的策略是以退为进，暗示她的手虽藏起来了，却从未真正离开紫禁城的各种事务。这个暗示在某种程度上是有道理的，但大致上说，慈禧在颐和园的退隐生活持续了十年，其间有相当一部分时间她无疑不再关心国事，只有那些直接影响到她中饱私囊的事情除外。

但是，在抹去身上外在可见的统治迹象之时，慈禧无意于成为无足轻重的人物，也不想与时事脱节。她从遮蔽京城的山峦脚下奢华的隐居之处，能够密切注视皇帝的动静，保护其个人在京城与各省的追随者们的利益。她任免官员的权力从未交出，此事从其总管太监那里吸取了很多灵感。

慈禧把心爱的侄女嫁给皇帝，是为了避免重犯她在儿子同治皇帝身上曾经犯下的错误。她让同治娶了善良正直、敢作敢为的阿鲁特氏，致使危及了她自己的阴谋，直到死神消除了那两个心头之患。有了上次的经验教训，这一次她的选择着眼于促进自己的目的，而较少考虑皇帝的幸福，因为她需要在皇帝身边安插一个人，监视他的行为与倾向，并向自己报告。她的侄女把这个角色演得完美无缺。此女的相貌并不动人，性格与脾气也是冷漠无情，但她具备了分量颇多的叶赫那拉式的智慧与意志力。她跟皇帝的关系从一开始就不妙。宫里的人都知道他们老是大吵大闹，年轻的皇后通常会胜出。自然而然，光绪形成并表现出对两名贵妃的偏爱，她们分别叫作"珍妃"和"瑾妃"。

光绪亲政之时，叶赫那拉一族的长者们显露了一种强烈的感情，要求抓住这个机会巩固本族的地位和权力，赐给光绪生父以高于他至今为止享有的品级，为的是最终加封他为皇帝。这个建议提出的方式，以及慈禧拒绝采纳，同时又在各方面给足了醇亲王"面子"，让我们更加看清了中国皇家事务中的某些潜流，而这是欧洲人很难理解的。

在慈禧从公共事务中退隐之后不久，皇帝的父亲醇亲王病倒了，病情日益严重，直到他于 1891 年 1 月 1 日去世。1890 年，深切关心严格守法和恪守孝道的都察院，不失时机地在一篇谏章中提请皇太后注意她的义务，并请皇上去看望病者。慈禧的回复是对御史们的斥责，直截了当地叫他们管好自己的事情，这使我们不得不想到伊丽莎白女王对待类似劝谏的方式。不过，慈禧接受了这个有益的忠告，此后在 1890 年的整个夏季，她多次去醇亲王的病榻前探视。

这位王爷一直颇得慈禧欢心，皇太后偏爱他，大大超过对他几位兄长的感情。她为醇亲王之死深感痛惜，不愿失去他那常常指引自己制定政策的明智而大胆的忠告。醇亲王是一位可靠的满人，精心守护各部族的权力和特权，他在东京湾战役后军机处一次会议上的一席话，将会被中国历史长久铭记。他说："宁赠友邦，勿与家奴。"这句话是被广东省日趋高涨的对满人及其统治的不满给激出来的。

在记载了这位亲王死讯并表彰其作为宫廷总管、海军首领[1]和满人陆军司令的杰出服务的那道上谕中，慈禧对悼念及丧礼做了详尽的指示，以她的名义赐予死者一床陀罗经被。她赐给醇亲王一个略嫌直白（在中国人看来却很光荣）的尊号——"皇帝本生考"，并规定丧礼的规模要"用遂皇帝恩义交尽之忱"，同时着意于不要违背死者引人注目的谦逊。她希望，通过这些符合其中庸之道指导原则的手段，搞定所有"篡夺倾向"的问题，让爱新觉罗们打消对醇亲王家族野心过度膨胀的担忧。最后，遵照乾隆皇帝确立的先例，她颁下圣谕，将已故醇亲王的府邸分为两个部分：一部留出，作为他的祠堂；另一部则作为光绪出生的圣地。

1894 年，皇太后六十大寿，依据中国人的观念，这是一桩值得特别感恩和张扬的大事。老佛爷得到了臣民们日益加深的衷心爱戴，牢固确立了她的声望与影响，一度打算把她在夏宫的闲暇用于准备这个庆典，要把它办出无与伦比的盛大规模。夏宫名为颐和园[2]，根据皇帝的指令完全重建，所耗资金是自 1889 年开始从海军衙门和政府其他各部挪用过来的，已经全部竣工。大多数地方大员已应召进京参与盛会（顺便一提，也是赞助盛会），在他们当中，忠心耿耿的荣禄重新回到了其女主子的身边，颇受器重，当上了京师步军统领。（过去的三年中他待在西安，担任鞑靼将军的好闲差。）帝国的各位高官都"应邀"来进献其薪酬的百分之二十五，作为给皇太后的寿礼，这些礼金的总数高达七百万两白银。为了这场盛大堂皇的盛典，已经下令在京城和夏宫之间全程十六里的国道上修建表彰皇太后的喜庆大牌楼，而

---

[1]　这位亲王在海陆军重组方面杰出服务的成果在三年后的对日战争中表现出来，国人并不完全满意。

[2]　"颐和"二字取自《礼记》的一个句子，意思是"心平气和，颐养天年"。

慈禧六十大寿时摄于颐和园

这时候，正值对日战争刚刚爆发，中国力不能胜的持续灾难，促使皇太后斟酌局势，最终取消了庆典的所有安排。她以皇帝的名义发表了以下颇为可怜的上谕：

钦奉慈禧端佑康颐昭豫庄诚寿恭钦献崇熙皇太后懿旨：本年十月，予六旬庆辰，率土胪欢，同深忭祝。届时皇帝率中外臣工诣万寿山行庆贺礼，自大内至颐和园沿途跸路所经，臣民报效，点缀景物，建设经坛。予因康熙、乾隆年间历届盛典崇隆，垂为成宪，又值民康物阜，海宇乂

安，不欲过为矫情，特允皇帝之请，在颐和园受贺。讵意自六月后，倭
人肇衅，变乱藩封，寻复毁我舟船，不得已兴师致讨。刻下干戈未戢，
征调频仍，两国生灵均罹锋镝。每一思及，悯悼何穷？前因念士卒战阵
之苦，特颁内帑三百万金，俾资饱腾。兹者庆辰将届，予亦何心侈耳目
之观，受台莱之祝耶？所有庆辰典礼，着仍在宫中举行，其颐和园受贺
事宜，即行停办。

对此，皇帝附加了一段表示孝心的话："朕仰承懿旨，孺怀实有未安。
再三吁请，未荷慈允。敬维盛德所关，不敢不钦遵宣示。各该衙门即遵谕行。
钦此。"

中国彻底而屈辱地败于日本军队，无疑使清朝的声望折损不小，成为南
方诸省强烈鼓动变革的直接原因，而这又导致了戊戌政变，导致了义和团起
事。这场战争究竟能不能避免，而不必付出更大的牺牲和屈辱呢？这是值得
怀疑的。于是皇太后显示出惯有的精明，对于皇帝做出的决定，不愿表示任
何意见或分担任何责任。何况她知道，在其总管太监的操作和劝说下，多年
来海军都在挨饿，以便为她提供重建和装修颐和园的经费，对于这个事实，
若干中国最杰出的顾问当时都一无所知。

作为直隶总督，李鸿章遭到普遍的谴责，人们责怪他建议朝廷用武力维
护中国针对朝鲜的宗主国地位。然而，就我们对这件事的个人知识而言，他
的立场和其他许多大臣一样，直到决定冒这个对双方而言都是巨大的风险之
前的最后一刻，他一直都在犹豫。历史有可能依据对事实的充分认知而写就，
但其指靠的那些文件，不幸于1900年在天津的总督衙门和北京的总税务司
宅邸被毁了，以至于那场灾难性战争的直接原因或许已无可能完全精确地得
到证明。李鸿章知道，日本曾两度被收买而放弃了对中国的侵略，第一次（1874
年）中国支付了一笔赔款，第二次（1885年）是中国允许日本分享对朝鲜
的权利，这个让步直接导致了当前的危机。他意识到，即便他愿意交出中国
对朝鲜的权利（这些权利对中国政府并无实在的好处），此次让步可能买到
暂时的和平，但不久肯定会导致满洲诸省的丢失。事实上，果不其然，满洲

李鸿章

诸省的厄运在 1905 年成为定局，就在中国默认《朴次茅斯条约》条款的那一天。日本对中国地位的攻击，在外交上就跟开启战端时采用的方法一样无理。李鸿章完全了解日本多年来一直在做的战备，同样了解他自己的海陆军资源的散漫状态，但他周围的官员们，如同 1900 年的满人一样，坚信中国具有极大的优势，而中国驻朝鲜代表（袁世凯）向他保证：日本一旦挑起战争，英国将会提供帮助。英国政府的同情是毋庸置疑的，它很清楚地反映在英国驻首尔总领事的态度和行为上。

中国历史学家现已公开指责李鸿章鼓动朝廷和皇帝发动侵略战争，这一指控也为国外所普遍相信。事实是，虽然李鸿章原本完全赞同派一支中国军队去镇压朝鲜的叛乱，但当他意识到战争正是日本的目的时，他便立即改变态度，反对采取任何可能导致与日本交战的措施。不过，可以肯定的是，在最后一刻，其德国顾问们的军事热情，促使他违背了自己清醒的判断。同样肯定的是，他把倒霉的"高升"号及其在劫难逃的官兵们派往朝鲜，也是他在与北京商议之后，并充分了解这意味着开战这一事实而予以批准的。"高升"号刚被击沉，这场作战的第一批军事灾难刚刚报告上来，他便自然而然地致力于将他自己在这件事情上分担的责任最小化。

外国人指责他与日本开战，而他自己的同胞则攻击他把中国出卖给日本，正如他们后来攻击他把满洲出卖给俄国。慈禧并不十分喜欢这位总督，但很赞赏他非凡的智慧和干练的方法；但当他在战后遭到几名御史猛烈抨击时，当慈禧发现自己的名字和加于他身上的那些谴责相关联时，她便一如既往，诚心地保护这位总督。1895年，一位名叫安维峻的御史大胆地把突然降临于中国的这些灾难归咎于皇太后与李鸿章。为了回答这份直率不讳的奏疏，皇帝发布了以下的上谕，其中无疑有慈禧的手笔。对于其宠监李莲英的攻击，本身就足够使她走到前台，而此时她肯定正密切注视着皇帝的一举一动，并常规地细阅所有的国文。

近因时事多艰，凡遇言官论奏，无不虚衷容纳，即或措辞失当，亦不加以谴责。其有军国紧要事件，必仰承皇太后懿训遵行。此皆朕恪恭求治之诚心，天下臣民早应共谅。乃本日御史安维峻呈递封奏，托诸传闻，竟有"皇太后遇事牵制、何以对祖宗天下"之语。肆口妄言，毫无忌惮，若不严行惩办，恐开离间之端。安维峻着即革职，发往军台效力赎罪，以示警戒。原折着掷还。

慈禧为她的国家被日本击败而深感屈辱。而日本这个民族，中国的历史学家从来没有忘记提醒自己，曾向中国的学者和艺术家学习了文明与文化的启蒙课程。慈禧急于不惜一切代价地避免征服者们进一步入侵直隶，于是批准了和约，特别是因为她得到了李鸿章的保证：俄国及其欧洲大陆的同盟国不会允许日本并吞满洲诸省的任何部分。如上所述，她不想让李鸿章成为替罪羊来承受其懊恼的满洲族人的责难，以及来自南方的尖锐批评，因为她了解其处境的艰难，也明白事实上此人对中国防御的悲惨局面并不负有直接的责任。但她是个女人，她必须为这场灾难而责怪某个人，因为这灾难让她和她的京城办不成盛典，其光辉本来会世世代代流传下去，令她的名字荣耀万世。因此，如果她把责难堆积到皇帝头上，责怪他未经自己充分了解和同意，就着手进行这样一场损失惨重的战争，那就毫不足怪了。就是从这时起，他们之间开始疏远，后来逐步发展为公开的敌对和 1898 年的密谋，慈禧与侄儿之间的长期怨恨，将宫廷分裂为针锋相对的两个阵营，直到他们去世方已。也是从这时起，如同与宫廷生活有过密切接触的人们所证实的那样，光绪的皇后[1]，慈禧的侄女，也公开地疏远他了，当他的维新倾向发展并成形时，他们之间的关系变得更加紧张。从 1894 年至 1896 年，皇帝对其威严姨妈的态度没有明显改变，其殷勤的关心也未减少，但闾巷平民都清晰地听出了琴瑟不和，因为中国平民总是无所不知。而到了 1896 年，皇帝的生母（慈禧之妹）去世，人们便意识到：光绪与皇太后之间友好与可能达成和解的最后一根纽带已被切断了。

---

[1]　后来被称为"隆裕皇太后"。

第十章

1898 年的维新运动

1898 年初，军机处由下列大臣组成：恭亲王，皇帝之叔；礼亲王，其子娶了荣禄之女；刚毅[1]；廖寿恒；翁同龢，大学士与前任帝师。皇太后依然在颐和园过着她高贵的悠闲日子，通常由两位密友陪伴：荣禄之妻，及养女大公主。大家都说，她自娱的方式包括在昆明湖畔野餐、参与精彩的京戏演出、游览附近的寺庙与山神殿，其余的闲暇则吟诗作画。不过，她通过刚毅和礼亲王，对紫禁城里发生的一切了如指掌。尽管她把国事的处理交给了皇帝，但她偶尔也会去紫禁城住上一两天，而皇帝则每月有五六次会小心翼翼地去颐和园给老佛爷请安。他们在这一时期的关系表面上是和睦的。光绪每颁布一道重要的上谕，事先都不会不求教于皇太后，而慈禧通常会以最热情的态度对待他。当然，慈禧也不止一次地责备过光绪，因为太监们向她报告，说光绪脾气恶劣，对侍从不善。这些传闻，也许是李莲英为了一己之私而怂恿传播和加以夸大的。但是，后来的事实表明，光绪完全意识到了那只藏在天鹅绒手套里的铁手。无论何时，只要皇太后进京，他都会恪守礼法，在宫门恭敬地跪迎。去颐和园请安时，他不能亲自去通报自己的到来，而必须跪在内门口，等候总管太监宣召。痛恨光绪的李莲英乐意让他久等，有时长达半个小时，才向老佛爷禀报他的到来。每一次前去请安，他都被迫像所

---

[1] 刚毅是一个顽固的保守派，是义和团运动在京城的主要鼓动者。他当时有一段话，维新派一直没有忘记。他说："开学堂不过增长汉人之智识，以危我满洲之朝廷，凡读书能文者，皆当摧抑之，拔其根株，勿令留遗。"

有的宫廷官员一样，把大笔的买路钱花在皇太后的侍从太监身上。事实上，这些奴才对待皇帝，大不如对很多满人权贵那样恭敬。在宫禁之内，这位天子确实不受重视，以至于他在1898年夏天百日维新期间所表现的主动性和果断性，令许多宫廷中人大为吃惊，也向世人表明：只要有了机会，光绪并非完全配不上其母亲即慈禧之妹给予他的叶赫那拉部族的血统。

到那时为止，对皇帝影响最大的官员是帝师翁同龢。他在1894年11月才重返军机处，时值不幸的对日战争开启导致前任军机处解散的危急时刻。但作为帝师，他从皇帝五岁时起就可以自由出入宫禁。他是京城里南方派的领袖。他是江苏人，那里是当朝所有中国最伟大学者的出生地，也是民族文化的中心。他憎恨满人狭隘的保守主义，也不喜欢中央各省的汉人，他们的政见与观点跟满人非常相似。南北之争实际上可以追溯到光绪初年。北方阵营的两名主角，一个是徐桐，一位受过良好教育的汉军旗人（事实上心底里是个满人），曾任同治皇帝的师傅；另一个是李鸿藻，一位直隶人，与翁同龢同时进入军机处。南方派的首领是翁同龢与潘祖荫，后者是苏州人，一位才华横溢的学者和散文家。我们有必要详述一下这次党争及其发展，因为它是三大事件的首要原因，其一是1898年的维新运动，其二是后来的慈禧再度听政，最后是义和团之乱。

二十多年来，这四位大臣一直在京城共事，在社交圈子和官场中经常见面。他们的文学争论，两位才思敏捷的南方人通常会占上风，成为京城的谈资。四人皆以正直而享有盛名，因此进入官场的文士们都乐意成为他们的门生。不过，南方派的追随者更多。这个事实引起了李鸿藻与徐桐的妒忌，这种情绪不断发展，直至1899年京城举行殿试时才公开发泄，当时李鸿藻是总裁，潘祖荫是副总裁。潘祖荫的职责是挑选最好的文章，他推荐了一名江苏人，欲拔置第一，但李鸿藻拒绝认可他的决定，把第一名的荣誉给了一名直隶人。于是潘祖荫公开指控李鸿藻对南方人的偏见与不公，嘲笑他的学问只是二流水平。

在俄国于1880年占领伊犁时，徐桐与翁同龢分别任礼部尚书和工部尚书。在一次最高级别的御前会议上，翁同龢宣称自己支持对俄国开战，而徐

翁同龢

桐原本承诺支持他，却在最后一刻出尔反尔，导致他失败和丢脸。从此，两人之间充满了强烈敌意。当他们成为两个对立派别的首领时，这种敌意愈发加深了。翁同龢跟荣禄关系也不好，荣禄从未原谅他在 1880 年扮演的角色，当时翁同龢向皇太后揭发了他的私通，并导致他被革职。荣禄作为一名忠诚的满人，自然偏向于北方派，其个人感情也促使他倒向同一方。

在 19 世纪 90 年代初期，对立两派之间的敌意与日俱增，而当李鸿藻与翁同龢在 1894 年被任命为军机大臣时，朝廷本身也卷入了他们的冲突，皇太后站在北方一边，而皇帝则站在南方一边。那时，人们常常说起"李党"与"翁党"，后来又分别将之称为"后党"，不敬的诨名为"老母班"，以及"帝党"，或"小孩班"。潘祖荫与李鸿藻分别死于 1890 年与 1897 年。李鸿藻去世后，徐桐便开始煽动针对光绪皇帝的秘密而险恶的阴谋，他将这位皇帝称为卖国贼。徐桐曾是同治的师傅，对皇太后自然有相当大的影响力，但光绪断然拒绝让他进军机处。光绪非常讨厌这个老人，以至于在1887年至1898年间，他只召见过徐桐一次。徐桐有个宝贵的盟友刚毅，后者憎恨所有汉人，不管是南方人还是北方人，他的影响力被卓有成效地用于在慈禧与皇帝之间撒播不和的种子。1897年，刚毅力劝皇帝下旨，有效地训练和装备满人军队。光绪答道："你好像还要坚持已经破产的观念——满族军人是斗士。我告诉你，他们绝对是废物！"刚毅勃然大怒，立即向老佛爷和"铁帽子"王爷们报告：皇帝是所有满人的敌人，企图任命汉人担任所有要职。这种说法自然在朝廷制造了针对皇帝的强烈反感。

就连帝国的外交政策也感受到了京城里这种对立派系之争所带来的影响。皇太后，满人，还有汉军旗人，都赞成与俄国达成谅解；而皇帝，翁同龢，以及南方的汉人，都倾向于跟日本恢复友好，指望仿效该国的成功改革。李鸿章当时无足轻重，事实是，由于人们认为他应对中日战争负责，因此他的意见不受重视，但他曾拥有的影响力，却被用来反对帝党。恭亲王，皇室的老前辈，对其成熟的判断力皇太后有时也会折服，他是汉人党保持着友好关系的唯一的满人权贵。他本人是优秀的学者，一直很钦佩翁同龢的文学天赋；对日战争不是他想要的，在赋闲十四年之后，他与翁同龢同时被重新召回军机处。

有件事不大为人所知：翁同龢此时非常急迫地想让朝廷任命他为庆贺沙皇加冕的特使，原因在于，他意识到皇太后对他的敌意日益增强，希望在这场他觉得正在迫近的危机中免受伤害。1895年的一道上谕免除了翁同龢的"毓庆宫行走"，于是他再也不能像从前那样影响皇帝了，他的对手们因此能够成功地对他做出错误的报道。

1898年初，恭亲王，军机处领班大臣，继续休病假，他患有无药可救的肺心病。皇帝陪伴皇太后三次前往他的府邸探视，命令御医为他治疗。四月初十日，他去世了，慈禧在一道满怀同情的懿旨中记载了因失去他而感到的悲哀。

恭亲王的死是一件大事。一方面，满人党失去了一位资深代表，一位曾用其明智的忠告指引他们的老者，一个能对他们的排汉和排外倾向不断产生遏止影响的政治家。作为道光皇帝最后一位尚在人世的儿子，面对太后，他占有大不同于其同时代其他亲王的地位。假如他还活着，很可能就不会有义和团之乱。另一方面，皇帝总是遵从恭亲王的忠告，直到他去世之后，光绪才仓促地着手推行康有为及其同志的改革计划，其中有很多措施，恭亲王肯定会反对，尽管他不是顽固的保守派。对翁同龢而言，这个损失也很严重，他也明白这一点，因为恭亲王一直是他最好的朋友。

恭亲王去世后不久，翁同龢便把康有为举荐给了皇帝，告诉陛下：康有为的能力远在他自己之上。翁同龢无疑希望康有为能获得君主的青睐，并以此来协助南方党对付满人，尤其是对付他的主敌刚毅与徐桐；但他肯定没有料到康有为会走那么远，以至于劝说皇帝公然反抗老佛爷本人，并密谋危害她的圣身。他的想法不过是为了沽名钓誉，巩固自己和本派的地位。皇帝接受了他对康有为的举荐，并于四月二十八日（1898年6月16日）召见了后者。

翁同龢告诉他的朋友和同僚廖寿恒，他会等到这次召对有了结果，再决定自己未来的行动。如果康有为留下了好印象，他便留任；否则，他将挂冠而去。他补充说，如果端午节皇上赐给他例赏，他便认为自己的地位暂无直接的危险。他所求的不过是能逃脱皇太后的公开敌意，即已经落到广东籍侍郎张荫桓身上的那种敌意，此人分分钟有可能被革职。然而，康有为及其友人们碰巧说服皇上坚持将张荫桓留在任上，而在接下来的一百天里，他命中注定要成为光绪尽心尽责的得力帮手，而与此同时，老佛爷却"在其深宫"之中等待时机。

四月二十日，翁同龢请了一周病假，这是一项保全面子的措施，表明他明白风暴即将来临。二十三日，皇帝颁布了他的第一道维新上谕。他及时地就此事去颐和园与皇太后做了商议，还特别召见了荣禄。慈禧向他保证，她不会给皇帝提议的政策设置障碍，只要满人古老的特权不受侵犯。与此同时，她坚持要皇帝立即摆脱翁同龢，因为此人正在教唆反满运动，如果进展顺利的话，会使大清王朝毁灭。荣禄向陛下力荐一位著名的进步分子，即湖北（应为湖南。——译注）巡抚陈宝箴之子。此事很有意思，因为欧洲人普遍认为

康有为

荣禄从来是反对维新的。后来的事件迫使他转而反对他眼下举荐的人，但这与其说是由于他观点的改变，还不如说是因为维新派的政策发展走上了出人意料的危险路线。

在第一道维新上谕发布的第二天，公布了殿试的结果，皇帝完全计划好了，要让它成为老式经典体制下的最后一场考试。起初选定的第一名又是个江苏人，但皇太后亲自批改了名单，把这份令人垂涎的殊荣赐予了一名贵州人，以示她不喜欢翁同龢诞生的那个省份。与此同时，一道上谕劝勉皇族子弟去欧洲求学，甚至鼓励宗室的亲王贝勒出洋考察政情。这些上谕令满人大为哗然；他们感觉到，开天辟地头一回，基本原则受到了挑战，本朝特权的古老壁垒受到威胁。孟子不是说过吗？"吾闻用夏变夷者，未闻变于夷者也。"

第二道上谕发布后的次日早晨，翁同龢一周假满回任，和往常一样，在凌晨 4 点前往颐和园参加军机处的朝会。他遇见了军机处的一名军机章京，后者交给他一份上谕，通知他已被革职。这是以慈禧为代表的满人党的第一个公开行动，明确承认了她对皇帝的监护。

　　另一道上谕更清楚地证明了皇帝对慈禧唯命是从。上谕指出：今后所有二品以上官员在接受任命时，都要亲自去向皇太后谢恩。这是一个新起点，因为，自对日战争以后，慈禧已不再每天主持朝会，只在生日那天和其他国事场合才接见官员。同一天还有一道上谕将荣禄调至天津任直隶总督。次日早晨，皇帝召见了荣禄和康有为。对荣禄，皇帝下令在直隶整饬陆军，并说指望他在维新运动中忠实合作。对康有为的召见持续了几个小时，这是许多类似会见中的第一次（但只有一次记录于《邸报》中）。康有为很不喜欢慈禧，也很害怕她，从一开始就尽可能让皇帝对她产生不利的偏见。他反复陈述自己的观点：皇太后对变法的同情纯粹是佯装。他还严厉谴责慈禧在颐和园挥霍无度、放荡不羁的生活。他说满人统治在南方不受欢迎主要是因为百姓对皇太后的蔑视，把她的私生活与唐朝臭名昭著的武皇帝相提并论。他劝说光绪让她永远退隐，因为她是变法的主要障碍。皇帝迅速而彻底地接受了康有为的影响，他后来没有一份上谕不是在康有为的协助下颁布的。后来的知识，以及中国人对此问题的普遍看法告诉我们，康有为很难说没有个人的和利害关系的动机，也很难说没有通过对皇帝的影响力来支配国家权力的欲望，光绪感情用事的优柔寡断，被他用于为自己的目的服务。从这一点来看，他对皇太后和荣禄的公开谴责，与其说是出于爱国义愤，不如说他看清了一个事实：只要慈禧依然大权在握，他的野心就不可能得逞，他自己的地位也将不保。

第十一章

百日维新

在光绪首次召见康有为之后，维新的谕旨立即层出不穷。自宋代以来一直有效的陈旧的科举制度，在康熙治下有过一次短暂的中断，现已被明确废除。皇帝说，在将来，政府考试将会采用实用科学的试卷，而经史典籍仍会保留为文学课程的基础，参加公职人员考试的人将要展示关于别国历史与当代政治的知识。就在这个节骨眼上，礼部尚书许应骙（此人虽系广东人，却是一名忠实的保守派），遭到御史宋伯鲁和杨深秀联名参劾，说他阻挠皇帝敕令的改革。他们请求皇帝"天威特振"，将许应骙"以三四品京堂降调"，以儆效尤。他们说："仰见皇上赫然发奋，图新自强，而尤垂意于学校、外交两事，此诚储才之急务，保邦之远猷也。臣维礼部为学校总汇之区，总署乃外交钤键之地，必得人以为理，始措置之得宜。窃见礼部尚书、总理各国事务大臣许应骙，品行平常，识见庸谬，妄自尊大，刚愎凌人。礼部为文学之官，关系极为重大，国家学校贡举之制多由核议。皇上既深维穷变通久之义，为鼓舞人才起见，特开经济特科，岁举两途，以广登进。而许应骙庸妄狂悖，腹诽朝旨，在礼部堂上倡言经济科之无益，务欲裁减其额，使得之极难，就之者寡，然后其心始快。此外，见有诏书关乎开新下礼部议者，其多方阻挠，亦大率类是。接见门生后辈，辄痛诋西学；遇有通达时务之士，则疾之如仇。皇上日患经济之才少，而思所以养之。许应骙日患经济之才多，而思所以遏之。臣不解其何心也？"

"总理衙门为交涉要区，一话一言，动易招衅，非深通洋务，洞悉敌情，岂能胜任？许应骙于中国学问尚未能十分讲求，何论西学。而犹鄙夷一切，妄自尊大；其于伤邦交而损国体，所关非细故也。臣以为，许应骙既深恶洋务，使之承乏总署，于交涉事件一毫无所赞益，而语言举动随在可以贻误。宜令即行退出总理衙门，实为慎重邦交之道。礼部总持天下学术，皇上方谆谆诚谕，令天下讲求时务，以救空疏迂谬之弊。而许应骙厕乎其间，日以窒塞风气、禁抑人才为事，致圣意不能宣达，天下无所适从，宜解去部职，以为守旧误国者戒。伏请皇上天威特振，可否将礼部尚书许应骙以三四品京堂降调，退去总理衙门行走，庶几内可以去新政之壅蔽，外可以免邻封之笑柄，所系似非浅显。"

收到上面这份奏疏，光绪责令许应骙呈递一份对其行为的解释。许应骙遵旨上疏，尖锐地谴责康有为。皇帝为其坦率的陈词而震怒，但他还鼓不起勇气来冒犯皇太后，将已邀得其欢心和保护的一名官员革职。慈禧研读了双方的奏疏，而许应骙悄悄地向她进言，使她对变法者的倾向有了警觉。从那天起，尽管她未公开反对变法，但她开始猜疑康有为对皇帝的影响，只是还要等待时机。她毫不怀疑，只凭她的一句话，光绪就会将康有为革职。她特别召见了王文韶，此人刚把直隶总督的职位移交给荣禄，从天津回到了京城。王文韶坚决支持许应骙对皇帝提出的若干措施所持的谨慎态度。此次召见之后，皇帝颁下了一道上谕，允许许应骙留任现职，但告诫他将来要更加努力在礼部与总理衙门办差。许应骙将之视为在慈禧保护下取得的决定性胜利，于是空前出力地反对维新。当他在礼部的满人同事、慈禧的第一代表亲怀塔布站出来成为这个极端保守派的超级支持者时，这种态度又有所加强。

皇帝接下来颁发的上谕，是为了整顿直隶省软弱无力的满人军队，并在各省设立类似于京师大学堂的大学和中学。

御史文悌[1]上了一道反动的奏疏，指控其同事宋伯鲁与杨深秀为他们对康有为的个人忌恨寻找借口，欺骗皇帝，挑拨皇帝与皇太后的关系。皇帝震怒，立即革去冒犯者的御史之职，指斥他挑起他自己在奏疏中声称要谴责的

---

[1]　1901 年，正好在慈禧离开开封府打道回京之前，这位官员乞求她不要回去，理由是其宫殿遭到了洋夷的玷污。

党争。文悌遭到申斥，怂恿怀塔布前往颐和园，致力于争取老佛爷对自己的同情。然而皇太后拒绝插手此事，此时她没有明确地抱怨皇帝，宁愿把维新党人想要的套索都给他们。但她让裕禄，她的门生之一，进了军机处，这位官员定期向她报告京城里发生的每一件事情。此人属于刚毅的极端派别，以他那个阶级的所有愚顽反对维新。后来，在 1900 年，他作为直隶总督，为刚毅杀尽洋人的计划出力不小，是义和团运动的一位著名首领。有了刚毅、王文韶和裕禄这三名保守分子在军机处，不管皇帝颁下什么上谕，都很难有维新的真正机会和真诚意图，但保守派在采取攻势之前，必须争取慈禧明确而公开地站在他们一边，同时还要争取荣禄。

大约就在此时，光绪斥责了另一名御史，只因他写错了一个字。[1] 然而，一周之后，他颁下一道上谕，其中明显有康有为的影响，命令今后书法不得作为政府考试中的一个特别科目。"至辞章楷法，虽馆阁撰拟应奉文字，未可尽废，如需用此项人员，自当先期特降谕旨考试，偶一举行，不为常例。"

六月初八日，一道上谕下令安排官方报纸在全国各地出版发行，任命康有为负责上海的总报局。这些报纸都是官报，其目的是普及常识。它们会接受政府津贴；样报要定期送呈皇帝御览；观点可以自由表达，所有弊端要大胆揭露。康有为奉命照此拟订新闻章程。

六月二十三日，另一道严旨劝勉官员阶层认真关注维新。皇帝在上谕中宣称，迄今为止表现出来的拖而不办是最令人沮丧的。上谕说："总之，无动为大，病在痿痹，积弊太深，诸臣所宜力戒。即如陈宝箴，自简任湖南巡抚以来，锐意整顿，即不免指摘纷乘……尔诸臣其各精白乃心，力除壅蔽，上下以一诚相感，庶国是以定，而治理蒸蒸日上，朕实有厚望焉。"

还有一道上谕下令创立水师学堂，作为重建中国舰队的起步。铁路局和矿务局都在北京建立了，广东改革者梁启超受命执掌译书局，出版政治经济与自然科学方面的标准外国著作，每月拨给一千两白银供其开销。

但是还有一项革新比所有这些改变更加惊人，突然出现在旧体制的支持

---

[1] 皇帝以自己在这些事情上十分执着而自豪，许多年轻的官员畏惧他，因为他对这些官员容易发怒，并且绝不手软。

军机大臣王文韶

者们眼前，这是对军事改革的全力支持者荣禄的一份奏疏作答的上谕。其中宣布，皇帝将于九月初五日陪护皇太后坐火车前往天津，在那里举行阅兵。听说皇太后与皇上要坐火车旅行，保守派们吓得目瞪口呆，但慈禧总是乐意在冬宫乘坐微型火车，对于如此新奇的一次旅行感到高兴。然而，如果说这个提议冲撞了满人的规矩，那么接下来的那道上谕就是更沉重的一击了。这道上谕裁撤了一大批废置无用的政府机关和挂名闲职，数代以来，这是维持了数万名懒汉以榨取民脂民膏为乐的肥差，是国家的负担。

　　这道上谕遭到强烈抨击，因为它违背了清朝祖制，老佛爷收到来自四面八方的紧急吁请，要她保护统治阶级的特权，撤销这道上谕。然而另一霹雳两天后从天而降，当时所有的礼部大员，包括许应骙与皇太后的亲戚怀塔布在内，全因压制礼部主事王照的条陈而被革职。王照在这份文件中建议皇帝陪伴皇太后出洋游历，始于日本，终于欧洲。意识到"社稷危殆"，几乎所有身居高位的保守派全去了颐和园，告诉皇太后：挽救国家的唯一希望，在于她重掌最高权力。老佛爷吩咐他们等待。沙子快漏完了，但她还没准备好动手。

康有为意识到危险就在前方，他误以为慈禧优柔寡断，趁机劝说皇帝反抗她的权威。他再次向光绪担保：慈禧对变法表示的同情完全是伪装，相反，她本人就是中国觉醒的主要障碍，其影响实际上就是国家腐败昏睡的主要因素。她凭什么每年要耗费数百万国帑去维护她在颐和园的奢华设施呢？他劝皇帝搞一次突袭，包围她的住处，把她抓起来，让她的余生只能在西苑湖上的某个小岛上度过。此后他应该颁发一道上谕，列数皇太后的诸多罪行，宣布他绝不允许皇太后再度染指国事。这次谈话是在宫内一间密室里进行的，但我们有充分的理由相信，李莲英雇用来监视皇帝的某个谍监把它报告给了皇太后。皇帝愚蠢地放任自己赞同了这个密谋，但决定等到朝廷预定的天津之行时才付诸实施。他知道，要确保这项计划成功，他必须能够调动军队效力，他意识到，只要荣禄控制着直隶按照西洋方法训练的新军，他就绝不会同意对他毕生的女恩人动一个指头。于是在皇帝看来，他面临着这个主要的障碍。而真正的危险，在于皇太后巨大的个人影响力和丰富的资源，对此他却低估了，误以为她无所作为是因为优柔寡断。

一时之间，皇帝继续发布新诏，有一道上谕下令给京城铺上碎石路，另一道上谕是要为国防而招募民兵，还有一道则是批准旗人离京，如果他们愿意去各省谋生的话。七月二十七日，他的最重要的变法诏书出台了，从后来发生的事件来看，这道上谕是值得同情的。

> 国家振兴庶政，兼采西法，诚以为民立政，中西所同，而西人考究较勤，故可补我所未及。今士大夫昧于域外之观者，几若彼中全无条教，不知西国政治之学，千端万绪，主于为民开其智慧，裕其身家，其精乃能美人性质，延人寿命。凡生人应得之利益，务令其推扩无遗。
>
> 朕夙夜孜孜，改图百度，岂为崇尚新奇？乃眷怀赤子，皆上天之所

畀，祖宗之所遗，非悉使之康乐和亲，朕躬未为尽职。加以各国环处，陵迫为忧，非取人之所长，不能全我之所有。朕用心至苦，而黎庶犹有未知。职由不肖官吏与守旧之士大夫，不能广宣朕意，乃反胥动浮言，使小民摇惑惊恐。山谷扶杖之民，有不获闻新政者，朕实为叹恨。今将变法之意布告天下，使百姓咸喻朕心，共知其君之可恃，上下同心，以成新政，以强中国，朕不胜厚望。

着查照四月二十三日以后所有关乎新政之谕旨，各省督抚均迅速照录，刊刻誊黄，切实开导。着各州县教官详切宣讲，务令家喻户晓。各省藩臬道府，饬令上书言事，毋事隐默顾忌。其州县官应由督抚代递者，即由督抚将原封呈递，不得稍有阻格，总期民隐尽能上达，督抚无从营私作弊为要。此次谕旨，并着悬挂各省督抚衙门大堂，俾众共观，庶无壅隔。钦此。

然而沙子已经漏完。慈禧从"深宫内苑"走了出来，光绪昙花一现的统治结束了。

第十二章

戊戌政变

　　1898 年 8 月，夏历七月底，宫内事态如下（只有少数人知道）：皇太后被保守派争取过去了；但她拖延着没走那决定性的一步，直到九月份她和皇帝预定的天津之行。她去天津的目的是要在恢复听政之前与荣禄商谈，因为当时在南方各省充满针对她的明显敌意，她希望尽可能缓解这种敌意，避免采取任何公开的篡权措施，直到她做好准备。八月初一日，皇帝住在颐和园，召见了直隶按察使袁世凯，和他长久地讨论帝国的政治困窘。袁世凯当时四十岁，由于大总督李鸿章的庇护，在仕途上平步青云。不过，他的竞争对手和敌人当中有很多人把 1894 年那场损失惨重的对日战争归咎于他作为大清驻朝鲜代表处事的独断专行。毫无疑问，他就首尔局势所做的报告和建议，如果不是造成了，也是加速了这场危机，导致中国政府在面临着日本对战争的渴望与完善准备时，仍然出兵朝鲜，致使中国丧失了对"隐士王国"的宗主权。但此事并未损害袁世凯的个人声望，或他对朝廷的影响。作为这次召见的结果，皇帝彻底相信了袁世凯所声称的对变法事业的兴趣，确信自己找到了一个强有力的支持者。皇帝已经意识到，他现在必须正视老佛爷坚定的对抗，就在最近，老佛爷还严厉地指责他关注康有为的建议，他应该更有自己的主张。他知道，荣禄总会忠心耿耿地支持他的皇家女主子。老佛爷一旦主动宣布自己站在反动派一边，全国恐怕没有一个杰出的满人，而就京城而言，恐怕也不会有一个汉人，胆敢跟老佛爷作对。京城里唯有两名大臣，他确信有指望从他们那里获取同情与支持，就是广东人张荫桓和贵州人李端

1903年，袁世凯（中）视察京师大学堂译学馆，与该馆监督朱启钤（右）、管学大臣张百熙（左）合影。在推行新政的过程中，时任直隶总督的袁世凯与管学大臣张百熙积极扶持新学，主张废除八股。

菜。不过，如果他能获得北洋新军的控制权，反动派仍有可能被推翻。要达到这个目的，关键在于，在皇太后得到关于密谋的警告之前，要除掉直隶总督兼新军总司令荣禄。于是皇帝打算把荣禄处死在其天津的总督衙门，然后迅速地将其新军的万人部队带到京城，由他们将皇太后控制在颐和园。与此同时，对京城里最突出的反动派，即刚毅、裕禄、怀塔布和许应骙，要在其住宅实施抓捕，立即将他们关入刑部大牢。这就是康有为、御史杨深秀和军机处章京谭嗣同、林旭、杨锐与刘光第等人提出的计划。在这首次召见时，袁世凯得知了皇帝维护和强制推行其变法新政的决心，皇帝问他：如果让他指挥一支大军，他会不会忠于君主？他答道："圣上隆恩，臣虽无能，如大海一滴水，荒漠一颗粟，亦当竭力以报；一息尚存，定效犬马之力。"

袁世凯的一席话，他认真的态度，以及他对变法的溢于言表的诚挚热情，令光绪彻底放心了。皇帝当即颁发了以下上谕：

现在练兵紧要，直隶按察使袁世凯办事勤奋，校练认真，着开缺以侍郎候补，责成专办练兵事务，所有应办事宜，着随时具奏。当此时局艰难，修明武备实为第一要务。袁世凯唯当勉益加勉，切实讲求训练，俾成劲旅，用副朝廷整饬戎行之至意。钦此。

在此首次召见时，没有提及除掉荣禄的打算。袁世凯刚离开仁寿宫，皇太后就把他召至自己宫内，仔细询问他皇帝说了些什么。"尽力变革军队，此谕颇为明智，"老佛爷说道，"但皇帝操之过急，我怀疑他另有深意。你等着他再次召见吧，然后来听我的指示。"

接着，皇太后命人把皇帝召来，告诉他：必须把康有为抓起来，因为他无礼地谈论皇太后的私生活和道德。她忍住了没有告诉皇帝，她知道皇帝打算剥夺她的权力，她到那时为止还不知道针对她本人和荣禄的那个阴谋有多大。不过，她笼统地指责皇帝对她明显地越来越有失于孝顺。皇帝温顺地承诺遵从她的愿望，把康有为逮住。但在当晚夜深时，当皇太后在昆明湖享受水上野餐时，他派心腹太监宋玉连进京，带着下面这道上谕，它是陛下用自己尚未定型的稚嫩手书草拟的：

> 工部主事康有为，前命其督办官报局，此时闻尚未出京，实堪诧异。朕深念时艰，思得通达时务之人，与商治法。闻康有为素日讲求，是以召见一次，令其督办官报。诚以报馆为开民智之本，职任不为不重。现既筹有的款，着康有为迅速前往上海开办，毋得迁延观望。钦此。

康有为接旨，意识到事关重大，便乘坐翌晨的第一班火车离京，安全抵达塘沽，在那里登上了一艘沿海航行的轮船前往上海。[1] 皇太后听说康有为走了，勃然大怒，立即电令荣禄逮捕康有为。但因某个无法解释的原因，荣

---

[1] 康有为后来在英国保护下逃亡，本书作者之一曾给予帮助，在《1899 年第一号蓝皮书》第 401 号急件中有生动的描述。

禄没有采取抓捕措施,尽管这份指令在康有为抵达天津之前就送到了他手上。这时他尚未获悉要他性命的阴谋,否则他恐怕不会表现得如此宽宏大量。康有为从未为此而称赞他,总是指责荣禄的罪恶仅次于皇太后,是变法和维新派的主敌。但事实上,荣禄是最初把康有为举荐给皇帝的大臣之一,直到去世那一天,他总是戏称自己为"康党",逗得老佛爷大乐,打趣地问他:"你那位姓康的朋友,那个逆臣贼子,最近有什么消息?"那天早晨,即当月初二日,皇帝召见维新党人林旭,又召见袁世凯,后者再次向皇帝表达其耿耿忠心。皇帝随后启驾前往紫禁城,打算从那里,而不是在颐和园,执行针对皇太后的计划,因为颐和园内几乎每个太监都是效命于皇太后的密探。

很明显,至此为止,皇帝绝对没有对其成功的机会失去希望,因为第二天早晨颁发了两道上谕,其一是下令在公立学校讲习欧洲语言,其二是要求知县们肃清吏治。

初五日早晨,在袁世凯离京赴津之前,皇帝最后一次召见他。接见的地点是紫禁城内的乾清宫。皇帝采取了各种防范措施,以防谈话被窃听。他最后一次坐在金漆龙椅上,那是皇太后很快就要重占的宝座。在这座晨光难以透进的阴暗的皇座殿内,皇帝向袁世凯讲述了他已决定要托付给他的那个使命的具体细节。袁世凯的任务是处死荣禄,然后立即领兵返京,抓住并监禁皇太后。皇帝给他一支小令箭,这是奉旨行事的权力象征,吩咐他火速赶往天津,在荣禄的衙门里将其逮捕,亲自监督将他当场斩首。光绪还交给他一道上谕,凭此,他在完成任务后,将暂代直隶总督,并回京觐见。

袁世凯承诺禀遵旨意,没跟任何人打招呼,便乘坐首班火车离京。与此同时,老佛爷在那天早晨8点钟正好进城了,从颐和园来到东宫,在一座祭坛前祭祀蚕神,皇帝赶紧孝顺地跑到西苑仪鸾殿附近的瀛秀门,将皇太后迎入宫禁。

袁世凯在午前抵达天津,立即前往荣禄的衙门。他问荣禄是否把自己视为亲手足。(这两人几年前曾拜过把子。)"那是当然。"总督回答。袁世凯说:"这就好了,皇上派我来杀你,而我现在背叛了他的计划,因为我忠于皇太后,也看重你我的友情。"荣禄显得对这个消息无动于衷,只是表示惊讶：所有这些事情，怎么会瞒过了老佛爷呢？他又说，他会立刻进京，当晚就去见皇太后。袁世凯把皇帝的上谕交给他，而荣禄则乘专列，于下午5点多钟便已抵京。

他直接去了仪鸾殿，走进皇太后的住处，胆敢无视非经圣旨特召任何地方官员不得进京的严格礼法，以及护卫宫禁出入的更加严格的规定。无人引领，他走到皇太后跟前，叩头三响，喊道："太后，我避难来了！"老佛爷答道："深宫禁地，你还要什么庇护？没人能伤到你，何况你也无权来此吧？"荣禄便把那个阴谋的所有详情向她和盘托出。慈禧明白了形势，拿出使她能够克服一切障碍的勇气和男性智慧，立即采取必要的措施，命令荣禄秘密捎信给保守派的首领们，叫他们立刻来仪鸾殿觐见。（皇帝仍在紫禁城。）不到两个小时，军机处全体成员，几位满人王公贵胄（庆亲王缺席，因为他用上了惯常应对危机的好"天分"，已称病告假），各部大员，包括已被皇帝革职的两位大臣（许应骙和怀塔布），齐聚于皇太后面前。这群官僚跪在地上，恳求皇太后重执朝纲，挽救古老的帝国免遭蛮夷文明之害。皇太后迅速做出了部署：用荣禄的亲兵替换紫禁城的侍卫，与此同时，荣禄返回天津任上，等待进一步的命令。会议在午夜时分结束。第二天清晨五点半钟，皇帝按时走进中和殿，仔细阅读礼部草拟的祷文，这是他明天要在社稷坛举行的秋祭大典上宣读的。他离开大殿后，几名侍卫和太监把他逮住，带到了西苑湖中小岛上的一座宫殿（"瀛台"）里，告诉他：皇太后稍后会来看他。皇太后随即以皇帝的名义颁发了下面这道上谕：

现在国事艰难，庶务待理，朕勤劳宵旰，日综万机，兢业之余，时虞丛脞。恭溯同治年间以来，慈禧端佑康颐昭豫庄诚寿恭钦献崇熙皇太后两次垂帘听政，办理朝政，宏济时艰，无不尽美尽善。因念宗社为重，再三吁恳慈恩训政，仰蒙俯如所请，此乃天下臣民之福。由今日始，在便殿办事，本月初八日，朕率诸王、大臣在勤政殿行礼，一切应行礼节，着各该衙门敬谨预备。钦此。

囚禁瀛台后光绪的办公处

　　紧接着颁布了另一道上谕，将御史宋伯鲁革职，理由是他素负恶名，"滥保匪人"（即维新党人梁启超）。皇太后对这位御史深恶痛绝，因为他胆敢在最近的一份奏疏中指责她道德不端，不过因为他并未参与反对皇太后的密谋，慈禧饶了他一命。

　　慈禧在适当的时候前往"瀛台"，只有李莲英陪侍，他已奉命用自己的人替换了皇帝的太监。（对光绪从前的侍从，不是处死，就是放逐至驿路效力。）一位满人从慈禧之弟桂祥公爵那里听过有关这次会面的描述，这就是我们就那次戏剧性会晤情形所得的资料来源。皇太后坦率地告诉光绪，她决定饶他一命，至少在眼下，还允许他留在皇位上。但从今以后，他将被置于严格的监视之下，他说的每一个字都会报告给皇太后。至于他的维新计划，皇太后一度给予支持，然而做梦也没想到，他头脑发昏，自以为是，把他引向了如此糊涂的深渊，所以新政要统统废除。他怎能对皇太后如此忘恩负义，怎能忘了他如何登上皇位，忘了皇太后的慷慨归政，忘了他只是可怜的傀儡，根本无权当皇帝，而皇太后随时都可以将他拉下来？皇太后说，没有一个满人大员不希望将他废黜，不强烈要求皇太后恢复听政。的确，他在汉人当中有同情者，但那些人都是逆臣贼子，时候一到，她就会将之处理掉。光绪的第二配偶（珍妃，似乎是光绪唯一宠爱的妃子）跪倒在慈禧身前，恳求她不要再责罚皇帝。她竟然胆敢声称，光绪毕竟是合法的君主，即便是皇太后也不能置天命于不顾。慈禧愤怒地将她斥退，下令将她禁闭在宫中另一处，她一直在那里待到1900年，怀恨在心的皇太后终于有了机会当即报复这名放肆的妃子。[1]

跟光绪几乎没有语言交流的皇后，奉命留在皇帝身边。作为慈禧的侄女，可以放心地让她监视皇帝，报告他的一举一动。没有皇太后在场，他不能见任何人，除了皇后和当值的太监。

直到生命的终点，光绪一直责怪袁世凯出卖自己，且只责怪他一个人，为了他的屈辱，为了他所有行政计划的终结，为了他不得不在"瀛台"忍受的十八个月的单独监禁。在弥留人世之际，他最后的遗言几乎都是吩咐其诸弟记住他久长的悲痛，并发誓要找到那个毁掉自己的人报仇雪恨。关于荣禄，他说道：荣禄首先考虑到他对皇太后的职责，并设法向她报警，是很自然的。而且，既然自己曾计划杀掉荣禄，就很难指望得到他的奉献和忠诚了。老佛爷的怨恨也很自然，既然自己阴谋对付她却失败了。但袁世凯曾庄严地发誓，要忠诚并服从于他。皇帝再也不愿跟袁世凯说话，即便在他就任直隶总督，爬上了权力顶峰的时候。

曾有三年时间，袁世凯赋闲在家，生活在不散的恐惧阴影之中，因为皇帝之弟，那个摄政王，遵守了自己的诺言。这就是围绕龙座或在龙座附近那个圈子内错综复杂的人性，作为人们命运中的一个因数，是永远解答不了的人性方程式。

---

[1] 在外国联军进入北京、朝廷准备逃亡时，慈禧命人将她扔进了一口井里。（参见后文）

第十三章

再度垂帘（1898 年）

　　光绪的统治就这样谢幕了，留给他的仅有皇帝的头衔。他有过机会，在青春和新思想的躁动中，他做了拼死的一搏，对抗高层的黑暗势力，而他输了。又一次，如同同治驾崩后一样，慈禧能将她得到过满足的野心转为优势。她曾让她的侄儿放手去干，她已经退下舞台，让侄儿去为国家之船把舵。如果光绪现在把这艘船驶入了惊涛骇浪的危险海域，如果大家公认应该把她请来重新掌舵，那么这是天意，而非她的过错。人们已经把她儿子的坏习惯和早夭归咎于她，她对同治的纵容让她在二十三年前重掌大权，人们现在却不能把光绪的愚蠢更多地怪到她的头上。很明显（有很多声音让她坚信这个事实），是按照轨道运行的运气在起作用，让她继续执掌不受约束的权力，就算她曾给予运气某些微不足道的协助，也不会有人对此过于仔细地加以考察。

　　光绪的统治结束了，但其人身（虚弱、忧郁的躯壳）仍在，而慈禧从不喜欢权宜之计或模棱两可的状况。从可怜的君主进入他在瀛台的那座华美的监狱那天起，慈禧就着手按照正统的经典方式安排他的"龙驭上宾"与"魂归九泉"，并为皇座预备另一个占有者，其人的年轻、三亲六戚和顺从，将能使她无限期地保住摄政的地位。不过，由于南方各省怒气汹涌，而欧洲人对皇帝的乌托邦梦想可能显示好奇的同情，慈禧意识到了继续小心而稳重行事的必要性。十月初，京城里纷纷传说，皇帝将在夏历年底去世。

　　光绪成了自己宫中的囚犯，他知道这是命中注定，但他还必须扮演傀儡天子，摆出每次会演规定的姿态。于是，他在八月初八日露面了，遵照其侍

光绪皇帝

从们的指挥，当着满朝文武的面，在慈禧皇太后面前表演三跪九叩和其他致敬的举动，承认自己无足轻重，承认皇太后的至高权威。这天下午，在荣禄的重兵护送下，他从仪鸾殿去月坛举行祭祀。就这样，最后一击悬而未打，不幸的皇帝经历完了毫无意义的国仪大典。这位"高僧"本人将成为下一个祭品，当他以帝王的礼节和排场被带回他那孤独的耻辱之地时，他的思想是多么痛苦！

接着，慈禧安静下来，着手料理行政，她回到岗位上的热情，绝没有被退隐的岁月消磨掉。首先，她要向自己，向她的大臣们，向整个世界证明：她的倒退政策是正确的。她必须摆脱碍手碍脚的人，把符合自己心意的人留在身边。

中秋节和皇帝悲伤的出行以后，过了几天，皇太后提醒皇室成员：他们的地位无助于保护他们免遭不忠的后果。她总是对满人宗室成员阴谋的任何蛛丝马迹感到不安（回忆一下载垣密谋）。这一回，她的警告采用颁发上谕的方式，她在其中判决贝勒载澍[1]永久监禁于宗人府的"空室"。载澍曾放肆地赞同皇帝的维新计划；他还是个倒霉蛋，娶了慈禧的一名侄女，且和老婆的关系恶劣到了极点。因此，当他在百日维新之初建议皇帝一劳永逸地终结老佛爷对国事的干预时，他那位"贱内"不会不将此事报告皇太后，如此，此女从一开始就赢得了慈禧对保守派的同情和支持。

政变刚刚结束，京城关于皇帝打算施行的变法以及对之进行压制的功过可谓众说纷纭。但是，这座靠贡赋喂养的都城所具有的政治本能，一般而言处于休眠状态，它主要尊重的是权力的能量炫耀。因此总体而言，同情在老佛爷这一边。何况她有一套俾斯麦式的引导舆论的办法，通过太监和茶楼酒肆的闲谈，以设计得很对士人与资产者脾胃的方式去引导小道消息。在目前考察的这个案例中，强调皇帝缺乏孝心，他阴谋反对他德高望重的老姨妈就是明证（在正统的孔教徒眼里是不可原谅的）。还要强调，他得到了外国人的同情和支持，这个理由即便在最进步的中国人看来都足以诅咒他。于是，人们开始普遍接受这样的看法：皇上表现得很糟糕，缺乏判断力和自制力，皇太后有充分的理由恢复对政府的控制。这个意见甚至开始得到那些外交使团的认可，他们当初宣称在皇帝的变革中看到了中国新时代的曙光。外交手腕在遵循阻力最小的路线上是如此富有弹性，在接受和谅解任何既成事实方面是如此熟练（缺乏自己的方针），以至于不久之后，外交使团（包括英国使团）的官方态度都开始指责皇帝在引入变法时过于仓促，而这些变法是在华的每个外国人多年来一直强烈呼吁的，是 1900 年以后原则上被皇太后所接受的，也是作为中国即将获得新生的证据而再次受到欢迎的。1898 年 6 月，英国公使在皇帝的维新诏书中看到了证据："朝廷终于彻底承认了中国确实需要根本的变革。"[2]10 月份，当英国驻上海总领事把维新派首领（康有为）从慈禧的报复中救出，并用一艘英国军舰送到一处英属殖民地保护起来时（给

---

[1]　请注意，这位满人贝勒（载澍）是摄政王即光绪皇帝之弟于 1909 年 1 月从大牢里放出来的，并在革去袁世凯直隶总督之职的当天被任命为一支八旗军的统领。帝党作为叶赫那拉部族的对立面，衷心赞成他的复职。

[2]　参见《蓝皮书中国》1899 年第 1 号第 266、401、426 号信函。

人留下错误的印象：英国若非出于人道，便是出于自利，会积极地介入进步的事业），我们发现权宜之计的潮流居然转向了承认这个事实："皇太后与满人党为自己的安全恐慌不已，把维新运动视为对满人统治的敌意。"[1] 两个月后，无疑是受到了即将开场的和平与善意表演的影响，窦纳乐爵士认真地向索尔兹伯里侯爵报告：外国代表们的妻子，共有七人，在皇太后六十四岁生日庆典上受到了她的召见，皇太后"给人留下了最好的印象，不论是她对所有客人的关心，还是她的彬彬有礼"[2]。在这个场合，出于礼节，傀儡皇帝也被展示出来，并叫他与夫人们一一握手。于是戏幕落下，维新的戏演完了，让关注它的有关人等无不（或几乎全都）满意。

不过，英国公使和其他人被一个持续传播的传言搅得不安——谣传说"皇太后要对皇帝下毒手了"[3]，以至于他们不得不警告中国政府不要做这样的事情，因为这会干扰欧洲人的健全感和正直感。总理衙门被告知：各国都会不高兴看到皇帝突然一命呜呼，并对此感到恐慌。当英国公使出面干涉的消息传到茶楼酒肆并被登上报纸时，人们表达了极大的愤慨：这纯粹是内政问题，有过大把的先例，外国人的忠告是无法接受的。皇帝接受新奇的外国观念，在满人眼里是一种犯罪，但他获得外国的同情和支持，则无论对满人还是对汉人而言都是可恨的。

不过，事情很快平息下来，又回归过去的旧轨，百姓得知老佛爷重新掌舵，都很满意，甚至高兴。在京城，小道消息仍在传播不停，为的是给即将上演的赎罪戏铺路：光绪曾要谋杀皇太后，因此人们认为他现在所得的惩罚太轻，远不及他应得的惩罚。[4]学者们撰写应景文章，公然将皇上比作唐朝的那位皇帝（公元 762 年），他曾教唆谋杀当时的皇太后。于是人们坦率地预言了光绪的去世，而对其去世的后果全不在意。无疑，不管其后果在南方

---

[1] 参见《蓝皮书中国》1899 年第 1 号第 266、401、426 号信函。

[2] 参见《蓝皮书中国》1899 年第 1 号第 266、401、426 号信函。

[3] 参见《蓝皮书中国》1899 年第 1 号第 266、401、426 号信函。

[4] 作为中国官员办事方法的一个事例：上海道台在请求英国总领事逮捕康有为时，毫不犹豫地说皇帝已死，死于这位维新派领袖之手。参见《蓝皮书》1899 年第 1 号第 401 号信函。

有多么严重，它在华北只会引发很少的评论，甚至没有反响。当公众已有了适当的精神准备时，皇太后便以那位未来牺牲者的名义颁布一道上谕，声称天子病重；人们没有表示丝毫惊讶或忧虑，各省派出当地的名医给皇上看病，只是为了必不可少的虚应故事。上谕称："朕躬自四月以来（即自百日维新之初以来），屡有不适，调治日久，尚无大效。"这是对其将要匆匆辞世的例行宣告，而这正是中国人可以接受的。

但是这个判决没有执行。皇帝活着看见了新年，此后恢复了元气，这个结果在某种程度上要归因于皇太后对外国干预的真正担忧，但主要是因为她认识到了华南对她不利的舆论力量，以及平息这种舆论的有益性。在两广，几名广东维新人士的被害，无疑激起了强烈的反满情绪：这些躁动不安的南方人对满人及其事业的指责是激烈而喧嚣的，无须太多的煽风点火，就会爆发一场新的大叛乱。由于小道消息在中国总是不胫而走，南方也很清楚皇帝的生命危在旦夕，年底就是他已定的死期，各省的抗议和警告从四面八方涌向京城，不仅送到了京师各部，还送到了皇座跟前。其中有一份电报，由上海的一位名叫经元善的候补知府签署，以"寓沪各省绅商士民"的名义，针对宣布皇帝患病的那道上谕，恳请皇太后、皇室宗人及军机处允许圣上"力疾临御"，放弃退位的所有念头。他把江苏省描述为人心蠢蠢欲动的地方，坦率地提及：一旦皇帝去世，外国人很可能干涉。慈禧对这位无畏的官员勃然大怒，不是因为他实际上向慈禧点破了对皇帝的谋杀，而是因为他竟然胆敢以其后果来威胁慈禧。她下令立即将经元善革职，而后者害怕皇太后进一步发泄怒火，便逃到澳门去了。但他的直言敢谏，无疑有助于挽救皇帝的性命。

在所有的封疆大吏中，只有一个人无私无畏地站出来为皇帝说话，此人是两江总督刘坤一。他位高权重，在这种时刻不会公开遭到申斥。慈禧声称钦佩他公正无私的勇气，但慈禧对他此举仍然大怒。刘坤一此举，和其同僚——学识渊博的湖广总督张之洞精明的机会主义相比，形成了鲜明的对照。只要风向有利，张之洞就是维新派的热心鼓吹者。仅在六个月之前，他还向皇上举荐了几位进步人士（其中就有他自己的门生杨锐），就在风暴降临前，光绪还召他进京在军机上行走，支持皇上的新政。然而，皇太后刚宣布自己站在保守派一边，皇帝没能争取到袁世凯及其新军的支持，张之洞便马上电告老佛爷，热烈地赞成她的政策，力劝慈禧采取强硬措施对付维新派。这个建议纯属多余。慈禧这个女人一旦开动了机器，就绝不会半途而废。

八月十一日，慈禧召荣禄进京，协助她扑灭变法运动。刑部刚刚上了一份折子，请派钦差审判康有为的同党。慈禧在回复中指示他们与军机处协调行动，"严行审讯"罪犯。与此同时，她下令把张荫桓[1]，皇帝的亲信顾问和朋友，投入刑部大牢，她说此人"声名甚劣"。上谕不失时机地声称：朝廷尽管知道"难保官绅中无被其诱惑之人"，但一心宽大为怀，从轻发落，概不深究株连。

根据荣禄的忠告，皇太后的下一个步骤，就是颁发一道上谕，以皇帝的名义，说明倒行逆施的正确性，给保守派吃颗定心丸。这份文件是其手法的极佳样板。皇帝被说成了深信自己走了错路，而由维新运动造成的"惶惑"被归于"有司奉行不善"，于是每个人的"脸面"都挽回了。

不久之后，荣禄升为军机大臣，接收了北洋陆军的最高指挥权，执掌兵部。于是他成了帝国权势最大的官员，拥有了清朝历史上尚无先例的地位。他再一次证明了对皇太后的忠心，忠实于自逃亡热河那些日子以来他一直为之效力的这个女人，而他得到了回报。很自然，如果不是必然，荣禄在戊戌政变中扮演的角色，会使他遭受严厉的批评，尤其是海外的批评。但从中国官员的观点来看，他支持皇太后反对其侄儿即皇帝的行为，只是尽责而已，作为一个政治家，他一贯表现得温和、明智而可靠。后来在义和团起事时本国和外国的新闻媒体对他大肆指责，部分是由于康有为及其追随者们散布的未遭驳斥的谎言，部分是因为外国使团的偏见（也是因谎言而起）和正确情报的缺乏。读者在下文中将会看到，他的全部努力都指向阻止狂热的爆发，以及制止皇太后干蠢事。在怯懦、无知而残忍的清室成员中，他的远见和勇

---

[1] 张荫桓，曾在维多利亚女王五十寿诞庆典时被授予圣米迦勒及圣乔治骑士大十字勋章，流放到突厥斯坦之后，又被处死。端郡王在拳乱之初所下达的命令，是其被处死的直接原因。
另一位维新党人，名叫徐致靖，根据这同一道上谕，被判终身监禁于刑部大牢，1900年8月被联军释放。他不愿从外国人手里获得自由，立即去了太原府投案自首。这是一个典型事例，说明中国官员的思想方式，以及他们对圣旨的崇敬。

荣禄

气总是巍然卓立，令人释怀。在慈禧漫长的统治时期，在管理才干和无私爱国方面，唯一堪与比肩的朝廷之仆是曾国藩。从这时起，直到他去世（1903年），我们发现他一直是慈禧的右臂，是她最信任的最有效率的顾问，她的选择是正确的。下一章中将会看到，1900 年有一段时间，当时老佛爷被骚乱和喧嚣弄得把持不住，被她自己的希望，被她的迷信，被其亲属喧闹的提议所误导，听任端郡王及其狂热的同伙短暂地颠覆了荣禄的影响。不过（如同将在《景善日记》中看到的那样），慈禧在最后关头求助的人总是荣禄，求助于他的建议与安慰。在最终失败的黑暗时刻，她所依靠的人总是荣禄，而荣禄从未辜负过她。她在有生之年总算意识到了，荣禄给她的忠告，尽管她有时忽略了，却总是正确的。在最近中国历史上的所有难以把握的事情中，有件事却是可以把握住的，即对荣禄的记忆，无论是中国人还是外国人的，都应该有一个比他至今得到的评价更高的位置。在朝廷逃亡时，他对到处流传的对他的恶语中伤一无所知；在朝廷回京之后，他的正义感令他义愤填膺，因为外国使团给了他冷遇。此后，直到他去世，他总是对密友们说，他从不后悔自己对义和团所采取的立场，但他也无法理解或原谅洋人对他表现出来的敌意和忘恩负义。在一份记载中有他说过的话："我之所为非为对洋人之爱，只因对太后与大清之忠；然则，我之所为既合洋人之利，自应因有劳而誉。"

关于应予维新党人何种惩罚，皇太后长时间地就商于荣禄。后者主张强硬镇压，理由是事关大清王朝的威信。六名罪犯由刑部鞫讯，荣禄逼问他们：康有为对皇太后的意图何在。从康有为住处找到的文件揭示了阴谋的每个细节；于是，军机处建议处死所有罪犯。他们无疑犯有对抗皇太后的叛逆罪，拖延审判似乎明显是不可取的，尤其是因为，在双方派性高涨之时，行事的任何迟延，无疑都要冒加深满汉之间裂痕的风险。老佛爷同意军机处的决定，希望尽快结束这场危机。于是在当月十三日，几名维新党人被处死了。他们勇敢地面对死亡，大批群众目击了在城外处决他们的场景。据报道，在杨锐的文件中找到了皇帝本人写给他的一些高度危险的信件，其中猛烈地抨击了皇太后。还有杨锐的一道奏疏，指控皇太后行为不检，与几个身居高位的人有不正当的关系，其中之一就是荣禄；这份文件上有皇帝的朱笔御批。它引用了广州城内流行的歌谣，针对皇太后所谓的恶行，并警告皇帝：如果大清王朝现在就完蛋了，那么过错在于慈禧和她的邪恶行径，如同商朝（公元前12世纪）因纣王迷恋其宠妃妲己而垮台，其纵欲狂欢可见于史籍。杨锐把皇太后在颐和园里的生活比作这位臭名昭著的妃子在"酒池"边的宫殿里所犯下的弥天大罪。这就难怪慈禧的拥护者们主张采取极端的措施，他们说，皇太后在皇帝的御笔中亲眼看到了这些犯上作乱的言论得到皇帝的赞同与支持，这使她心怀报复之意，决定一劳永逸地斩断皇帝与维新党的联系。

下令处死维新党首领们的上谕是由皇太后本人在荣禄的协助下起草的，但具有讽刺意味的是，它是以皇帝的名义颁发的。上谕是用朱笔写就的，以示其格外重要，这种形式通常只有君主亲手拟写诏令时才会采用。这道上谕

谭嗣同

强调了在国家管理中导入变法的必要性，又强调皇帝对日益增多的行政困难感到焦虑，然后指出，康有为及其追随者们利用此时的迫切需要，制订了逆谋，目标是推翻皇帝本人；幸亏他们谋反的意图已经败露，整个阴谋都昭然若揭。

上谕接着宣判了康有为同党梁启超的死刑。此人是一位声望卓著的学者，他后来在日本避难，在那里编辑了一份名气很大而且当之无愧的报纸。重要性排在其次的是军机处的三名章京（应为谭嗣同、林旭、杨锐、刘光第四章京。——译者注），他们正在刑部等待对他们的审判结果。上谕又说，按照军机处的看法，如果处决他们有任何耽延，都会导致一场革命运动，为此对于六名罪犯的进一步例行审判程序都要省去，命令将他们立即斩首。

尽管朝廷"心存宽大"，慈禧宣布的意向是除了处决六名维新首领之外，不再采取任何措施；但是，一想起那些针对她本人的人身攻击，她的"圣怒"

就会再次腾起。紧接在上述这道上谕之后，又有一道上谕，以通常那种典型的莫须有的罪名，判决张荫桓发配新疆。他真正的罪过是：他曾公开指责皇太后的奢侈，而更令皇太后痛恨的是，英国公使越权干涉，要求保住他的性命。

在另一道上谕里，应荣禄的郑重之请，预定的天津之行被取消了。荣禄担心有人试图谋害皇太后的性命。慈禧憧憬着访问这座根据条约开放的港口城市——走出京城与世隔绝的生活，换一换环境，激起了她那女性的好奇心，但她还是听从了这位总司令的忠告。与此同时，军事整顿也在大力推进，她抓住时机给了直隶军队大量的拨款。

荣禄进京时，裕禄被任命为接替他的直隶总督。这个冥顽不化的官员深得皇太后信任。此人的无知非同寻常，即便对一个满人而言。而且完全无能，他后来要为义和团运动在天津周边发展负责。不过，在这个特别的危机中，流行着对汉人的不信任。老佛爷觉得，为了防止革命党人组织任何运动，必须由一名满人总督来坐镇直隶省。

这时保守党的激烈措施在南方激起了愤怒的风暴，那里组织了社团，支持光绪皇帝。在上海，外国殖民区出版的报纸每天都反复对皇太后和荣禄进行最凶猛、最激烈的抨击，后者遭受的攻击尤重。这些文章的作者明显得到了逃亡的维新派领袖们的授意，宣称北京的行动本质上是排汉的，无疑会以把满人任命到帝国所有重要职位上而告终。另一方面，几个省份激起了排外的动乱，煽动者是那些认为皇太后会对民众情绪的这些展示感到高兴的人。这种事态无疑充满了严重的危险，一位名叫会章的御史和皇室宗亲呈上了一份直言不讳的奏疏，引起了皇太后对此事的关注。

上疏者祝贺皇太后有力而成功地镇压了康有为的逆反，声称这一功绩将永远有助于光耀老佛爷的名声。然后他指出皇帝颁发的上谕总的来说是无益的，建议把特殊的荣誉授予若干挑选出来的忠诚而正统的汉人，用这种办法来安抚舆论。他持平公正地指出，既然那些犯有谋逆重罪的人已被判处刑罚，那些一直忠诚的人就应该得到适当的奖励。他提议，凡是在过去几个月内上疏谴责维新运动并抨击所谓新学术的腐败倾向的官员，都应该升官。最后，他提出一个重要的看法：汉人臣民表现出来的忠心和爱国心，对于帝国的完整而言，比满人表现的这些品质具有更大的价值。这是一种经世之术的表达，很容易打动老佛爷那敏锐的智慧。皇太后的批复表面上具有申斥的性质，却很明显地对正在讨论的问题做了很少见的回避。她强调朝廷的决议是绝对不偏不倚的，声称做出这些决议的动力是纯粹的正义感，没有任何形式的偏见，无论是针对满人还是汉人。然而，会章不久便升官了，似乎是为了证明其不偏不倚，皇太后在同一天将半打大臣革职了，其中就有一名满人；并以荣禄也曾举荐过一名维新党人为由，下令将他交吏部议处。这纯粹是为了"保全面子"。

和通常一样，任何带有批评性质的意见都会激起反响，皇太后紧接着颁发了一连串的上谕。其中一道上谕宣称必须适当保护境内的洋人和京城里的外交使团；另一道上谕则采用说教的形式，告诫各省大员要慎重遴选下属官员。还有一道上谕要求各省督抚上疏建议，但同时警告他们，要避免站在党派立场上进行批评，因为"难逃朝廷洞鉴也"。

随后，皇太后抓住时机布道，泛泛而谈治国之术，将她针对自己作为中国满人首脑而制定的政策所做的辩护记录在案。摘自这份上谕的下面这段话是值得一读的：

> 从来制治未乱，保邦未危，我朝圣圣相承，宪度修明，无不尽美尽善。内无干政之宦官，外无跋扈之藩镇，朝无擅权之贵戚大臣。其历代所谓心腹之患、朋党之私，向无其事，亦无其人。其立法之善如此。至于深仁厚泽，难以枚举。水旱偏灾，无不立施蠲赈；江河漫溢，深恐累及穷黎；遇有军务，并未抽派丁役；宫中使女，亦未选及民间。仁民之政又如此。宜其上下一德，朝野相安，以期共享升平之福。乃有大逆不道之徒，聚党密谋，辩言乱政；而士大夫中竟有不明大义者，援引匪人，心怀叵测。言念及此，能勿愤懑？朝廷屡示宽大，姑免株连。

谕旨末尾照例是诫勉官僚阶层，呼吁他们发挥理想的美德。

刘坤一

皇太后的下一步骤是让最近已被皇帝革职的几名重要保守党人官复原职,显而易见,其中会有曾经参劾维新党人王照的许应骙。现在帝党被彻底粉碎了,王照在京城里再也找不到支持者或友人。满人曾鉌,甘肃布政使,是最后一个为变法运动讲话的高官,甚至可以说是其主要鼓吹者之一,他这样做招致老佛爷的恼怒。他上疏为帝师翁同龢鸣冤叫屈,导致他被立即革职,永不叙用。

皇太后接着将注意力转向各省,严厉申斥了刘坤一,后者以生病为由,请求开卸两江总督之职。皇太后以经典的措辞提醒他别忘了朝廷对他的器重,令他放弃无足轻重的借口,继续履行职责,更加恪尽职守,更慎重地遴选属吏。

皇太后对翁同龢的冒犯仍然耿耿于怀。让他既不降级又不受罚,在老家过着风光的退休生活,皇太后并不解气,而荣禄对这位帝师一直怀恨在心,似乎不愿哪怕以只言片语来消一消皇太后对他的怒气。在以皇帝的名义颁发的一道上谕中，慈禧再次发泄了自己对这位与人无伤的年迈学者的怨恨，其修辞明显具有她的性格特征——下令将他革职，永不叙用，今后要将他置于地方当局的严密监视之下，不让他惹麻烦，以为所有三心二意官员的前车之鉴。[1]

翁同龢在其老家（江苏常熟）一直活到了 1904 年 6 月，被所有了解他的人所热爱与尊敬。他和皇帝身边大多数的年迈官员不一样，绝非无足轻重，而是具有相当的人格力量。他在被革职以后，一直生活在希望之中，希望在老佛爷谢世之后，他还能够回去为皇上和维新事业效力。他同时成为令当地知县不得安生的一个大麻烦，因为他把每月三次拜访那位父母官当成了惯例，他装成恳求的样子，跪下来，对知县说："老父台奉旨暗中监视在下言行，在下义不容辞，特来参见，协助老父台执行圣谕。"知县心里没底，这位一度权倾朝野的大学士会不会东山再起，他自己的处境显然相当尴尬，特别因为翁家还是附近一带最大的名门望族。在戏弄地方官之余，这位大学士以学者隐居的方式打发时间。他在那一时期所写的大量书信现已出版，它们显示了此人最有魅力的一面。作为学者，作为诗人，其轻快自由的风格，结合了神秘主义和哲学遐思的倾向，一直受到士人们的高度赞赏。由于他的财产未被抄没，他在老家度过的晚年，或许比他在京城不得不面对满是阴谋诡计的繁重的官场生活幸福一些。他去世时享有的爱国和智慧的名声，远远超出了其本省的范围，而在他死后，声誉大增。

皇太后意识到士人阶层的忠诚大为动摇，主要是因为皇帝废除了经典学习与科举考试的旧制度，于是她以一道上谕颠覆了皇上的决定，令保守党欣喜不已。全国的士子们极力称颂，称之为老佛爷明察秋毫的明显例证。在某种程度上，应该承认，皇帝引入的新的考试制度，在起步时导致了不正之风，而这在以考生匿名为主要原则的旧的古典体制下并不存在。皇太后发布以下命令处理这个问题：

---

[1] 翁同龢死后因摄政王颁布的一道上谕恢复了他的所有品级与头衔。于是皇帝的正确性缓慢地得到了证明，而其追随者们的阴魂即便在阴曹地府里，也要经历中国官场生活的盛衰更迭！

　　　　用特明白宣示：嗣后乡试、会试，暨岁考、科考等场，悉照旧制，
仍以四书文、试帖、经文、策问等项分别考试。经济特科易滋流弊，并
着即行停罢。朝廷于抡才大典斟酌至再，不厌求详。嗣后典试诸臣及应
试士子务当屏斥浮华，力崇正学。

　　俗话说女人善变，而慈禧的心智从未长守一个老套。她总是渴望得到全
国各派势力的拥戴，希望调整敌对力量之间的友好平衡，这构成了其经世之
术和统治力量的骄傲。我们发现，她在接下来发布的一道上谕中宣布了她遵
循的原则。这道上谕反映了一定程度的担忧，以及一种怀疑：外界会不会严
厉批评朝廷对维新派首领的处罚？

　　皇太后接下来把注意力转向广大百姓的需求与疾苦，下令再次采取措施
防止黄河山东段经常造成的生命财产的损失。对于过去整治"中国之痛"而
采取的措施，皇太后很清楚其性质如何，自古以来，它就是贪官污吏快活的
狩猎场。她也无法指望她就此事发布的那些老一套的道德劝诫会让她的臣民
们获得任何特殊的喜悦。皇太后提到了这个事实：黄河"迭经随时堵合，迄
无一劳永逸之策"。但她采用的补救办法，即"着军机大臣会同大学士、六
部、都察院各堂官迅速妥议"，也不十分可靠。她后来决定派李鸿章实地勘
察，估算修建有效水利工程所需的经费，也不是为了让公众相信她做好事的
诚意。

　　在这一时期，慈禧在各方面表现出了显著的活力，如同在1861年载垣
阴谋被粉碎之后她刚刚获得权力的那些日子一样，这从她在这一时期颁发上
谕的数量可以看出来。在处理了黄河问题之后，她把注意力转向长久存在而
又迫切需要扫除的弊端，它在许多世纪以来一直沉重地压迫着下层的中国百
姓，即法律程序漫无止境的拖延和高昂的成本，以及由此而给所有被迫要在
中国官员手中讨个公道的人们所造成的苦难。

　　皇太后在有关此事的上谕中表明她对这种官场恶习了如指掌，这种不正
之风，所有中国人的确都很熟悉，唯独官方的文件通常讳莫如深。毫无疑问，

慈禧接见驻京外交使团的夫人

主要是由于在这种情况下的直言不讳，老佛爷广泛地获得了温厚可亲、菩萨心肠的声誉。在全中国，尤其是在北方，农民和商人阶层都认为，老佛爷总是心肠太软，而她天性的极度温和，尽管肯定是值得称颂的，但在许多时候是危险之源。1900 年，京城的老百姓无疑把未将外国人和本国基督徒赶尽杀绝这个事实，归因于老佛爷不合时宜的"仁爱"。在有关诉讼的这道上谕中，皇太后声称，她最近得知，法律程序往往一次就要搁置几个月，无辜人等被无限期地羁押候审。

皇太后为身在中国和海外的洋人对皇帝表示的同情大为恼火，这种同情反映了英国公使和驻京其他外交团体成员们一时的态度。然而，她采用那种"怀柔以弭事端"的政策，这一招（将在另一处看到）是她从对经典的研究中学到的。初冬时节，她邀请外国公使的夫人们及公使团的其他女士们去宫中觐见，对她们礼貌有加，体贴备至，以至于一天内就赢得了她们的心。我们已从慈禧自己的言论中得知，她的友善完全是装出来的，而且毫无疑问，从这时开始，她受头号保守派刚毅的影响越来越深，此人在荣禄休假缺席期间，足以说服慈禧：改善国家军事资源的首要因素是在全国组织民团。一些传教士贴近地观察了山东和这场爱国运动其他大本营所发生的事件，根据他们的记述，很快就会意识到，这次军事行动主要是针对外国人的，而其最初的源头就是皇太后赞成刚毅做出暴力回应的政策。

这一时期发布的上谕，给我们留下了一些疑问：皇太后本人究竟是否非常理解将要释放到这些所谓"团练"手中的武力究竟是什么？而且她后来对义和团问题的踌躇不决，即便不是证据，也提供了一种迹象：她的行为是在刚毅影响下的一时冲动，她并不完全知情。但问题很快就变得更加严重，而皇太后的几道上谕逐步说明了团练作为国家武装的潜在力量，逐渐在皇太后脑海里留下了印象，而正如我们所知，这个女人的脑子里一直潜伏着报复洋人的希望。一道上谕包含如下的一段：

> 近因时事多艰，深宫宵旰忧劳，无日不以教兵养民为念，迭次所颁谕旨，如训练兵勇，劝课水利蚕桑，兴办保甲、团练、积谷各事宜，无非为海宇策富强，为闾阎谋乐利。

在重申了以前几道上谕的要旨之后，皇太后可怜地抱怨道："乃闻向来各省于奉旨饬办之件，并不认真遵办，不过由院发司，由司交府发县，一行了事，以致恩膏不能下逮，明诏皆若具文。"她坦率地承认，以这种办法对待上谕是很常见的，而且是得到传统认可的，但她坚持说改变的时候到了，所以她现在指示：今后她的所有上谕都要印在特殊的皇家黄纸上，其内容要让全国各处知晓。

她进一步劝诫官员爱国，要有良好的责任感，只有如此才能在公共服务中发挥效率。她指出，地方官员应密切联系地方绅耆，军事力量的指挥官要向列兵解释清楚皇太后在成立军事组织时所提出的目标。

几位作者指出了慈禧在这一时期颁发的为数众多、直言不讳的上谕，将之当作她已真心决定有效改革国家管理的证据，但对于外国人而言，甚至对宫廷之外的中国人来说，总是很难对这些作品的内在意义形成任何具体的观念，也很难知道究竟有多少这样的上谕，在任何特殊的场合，会被理解为不同于朝廷传统的老生常谈。可以肯定，她本人没能发挥个人的影响，没能做出榜样，让世人相信她的真诚，她也没采取措施将她在紫禁城的屋子整理熨帖，或者消除她的朝廷里那些显露无遗、声名狼藉的不正之风。

老佛爷再次回归令她痛苦最深的苦衷，即那个反对其神圣权威的头号逆谋者成功地逃走了，她以此来结束这一轮非同寻常的文学和政治活动。她宣称，她认为百姓并没有充分意识到康有为罪行的穷凶极恶，她就此事颁发了另一道上谕，全文如下：

> 昨据两广总督谭钟麟奏，在康有为本籍抄出逆党来往信函多件，并石印呈览。查阅原信，悖逆之词连篇累牍，甚至推谭嗣同为伯里玺之选，谓本朝为不足辅。各函均不用光绪年号，但以孔子后几千几百几十年大书特书。迹其种种狂悖情形，实为乱臣贼子之尤。其信件往还牵涉多人，朝廷政存宽大，不欲深究株连，已将原信悉数焚毁矣。前因康有为首创邪说，互相煽惑，不得不明揭其罪，以遏乱萌。嗣闻无知之徒浮议纷纭，有谓该逆仅止意在变法者，试证以抄出函件，当知康有为大逆不道确凿可据。凡属本朝臣子，以及食毛践土之伦，应晓然于大义之所在，毋为该逆邪说所惑，以定国是而靖人心。将此通谕知之。钦此。

就这样，慈禧为自己确立了最好的地位；就这样，播下了不久之后将动摇帝国根基的那场大动乱的种子。

第十四章

景善日记

　　景善，满洲正白旗人，生于 1823 年。1863 年考中进士，授翰林院庶吉士，尤以研究宋代理学著称。次年被任命为内务府主事，1869 年擢升为内务府员外郎，1879 年升任内务府总管。其父桂顺在道光治下曾任都统之职，是皇帝多年的亲信。景善是皇太后娘家的亲戚，和主要的满洲贵族过从甚密，因此他有独特的机会知晓朝廷掌故，获悉朝中最接近皇帝的那些满汉大臣的观点，关注他们的行为。在京中几部任职之后，他于 1894 年退休。他是端郡王、辅国公载澜及惇亲王奕誴（道光帝幼子）另外几个儿子的老师，因此与义和团运动的几位首领关系密切。

　　即使是放在 1900 年京城突然变得荒凉凄惨的可怕背景上来看，景善的命运也是一场很大的悲剧。除了暴风骤雨般的激烈战斗和突如其来的死亡，除了来自团民、疯狂的甘军士兵和野蛮入侵者的危险，还有这位老兵家里的不幸，女眷们的争吵，其子的不孝之举，比一时的国难当头敲打出更令人心酸的音符。8 月 15 日，在外国联军进京、皇太后出逃之后，景善的一妻一妾和一名儿媳自杀了。他只多活了几个小时，就死于长子恩澍之手，后者将他推入自家院子里的一口井内。恩澍后来因窝藏武装拳民而被英军击毙。

　　这部日记是于 8 月 18 日在景善府的密室书房里找到的，正好在一伙印度兵要将它烧毁时将之抢救出来。日记始于 1900 年 1 月，终于 8 月，其中很多段落涉及枯燥无味的琐事。我们将以下段落摘录出来，主要是因为有助于我们了解皇太后在这场仲夏疯狂的悲剧中所扮演的角色，了解这个女人的实力和治国之术，以及努尔哈赤如今的不肖子孙的愚不可及。应该说明的是，景善于 1894 年就退休了，不要将他跟景信弄混了，后者大约死于 1904 年，他也是满人，也是慈禧的宠臣，为驻京的外国人所熟知。他担任过各种要职，升为军机大臣，在朝廷西狩后留在京城，负责宫廷事务。就是他在 1900 年9 月护送外交使团通过紫禁城那些空殿。他为认识他的人所高度尊敬。

景善虽然同样身居高位，但其人很少为外国人所知，不过我们可以在英国公使馆中文秘书处定期编纂的《京城与各省高官名录》中找到他的生平（以及景信的生平），该名录为 1902 年版，由凯利与沃尔什公司（Kelly and Walsh）出版于上海。

[由于《景善日记》存在中文原文，故以下之翻译以原文为基准。译者所用的原文，载于翦伯赞等人所编的《中国近代史资料丛刊·义和团》第 1卷（1951 年第 1 版）。但是，本书所载《景善日记》的内容，与该原文不尽一致，为使读者明了起见，必须将不同之处一一标出。其中分两种情况：其一是本书中有的内容，原文中没有；其二是本书中没有的内容，原文中却有。我的表示方法是：对于前一种情况的文字，用黑体字排出；对于后一种情况的文字，用楷体排出。其余没有差异之处，一概用仿宋体排版。——译注]

光绪二十五年（此六字系译者所加。——译注）腊月二十五日（1900年 1 月 25 日）。

今日澜公来宅，公爷素不忘师弟之情，甚佩之。言以毓抚在山东所立之义和团，颇有关系大局，大能为国家出力也。公爷亦将昨日召见之情形告之甚详，圣母先于鸾仪殿（仪鸾殿）召见恭、端二王，滢、濂二贝勒，大学士，各部尚书，内务府大臣等。老佛降旨，有易大位之意；言以"年前立皇上之时，各省之中啧有烦言，因穆宗无子之故（也）。况当今实属辜负厚恩，具有天良，应如何孝顺以答之；不意上年康党之变，为皇上做主，害予一举，为上赞成。是以现已定夺，立刻废之，另立他人为穆宗之子，元旦嗣皇应登极也。兹由卿等商议，于废上之后，应如何处置之。查前明有废上之例，英宗被北狄抢往蒙古之后，景泰代之，八年后，将英宗复位，并将英宗降为亲王"等谕。无人敢奏对，缄默甚久。

嗣由徐相奏："似乎应请太后赏皇上'混德公'之名号，未尝不可，盖此名号，系元朝进赠南宋之废帝也。"老佛颇为嘉赏。嗣后告知王公等，以"拟立载漪之长子承大统，盖端郡王素称恭顺；从此以来，载漪务须常川入宫，照料伊子之典学"等谕。孙相于此奏对"臣不以废帝为然，务请太后斟酌再三，诚恐南省接耗之下，必有造反之意。立储一举，太后自有权衡，唯务俟万年之后，方可议及"等语。慈颜颇滋不悦，谕以"此事非尔汉人所知，尔等无干预之权。今日召见汉尚书等，系予格外之恩；早将此意告上，上未敢违命"等谕。太后嗣降旨，命各王等往勤政殿跪候慈驾，以便共拟立储之旨；但废帝一事，应俟元旦方可施行等谕。

王等如命（至）勤政殿。数分之后，慈驾至，王等跪接，叩首三次。随驾之太监颇多，老佛命伊等等候在殿外，后派李总管请皇上。圣驾至门外，上下轿，老佛已升宝座，上如仪叩首，老佛命上入殿，至殿内，跪请圣安。百官尚跪在外，老佛有言"尔可进来，不用跪下"等谕。并命上坐在宝座之上，复将所拟之办法宣告于众。上曰："圣母之意，甚为妥善，正适朕意。"嗣由荣相将军机所拟之旨[1]进览，慈颜甚为喜悦，谕以"如此办理可也"。于万岁爷之前，未提及废帝一举，不过商议立储一事而已。老佛命王等立时下朝，后叫起军机，唯公爷不知系为何事。皇上颇有失措愤懑之状，似如梦中，不省人事耳。

三十日（1900 年 1 月 30 日）。

早起，在花园遛腿，命刘顺剃头。今晚伊回宝坻县过年。予长子恩澍屡次请予赏伊五十两，购买银鼠马褂，伊家属不孝之极也。

前东抚毓贤之女婿济绥卿来谈，云以毓公有补授晋抚之望，因法国[2]教案之故，在抚山东任内，担处分开缺。唯来京之后于召见之时，

---

[1] 该上谕录于本章末尾。

[2] 被害者是英国人，不是法国人，即于 1899 年 12 月 31 日，刚好在朝廷做出将毓贤革职的决定之后被杀的布鲁克斯先生。

毓贤

颇蒙老佛嘉许；盖其大公无私之名，早入圣鉴之中矣。大刀会灭洋一事，老佛尚不认可，因恐我势太弱也。毓公常往端邸，有密商之事。端云："以洋人所要索之事，本易了结，尚盼授总署大臣一席，当不难令彼族为敛迹也。"端邸骄奢淫逸，恐成不了大事也。**济君现搬往拐棒胡同也。**

　　光绪（此二字为译者所加。——译注）二十六年元旦（1900 年 1 月 30 日）。

　　今年予享七十岁有八也。予子笑予耳之不聪，伊等实在不孝，太无出息。前五十年予做内务府郎中之时，渥蒙宣宗嘉奖，赐赏御笔朱子诗一首，赐赉骈蕃，感激何极矣。

　　诚恐本年欲起不祥之事，现人布散流言，盖每逢庚子之年，如闰八月，必有意外之患。今闻老佛本拟于今日易大位，立嗣皇帝，以亨庆建元。乃予第三子内务府主事恩麟，方由皇寿殿回来，言以大阿哥恭代行礼；今年大阿哥十五岁，聪明过人，年少气盛，今早在景山门外，下轿步行如仪。

1900 年在中国的洋人教堂外景

五月初五日，端阳佳节（1900 年 6 月 1 日）。[1]

早起，适于小套间洗脸之时，霍司门拿进刚相所赠之猪肉十斤，并问候予之起居。予尚未闻中堂与赵军机已由涿州复，不知二公查办义和团如何了局。据价云，午后中堂拟来相谈一切。

恩澍与恩麟今日在济宅观戏，恩铭在颐和园当差；闻老佛已降"观戏四日"之懿旨。不知刚中堂因何尚未请圣安，大约昨晚回京太迟，务俟明日方可复命也。

申刻，刚中堂来谈，留吃饭。予甚佩予贤弟，军机大臣之中实为佼佼；今年尚望平顺，品行端谨，令人钦佩。闻昨日数百夷兵进城。中堂等昨酉刻到京，已将神团一切情形，一总具缮底稿，明日递进。端邸请假五日。昨晚刚相走访，彼此谈叙之时，庆邸所派之员请谒。请安之后，云以三百洋兵，于本日曾经由天津起程来京护使馆，由庆邸恳求端王毋庸拦阻该兵进城；其数甚寡，不足挂齿，是以盼端邸命虎神营不许相敌，

[1] 1 月至 6 月之间的日记没有特殊的意义。

况老佛已从各使所请，准该兵来京。由端王问该员其详细情形，伊云："以庆邸已接裕帅来电，该兵无炮。"于是端王大笑，言以寡不敌众，数百（幺）么小鬼，何益之有！

乃刚中堂告予，以伊颇不然。洋兵之来京，曾请端邸吩咐崇统领极力拦阻；但荣仲华已允其来，是以未果矣。刚相颇滋不悦，不知荣中堂系如何起见。闻上年底，端邸与荣商明易大位，立大阿哥一事，端王颇承认，如未经荣相认可，奏请老佛废帝，恐立大阿哥一举，难以告成。乃目下荣相竟参神团，请太后万不可纵容匪徒造乱，如若荣仍然固执己见，诚恐太后永无信团之日。端王云以大阿哥在颐和园，打扮义和团二师兄，与太监练习，偶被老佛见及，立刻将大阿哥严加责备，并将徐相申饬，因伊失察，致负其常川照料之责也。

向端邸告别之后，经刚相府出前门，观洋兵之路过，人民肆口詈骂，唯未敢拦其前来；想伊等大无生路之望，不过等死而已。刚相此次往涿一行，令之甚信神团之术，颇有众志（成城）之效。通省定志，将洋人剪而朝食。五尺之童，执有软戈，不共戴天之状。涿郡龚知州已将大师兄数名拿获，立时由刚、赵二位将伊等释放，令之练习神术，实为从古未有之奇事；虽数人屡次被枪子所中，均未受伤，可谓可怪之至，伊等立时由地起立，丝毫无伤害之状。于练习之时，观者如堵，人山人海，知州之署为之满也。赵大司寇云以年前在陕西原籍，亲睹此项之神术；汉末之时，张角率领数十万人创黄巾之乱，为玉皇[1]所保，不怕刀剑，大致与此次团民相同。

明日，由刚等将一切情形奏明，请老佛准该团投入军伍，足为国家之干城，乃应派端邸与刚相充团练大臣，因荣相料其必无与洋兵相敌之力也。

虽李总管甚信团，并时常将其所睹之神术为老佛陈之，慈圣果能允准否，尚在两可之间，盖荣相现荷圣眷至优极渥，非端等所可比者也。

---

[1] 道士们最高的神祇，拳民的守护神灵。

兼之圣母春秋已高，必不主战，所好皆文雅之游戏，借以消遣，如观戏、描画、著诗等事。素时性极温和，乃因意外之事，大发雷霆，令人不胜悚惶战栗之至。

先考充内务府大臣之时，身经孝贞显皇后允恭忠王之请，将安总管[1]在山东就地正法。老佛闻耗之后，言以总管内务府大臣均谋不轨，因未将实情奏闻；并以恭邸有谋叛之意，亲贵大臣难辞负义忘恩之咎。彼时恭邸颇不安于位，实因此，故未立澄贝勒入承大统。于彼时由掌仪司严加讯究安总管所居之太监，以便查出的实情形；嗣将攻讦安姓之太监于大内杖毙，以为不臣者之戒。

现时老佛慈善之心，不忍杀害洋人，如老佛肯降与洋人开战之旨，当不难灭尽彼族；所有交民巷一带之洋楼，亦当焚烧，致有片瓦无存、鸡犬不留之惨状。刚中堂在此谈叙一时之久，然后往端邸，赴李总管所订之约，以便密商要事。

工部左侍郎堃子岩来谈，云以庆邸本不信团，力言其愚谬无用，其邪术不值识者一笑。乃日昨召见之时，老佛问其意见如何，究竟可否恃团；庆邸以含糊之词奏对，谓将来保甲一举，于国家之平安颇有关系。

戌刻，恩澍方由济宅归家，云以无不以荣相为非，其准洋兵进城一事，实系糊涂，本应极力拦阻。毓公由晋来函，告知济君以目下山西团尚少，现拟设法创办此举，以便联各北省敌之所忾。兹闻袁中丞有入洋教之意，如将山东之团禁止，其罪不容于死也。

恩澍之妻大不孝，今晚因细故与姨太太口角，将有动武之状。女子难养，近之则不逊，远之则怨。予望八旬，不应受家人之欺，实系难忍之苦楚。

五月十二日（1900 年 6 月 8 日）。

今日午刻，恩铭由颐和园随扈还海。此次老佛未乘御舟，由石路进

---

[1] 安德海。参见第五章。

城，慈颜颇有忧闷之状；沿途屡催轿夫，急扇以扇，铭以蓝翎侍卫，距圣驾甚近也。

昨早召见荣仲华一时之久，将烧铁路情形说进，以致有还海之旨。团民避刀一事，老佛遽信。闻荣相续假五日；除荣以外，老佛所作情者，即刚、启二大臣。于迎（应为瀛。——译注）秀门，皇上及大阿哥跪接慈驾。还海之后，立时召见端王；所可惜者，系太后游移不定之状。目下于召见时，皇（上）默然无言，虽太后垂问，亦不置可否。董军门亦随扈进城，今日参劾仲华，并言如准其攻使馆，于五日之内，将洋夷灭尽，唯荣中堂因不信团之故，实系汉奸，如不趁机与洋人报仇，诚恐圣清将有不安之日等语。董系鲁莽昏谬，其辞色不恭之至，似与满人有仇；刚相其嫌之，乃一时不得不以礼待，以维大局。

十四日（6月10日）。

启军机来拜，将所拟决裂上谕底稿持出，企盼日后太后认可，唯至今尚无开伏之意。午后，往澜公府邸一访，因今日系其夫人之寿辰也。于外院留住佐领文顺，带有团民一百余名，农民占其多数，其内亦有十几岁之幼童，偶然灵游象外，嘴流白沫，嗣后起立，伸手乱抓，喊叫狂言。澜公颇信伊等届时能指出二毛子之住址。公爷之夫人，时常进内，将此等情形入告老佛。大公主亦准二百多团民于府内寄宿，乃尚未敢为太后提及，现滢贝勒业经练习团术，该会一切之举动，令人钦佩。现由甘军之勇进外城。内外城之移徙者，几于门不能容。

十六日（6月12日）。

荣仲华今日销假。礼王未敢将甘军于永定门外杀害洋夷[1]一节入奏。嗣将荣相叫起，不知老佛垂询何事。乃刚相云以大约经荣奏请，命董军率领其勇立刻出京；并降旨将被害之日本书记生从优议恤。于召见之后，

---

[1] 日本公使馆书记官杉山彬先生。

荣相立时回宅，未入军机处办事。于是日未叫其他大臣。风闻洋兵续行来京之耗，唯老佛尚未允从；荣相大约亦不以为然，现已奏请派带兵大员将洋人送往天津，沿路妥为照料。盖春秋之（义）不戮行人，本与万国公法相同也。

十八日（6月14日）。

昨日薄暮，恩澍告以数百团民，已由崇文门进城内；所可惜者，现在步履维艰，未得亲往一观，派郝景廷将一切情形略为报告也。此事真系本生之大幸，除使署以外，业将各洋楼烧尽，实非逆料所及也。夜间，城内各处火光烛天而起，观之不胜欢喜之至。刚相派价告知以及三更后同澜公前（往）顺直门洋堂，以便督催焚烧该处之义团等。伊等将教匪老幼男女烧死五百有余，该处俱成粉碎，其焚烧之屋，几成山堆；澜、刚二君，掩鼻而过也。黎明，刚君上朝，李总管告之以老佛由南海迤西之山石游览一切，于焚烧顺直门内洋堂之时，正适老佛在该处站立，偶见烟起，垂问李姓一切细情。李云以先由洋人在崇文门放枪，伤害多人，以致义勇打抱不平，杀教民、烧堂为报复起见。探闻徐相尚未得逃出交民巷，因洋夷阻塞街道，不许出入。老佛颇为挂心，命庆王立刻照会各使，令其外出。老佛深嘉义勇之勇敢，大约将有允攻使馆之意。但李总管告知刚相以不可于老佛前过于赞美义团；除荣相外，大臣均不敢建白也。老佛拟于日内还宁寿宫，因南海距西什库甚近，如夜间攻击，难以成眠也。

二十一日（6月17日）。

外城日见烟起，缘义和团随心所欲，用火焚烧洋药铺，该处一带大遭回禄，炉房、首饰楼被烧毁不少。火烈昆岗，玉石皆焚，此言不假耳。虽真正义团系安分良民，其中匪徒固不乏人；伊等依附其间，实为伪团，无恶不作，颇于真团之名声有妨碍。二十日焚烧前门楼后，老佛命荣相多派旗兵在城上巡逻，以免土匪潜入大清门。

义和团拳民

　　午后，予之侄来宅省亲，裱褙胡同荒乱异常，是以意欲搬往北城，住其丈人宅内也。

　　探闻老佛允端王之请，将授为译署大臣；并责成荣相等克期将洋人一律送出城外，不准义和团沿途攻打也。今降懿旨，派予知己启军机与那阁学在总署行走；昨由那阁学奏请先与各国下宣战之书，不俟重兵之来京也。老佛现命那阁学帮端王、启军机设法将洋人驱逐出城也。庆仍不建白，义团一事，未置可否，为留将来之退身步也。荣相本愿护送洋人至杨村一带，乃直督一席奏请另派贤员，因裕帅难负重任之故也。今晚，太太病势危笃，于炕之上东挪西展，颇有不安之状，不知口出何言，嗣由刘大夫医以针灸也。

　　二十四日（6月20日）。

　　昨午刻，裕帅有到京，奏以洋夷胆敢要索我大沽炮台，归彼族看管；

并请皇太后立时宣战，以申天讨而正国法。太后立时叫起王、大臣，慈颜颇动圣怒，定于今日召见王公、六部尚、侍、九卿等垂询一切。嗣由端王、启军机、那阁学将各使适才致送之照会呈览，该照会竟敢请老佛立时归政，将大阿哥革职，仍请皇上复位，[1]兼之由彼族请皇上允准一万洋兵来京为弹压地面。刚相云以未曾见慈颜如此之怒容，康党之变，虽大发雷霆，尚不如此之甚也。

老佛有言："彼族焉敢干预予之权，是可忍，孰不可忍也；当以灭此朝食。"[2]现老佛定准立决死战，慈意所属，虽沐恩甚优之荣相亦不敢劝阻，恐生意外之故也。兹老佛业经准荣之请，沿途护送洋使，乃被团民所害，中国难担其责，因各使所请归政一事，实属情理之外，万难略为优容也。太后本愿贷其一死，以示体恤至意，乃洋人等具有天良，应如何感激厚恩，报答于万一。日前，朝廷勉允所请，准其来兵为卫馆保命，绝不干预国家公事；深信其词，绝非虚伪，是以仍为保护，禁止团民攻馆。现其实情显然，万不可信其前言。与其受洋人之指使我固有之权，何如大讨大伐，以免遗羞万世等谕。

慈禧以坤元兼乾元，圣明过人，实为旷代所无，历朝帝王之中，殆无其匹也。

二十四日（6月20日）。

午后酉刻（午后5点—7点）走访贤弟刚相，询及今日召见之情势。寅刻（午前3点—5点）老佛升仪鸾殿，召见军机，礼王、荣王、刚三相，启、赵二尚均到，皇上未临。此次召见，系为各军机先行抒陈其意见所及，伏乞圣明作定，于第二次召见各王、大臣之时，应如何定国是。

先由荣相泣叩天恩，披沥密陈，言以"洋人本无礼，中国本应宣战，乃端王与军机大臣所主张攻击使馆一举，实为非计之至。今祸乱日亟，愚妄之见，不敢不冒死渎陈于圣明之前，以春秋之义，两国构兵，不戮

[1] 这份照会是伪造的。
[2] 引自《诗经》。

行人，蔑视各国公使，即蔑视其国；若任令团匪攻毁使馆，尽杀使臣，各国引为大耻，连合一气，致死报仇。以一国而敌各国，愚谓不独胜负攸关，实存亡攸关也。务须维持大局，庙社不惊，万民幸甚"等情。

慈颜颇不悦，力言其非，"如此怀挟私见，不顾大局，万难允从。如愿令洋人立刻出京，则无所不可。义和团尚未攻击使馆，唯从今以后，未便再行拦阻。朝廷不得已之苦衷，非臣子所知；唯荣禄如此之愚，实非逆料所及也。所请万难采纳，毋庸再为渎请，准其立时下朝"等谕。

嗣由荣相叩请圣安，立退。启军机由靴里呈出章京连文冲主笔、身带多日、失和宣仗之上谕底稿，内有云："不若大征大伐，以决雄雌。"览后，慈颜甚喜，言以"此稿甚善，正合予意"。后命大臣各言其意，无不主战，兹由李总管跪请，慈驾先还暖阁用茶膳，稍坐，盖定于六钟在勤政殿召见王、大臣也。

贵族懿亲均在殿外跪候圣驾，即恭、醇、端三王，濂、滢二贝勒，澜公与其弟庆、庄、肃、怡四亲王，军机大臣，六部满汉尚书，九卿，八旗都统，内务府大臣等。两宫乘四人抬之轿，同时临殿，皇上先降轿跪候；慈驾到，由李、崔二总管扶掖升宝座。皇上圣容白如死灰，于坐太后宝座以右之时，圣体颤动，步履维艰，颇有忧虑之状也。

太后先命王等进殿内跪聆懿旨，辞气极为激烈，谕以"万难稍为宽容洋人无礼之要求；如稍事姑息，在国体殊有妨碍，更何辞以对在天之灵也。在各使未请归政以前，尚有严惩团民之意，乃归政一事，朝廷自有权衡，非外人所得干预也。况当今体素称弱，垂帘听政，本系不得已之举，现已定夺与洋人决裂，不可再为挽回也。予卧薪尝胆，四十年有余，五月二十夜戌刻，杜领事（Du Chaylard）索取大沽炮台，实属情理之外；乃各使干预听政之权，殊系狂悖已极。荣禄以老成谋国，中外咸推之大臣，此次胶执己见，力主护使，未蒙俞允。际若国家多事，时局维艰，草野之民，具与有责；尔汉大臣等，应记此（"此"为译者所加。——译注）意，以我国家二百余年深恩厚泽，浃于人心，食毛践土者，思效力驰驱，以答载覆之德。朝廷于用舍大权，斟酌至当，毫无容心。南省之民，皆我赤子，一视同仁，不分畛域；我朝以礼教立国，偏灾见告，无不恩施立沛。听政伊初，正发寇俶扰之际，仰承天府，消平大难，转危为安。凡有血气，何尝不愿聚彼族而歼殄。虽自称文明之国，其一举一动，大则侮慢圣贤，小则欺压平民。我朝未尝不以礼待彼，以示怀柔远人之谊。前于康熙年间，朝廷勉允其来华传教，是实为民教相仇，圣祖之一大缺点，致遗殷忧于后世，何敢谓其曲全出于民。外侮频加，臣民均应图报，国家现欲齐一人心，当不难翦彼族之势，而张吾国之威。彼传兵甲，我传天理，予待民如子孙，民戴予如天帝，吾民颇明敌忾同仇之义，我国共有二十一行省之多，我人民约计不下四百兆，加之数百万义勇，急难从戎，奋忠义自矢之心，以及五尺之童亦执戈，实为千古所未有之美谈也。先于咸丰十年，夷寇猖獗，京师戒严，正时势孔棘之际，夷人胆敢扑海淀圆明园一带，掳掠一空；我兵数十万，竟无一人敢当，实为可耻已极，臣工互相观望，转误事机。乃时局已变，亟应趁机同举报复，不负予之厚望，其尚勉之"等谕。

老佛言毕，垂询皇上圣意如何。圣颜悲戚，默然颇久，似乎欲言而不敢言，后云以"应请太后允从荣禄所请，使馆不可攻，洋人亦应送津，唯是否有当，出于太后圣裁，非朕所敢做主者也"。

赵军机奏请老佛降旨，将在内地寄居之教士等立刻戕杀，免有间谍之患。太后即命军机统筹大局，从速议奏。

后由户部尚书立山、吏部左侍郎许、太常寺卿袁等恳求太后，不可向各国宣战，因寡不敌众，外洋之强势万难抵御；并以团民非义民，不可恃，如与各国轻易开衅，宗社难保，内乱欲起，以致存亡呼吸，朝不保夕。袁公力陈"邪术不足信，以臣亲至交民巷，见尸骸狼藉，显被枪炮轰毙"；并云"洋人以信义为重，臣值总署大臣有年，外洋之情形无不熟悉，至各使咨请归政一事，臣保其必无，我内政之权，洋人虽愚，焉能以恫吓之辞干预，足见该照会之伪"等语。

于此，端王于太后之前面，斥为逆说，詈之以"汉奸"；端王以无礼喧嚷，被太后申斥，乃命袁公立刻退值，皇上感至执手泣涕。除许等外，他大臣等做袖手旁观之状。

太后命立刻宣开衅之上谕，于接仗以前，拟在奉先殿先行行礼。派庄王澜作为团练大臣，但如洋使今日出京，仍由荣禄极力护送至津。于午正又将军机叫起，除端、澜以外，大臣退值。探闻徐相已得逃出东交民巷，亦蒙召见，太后颇为庆喜之，盖恐伊有性命之虞也。

闻以澜公将夜间玉皇降世一事，陈进于太后之前；适公爷与团民设坛之时，玉皇出显神团一事，颇蒙嘉奖，老佛甚喜之，言以"垂拱元年，经玉皇降世一次，实系吉祥之兆，中国大有得胜之望"。

未刻（午后1点），刚相入值之时，庆王于军机处伺候召见，颇有进退维谷之状，适才由领催恩海[1]至邸禀见，告以本日九钟，于总步胡同对过之处，将乘坐轿之洋人两名戕害。业经奉端王、启大人之命，将沿路游行之洋人一律杀害，由恩海叩请庆王，特为保举，盼得不次之赏，端王接耗之下，甚为欢喜。先由庆王、刚中堂相商良久，拟立时入告老佛，刚相以使馆旦夕间便可铲除，杀害一二洋夷，不甚紧要，乃王不以此说为然，盖星使实非教民可比，诚恐各国引为大耻，连合一气，致死报复，前于咸丰十年（1860年），因中国虐死英人[2]一事，该国无理取闹也。

后将军机叫起，庆王未蒙召见，由礼王将杀使臣一事入告，并云以"先由洋人放枪，是以咎由自取"，慈颜颇为动容，立刻将荣相召进。唯刚相因备办团民米面一事为时甚迫，刻即退值也。

恩澍来，告以甘军现正攻击使馆，并以荣力主护送洋人之办法已成画饼也。谓以飞过之枪子甚多，唯因耳太重听之故，未闻其响也。

刘顺请假六日，移徙之家颇多，不怪其然也。

二十四日（6月20日）。

戌刻（午后7点—9点），恩铭来告以甘军业经拿获洋夷一名[3]，

---

[1] 此人后来被捕及被处死，可见于本章末尾一名御史的奏疏。

[2] 巴克斯先生（Mr. Parkes）（后来的哈利爵士，Sir Harry）。

[3] 詹姆斯（James）教授。

恩铭

由二三勇将伊带往庄邸，以铣剑刺之，受伤甚重，不知口出何言，现已将伊议拟定正法，该勇必得懋赏，庄王已授为步军统领也。此可谓前车之鉴，不知屯扎官门以外之么么小鬼，对于此事，有何等感情也。探闻荣相率领旗兵两千余名，本拟将洋人送往天津，唯老佛有言，现无拦阻甘军攻打使馆之意，如洋人愿出京，则仍听其便。大约沿途无人攻打，否则勿谓言之不豫也。

澜公约予于明日走往一谈，目下公事甚为忙迫，乃无不照老师之礼待予，令人钦佩之至。其弟亦然，其性虽极好勇，尚属温柔。现由绶卿[1]派人问予愿否搬往北城，留住伊宅内，因东安门内距使馆甚近，恐在此殊多不便也，[2]经予善为辞之。

---

[1] 上文中提到此人的全名为济绶卿。

[2] 景善府刚好位于皇城的东安门内，在当时的使馆区北边约一华里（0.5公里）处。

济君已将昨日召见之情形，函致毓抚台也。

澜公来函，以那阁学桐告知端王、启军机，以袁少卿将被害之洋夷业经收殓；由那学士请端王戮尸，并于东安门枭首示众。唯袁公力主不可，云以于心不忍，伊以总署大臣与德使相识，不能不以其尸入棺也。今人乍见孺子将入于井，皆有怵惕恻隐之心，乃此等汉奸，竟敢矜怜洋夷，将变夏于夷也，不亦怪事。

二十五日（6月21日）。

申刻（午后3—5时），缘轿夫均逃跑城外，是以不得不乘坐轿车往澜公之第。端王、刚相、濂贝勒、崇四均在座。今日老佛召见端王，两宫业经还宫也，圣驾出西苑门之时，慈颜甚喜，因有六百余团跪接，颇蒙老佛嘉奖，并问载勋曰："伊等尚称坚强，可为庆喜之，赏伊等以两千两。"老佛告知端王以"洋人之情事，实如釜中之鱼，予待洋人未尝不厚，并赐其女眷游览南海；现如众志成城，洋人必为败绩也"。

端王甚盼老佛立刻易大位，所不幸者，刘制军颇为太后最所倚重，二月之间，迭奏以团术不可恃，并力言立大阿哥之非计；如刘公无此奏，废帝一举，早为玉成，是以端王衔之甚毒也。刘奏南省将反，恐于圣清无益，乃此事与汉人无干。光绪元年以来，内忧外患，不一而足，应以废之；如端欲立大阿哥，何难之有，盖甘军、虎神营必当相助。乃恐如荣相不认可，老佛未必准之。荣夫人[1]时常命入宫内也。

二十六日（6月22日）。

恩澍与恩铭业将我外院让义民，以致本宅非己所有，大有久假不归之景象。并务须供以米面。虽灭尽洋夷，为臣民所应尽之责，适此米珠薪桂之际，以阿堵中物掷于无何有之乡，实属可惜。予望八旬，似近萧安爱钱之性，百万一聚黄榜标之；十万一库悬一紫标，传以颇受家人之

---

[1] 慈禧最喜欢的这位女伴实为荣禄之侧室，只是在荣禄的正室于1900年9月去世之后才扶正。荣禄死后她还活着，继续对老佛爷施加很大的影响。

怨恨，现予子甚盼夺予之钱，则恐难以副望也。

今早往礼邸一谈，王忧闷异常，恐其财必（被）抢之故也。以军机之领袖，颇有自愧才短之叹。王本无能之名，难明因何渥蒙慈眷优隆之故，畀以此重任。礼王云，以今日召见之时，老佛颇动圣怒，因刘督电奏参团之故也。闻以刘亦电请荣相即为设法挽回大局，不知荣相如何答复。此疏系由廷藩台转送，语言极其痛切，颇愿带兵北上与各国相战，乃戕孤弱之洋人无补于事，并为不仁之至。

老佛阅览之后，颇滋不悦，引以"车辅相依、唇亡齿寒"一言。盖刘公于削平寇乱之际，不无微劳，何以不明是理乎。

老佛现亦降旨，命载勋等立刻悬出颁赏之告示，由广储司给发，现将原文缮列于后：

"步军统领载□团练大臣载刚□右翼总兵英

"悬赏出示晓谕事：照得京城教堂烧毁殆尽，洋人无处隐为藏，势必纷纷逃匿；如此示仰尔士庶兵勇，其有藏匿洋人者，固为法所必诛。果能生擒洋人一名，男则赏银五十两，女则四十两，幼则三十两，务须真正活口，验明后，立即照数领赏，各禀遵勿违。特示。"

正适予与礼王相谈之时，荣相乘轿而到，殊有精神将衰之态，力言团民不济于时，并云以该匪胆敢于路过之时詈之以"汉奸"。予未答对，想以此称不为过当。荣相于旗员之中实为铁中铮，其秉性果决有端，诚恐义团一举，为荣一人所坏也。

回宅以后，闻以端、庄二王业经派兵攻击西什库，盖护卫彼处之夷兵为数不多，当不难攻破矣。礼王胆小，有搬往他处之意，因恐乱民闯入府内之故也。

现予院被团民、甘军所占，本宅实非己所有，洋人胡闹，真为予所恶之也。

戌刻（午后7—9点），礼王将荣相寄往济南府由袁抚台转之电令之一观，唯不可泄漏也。其文曰：

"直隶藩台转送李钦差、刘制台、张制台、鹿抚台、王抚台、松抚台、于抚台、俞抚台鉴，来电敬悉，以一弱国而抵十数强国，危亡立见，两国相战，不罪使臣，自古皆然。祖宗创业艰难，一旦为邪匪所惑，轻于一掷，可乎？此均不待智者而后知也。上至九重，下至臣庶，均以受外欺凌至于极处，今既出此义和团，皆以天之所使为词。区区力陈利害，竟不能挽回一二。因病不能转动，假内上奏片七次，无以勉，力疾出陈，势尤难挽；至诸王贝勒群臣内对，皆众口一词，谅亦有所闻，不敢述也。且两宫诸邸左右，半系拳会中人，满汉各营卒中亦皆大半；都中数万，来去如蝗，万难收拾。虽两宫圣明在上，亦难扭众，天实为之，谓之何哉。嗣再竭力设法转机，而是日又为神机营兵将德国使臣击毙，从此则事局又变，种种情形，千回万转，至难尽述。庆邸仁和，尚有同心，然亦无济于事。区区一死不足惜，是为万世罪人，此心唯天可表，忱忱。本朝深恩厚泽，唯有仰列圣在天之灵耳。时局至此，无可如何。沿江沿海，势必戒严，尚希密为布置，各尽其心。禄，泣电复。"

闻以张香涛电奏，欲遣恺军北上勤王。香涛本随波逐流，上年立嗣之变，方是时，唯刘督一人上章切谏，张则援吴可读以自解，不敢稍立异同。张向日声名坠于涂炭，公之闻望，乃有一落千丈之势矣。刘有魄力，敢拒神团，予虽稍倡异议，甚佩其立言得体也。

写到这里，景善开始详述义和团运动的兴起和发展，细述了其法事、咒语，及其入会仪式。因为这些事情以前几乎全部发表过，所以这一部分的景善日记大部分在此被略去了。其意义主要是表明了即便是教育程度最高的满人，包括皇太后本人，其迷信也到了何等的高度。我们仅从高层人士所深信不疑的那些荒诞不经的说法中列举了一个例子，这种迷信差一点儿导致了清朝的灭亡。

拳民亦有护身秘符，乃一黄色纸片，打仗时带在身上。纸上以朱红画一物，非人非妖，非鬼非圣。其物有头无脚，面孔尖削，有眼有眉，头顶光环。从此怪物之心脏至其下肢处，有一行神秘题词："予为冷云之佛，前有黑色火神，后有老子本人。"此物躯干上亦有"佛""虎""龙"等字。左上角有"先求天佑"之语，右上角则有"再求瘟神"。

闻以老佛每日于万机之暇，必将神团咒语诵七十次。诵毕，由李总管言以"又亡洋夷一名"等语。

拳民以一怪异之测验，以决其牺牲品之命运。测试为燃烧纸球，观其灰上扬或留地，认为此乃神灵所定，其实纸球有时以薄纸制成，烧后之灰烬较轻，自然容易被风吹起；若所用材质较重，则灰烬很难扬起。有些纸球卷得紧些，不难看出，松卷之球较之紧卷之球，其灰烬较易吹散。还有，拳民放火时，皆称为神所指引，并言其刀尖之火跳向神欲毁灭之处。而其实此中也有诈，拳民为抢掠而欲烧一处，即先泼煤油于该处，若无煤油，则在其周围堆积薪柴，然后以藏于身上之火绳将之点燃。

二十七日（6月23日）。

今日卯刻（午前6点），将洋夷[1]于东安门内处斩也。现由东安门椽枭，因无辫之故，收入木笼，其面貌真难入目，惨不堪言。现有洋夷之首级，悬于我宫之外，岂非本生之大幸耶。前于咸丰十年，记忆以僧亲王在刑部外，将黑夷数置诸典。荣相本有抢救该夷之意，乃由端、庄二王业经定夺，将伊正法，是以荣之亲兵未到之时，早将洋人身首异处也。日昨由王爷严审讯，命其跪锁数时之久，洋人呻吟不已，求王施恩救命，为耳不忍闻。已由端奏明老佛，赏该勇等银五百两，由广储司给发，以示信赏必罚之至意。

虎踞本宅之团无礼，言以不许吸吕宋之烟，后因看予岁数已高，仍将其交回。现在各种外洋之物品，一概不许使用。张德成等本系棍徒，为地方巨害，现为王公器重，待如上宾，实系怪事也。

今晚，澜公来谈，言以今早大阿哥竟敢詈骂皇上以"二毛子"。后

---

[1] 参见6月20日的日记。

因被申斥之故，以拳击圣颜，皇上立刻奏老佛，慈颜颇动圣怒，命崔总管鞭挞大阿哥之臀二十。端王深滋不悦，乃实不得已，因深惧老佛或有不满意之处，稍毁告矣。

老佛游览宫内花园之时，偶见使馆一带火光烛天，由太监等入告以"洋人将灭矣"。乃午后召见许侍郎，将伊与袁公参王、大臣之密折进，并奏以甘军将翰林院烧毁，俾使馆易于攻破之故。慈颜颇怒，将董严加申斥，立时将荣相召进，商量甚久也。

今日裕帅来致奏疏，以我军与团民合力痛击紫竹林洋兵，并焚毁洋房不少，于大沽停泊之轮船两艘，业经被击坏矣。

今日由庄王、王芬额驸、桂、赃二公，于庄王府外杀害教民数百名。遭池鱼之殃者亦有不少也。老佛以仁慈性成，颇为动容，甚惜之。如教民革面洗心，尚能令之漏网，以示皇仁。

五月二十九日（6月25日）。

今日卯刻，端、庄二王与贝勒载濂、载滢率领义勇六十余人，胆敢闯入大内，搜拿教民。两宫尚在寝宫，乃太监均怕端邸之权势，未敢拦阻。王等至皇极殿外，大声鼓噪，云以"我等颇愿见皇上，因有紧要之事"等语。言毕，口出不逊，竟敢詈上以"二毛子"。此事予闻之甚详，因总管内务府大臣文公告知一切情形，端似有酩酊之态也。伊等喧嚷之时，老佛正用茶膳，义团大有弑君之意，呼为"毛子"概以猕狲为快。老佛大发雷霆，辞气极其激烈，云以"岂料尔等便忘戒励，以致所行所为，狂悖至此乎。载滢实谋不轨，自取屠戮，原不足惜，其如老辈何。废皇上一事，非尔等所得干预，予自有权衡；大阿哥之名号，本不难撤，将伊逐出宫外，真如反掌之易。如尔等欲乘国家多事之秋，倒行逆施，肆无忌惮，其愚谬已极，不得不为尔等痛言之。尔等不顾大局，徒快阴私，实为狂悖之徒，煽为邪妄之说；现由尔等立刻退出，除入值之时以外，永不准擅行入内，以示慎重。尔等当向皇上叩首，求恩恕罪也。尔王等着罚俸一年，以示薄惩。至于团民，胆敢持枪抗拒，犯上作乱至斯，应立时处决，以昭炯戒而维国法。嗣后尔等在廷诸人，切勿再生事端，致滋罪戾"等因，荣相遵旨将团目二十余名在东安门内立刻正法，皇上栗栗危惧，颇感圣母再生之恩。

戌刻（午后9点），因端邸目无法纪，纵容团民滋事，老佛深恐此狼子野心或生他患，是以允从荣相所请，准其前往使馆慰问各使，并欲立刻停战归好。荣相于酉刻（午后6点）率领亲兵至北御河桥，等候多时，洋人始敢露面。彼此遥议良久，先将懿旨缮写于木牌之上，其文曰"钦奉懿旨，力护使馆。钦此"等因。洋人看之，以释群疑。荣相深盼与使会晤，以期商订切实办法。于三小时之久，未经放枪，颇为安静。不意恩铭才适来，告以老佛顷接我军于廊坊得胜之耗，甚为欢喜，仍有攻击使馆之意，并令团民将洋人灭尽，谅仍有寝其皮而食其肉之一日矣。

六月初四日（1900年6月30日）。

戌刻（午后7点），刚相来谈，云以董军门今早至荣相府第请谒，因意欲借大炮也。先是司门者未敢回上，令董等候一小时之多。于伊入见之后，颇有暴躁之态。荣不应，隐几而卧[1]。董不悦，乃荣相哂笑之，云以"如君必用我炮，请君向老佛恳求鄙人之头，君为老佛所器重，当不难邀允，盖君真可称朝廷柱石耳"。

董大怒，因损之太苦，立时上朝，叩请入觐，彼时王、大臣早已退值，时交午正，董于皇极殿外，胆敢喧嚷多时，命太监入告老佛以"董军门在外，可否准其进见"。适老佛画竹字花，虽大怒董之无礼，命太监将伊带进，老佛言以"又以使馆尽毁入告乎？从上月以来，闻知此耗已有十次，所惜者不真也"。董面奏以"奴才应请慈恩将荣禄革职，伊实汉奸，心谋不轨；虽迭蒙老佛之命，将洋人从速灭尽，仍不肯借我军所需用之大炮"。老佛益怒，命伊缄默，云以"汝挟有宿仇，妄言他人所不敢言。汝本系甘肃土匪，穷迫投诚，随营效力，积有微劳，予恩宽

---

[1]　孟子语。

大，既往未究；但现时汝之举动形同寇贼，大有尾长不掉之势。今日汝蒙予厚恩召入，岂非旷典耶，现命立时退出，再不许擅行入内，免有他患"等因。

闻以立尚书已被那侍郎所参，将折留中不发也。

刚相言以若荣相仍如现在朝廷施加大影响，我们将永远无法攻下使馆。立山也颇得老佛宠信，如今站在欲与洋人议和者一边，并已遭那阁学弹劾。

遵照老佛向庄王发布之令，以下告示现已张贴全城。据说老佛打算用私帑支付赏金。

"悬赏出示晓谕事：照得京城教堂烧毁殆尽，洋人无处隐为藏，势必纷纷逃匿；如此示仰尔士庶兵勇，其有藏匿洋人者，固为法所必诛。果能生擒洋人一名，男则赏银五十两，女则四十两，幼则三十两，务须真正活口，验明后，立即照数领赏，各凛遵勿违。特示。"

前于咸丰十年为购洋夷之头，所付赏金远多于此，但其时洋头当然较少，而如今已多如蜜蜂！

今晨于庄王府大门外举行重要审判，由伊库、芬车、桂椿（此系 Yi Ku、Fen Ch'e、Kuei Ch'un 之音译，不知所指何人。——译注）主持，拳民当场处死九百多人，有人据称与洋人勾结，却无实据。无辜之婴儿也被屠戮。芬车不过一屠夫而已，老佛指责庄王未曾管好拳民。

初八日（7月4日）。

午刻，绶卿来谈甚久。彼时正攻使馆之际，现由李鉴帅之兵业经于皇城根搭脚子作为炮台，以便就近攻打使馆。想以辇毂之下，任令乱军乱民，纵横荡决，伊自古伊今，实为罕见。荣相媚外之意，国老多加指摘，未首肯借大炮之故也。值此寇氛昌炽之秋，其隐忧伊于何底。闻以荣相颇为兵卒所推重，致无人敢违其号令，虽诱之以重贿亦然也，不亦怪哉。荣相秉性耿直不阿，立言侃侃，真为勇敢，如云当纣之时，居北海之滨，以待天下之清，似不过当也。闻以端已将御玺一座据为己有，以便遇有不测之事，易立大阿哥为嗣皇帝；但如老佛闻知之，恐端邸难免也。

闻以毓抚屡次具奏，请旨应如何处置寄住晋省之洋教士；日前老佛业降密旨："洋人该杀，虽退境外，亦该杀。钦此。"闻以老佛命"将此通谕知之"等因。乃端帅暨裕帅并蒙古各大臣，均奉保洋人之旨，盖"杀"字改为"保"字，实为怪极也；恐有汉奸主持此意，尚未将此事入告老佛也。兹闻最近消息以毓帅钦奉老佛纶音："洋人着就地正法，无论男女老幼，均着不得漏网，以清妖孽而安忠良。钦此。"

毓公有季常之癖，所杀洋人一事，亦系毓夫人做主，署中公事，由其夫人主持；但毓卑宫室、恶衣食，自奉极为俭约，实为不可多得之员，晋人无不钦佩。荣相欲设法为洋人分辩，并向老佛面奏以"戕害此孤弱之洋人，无补于事，实不足为中国之荣，并于老佛慈善之名声颇有妨碍；嗣后凡禀生于地球者，莫不大笑我中国不仁而不武"等语，其言极为洋人缓颊。老佛云以"汝言何尝不然，乃汝所信爱之洋人，久有令予归政之意，予当与伊等甘心焉。道咸以来，喧宾夺主，现有泄积愤之一日，不亦乐乎"等因。荣相默然无言。

昨晚老佛幸西苑，乘坐御舟，游览莲花；妃嫔诸位，荣相夫人，均随驾同往。乃因正攻打西什库，响声大作，慈驾颇觉不安，特派近侍二人传旨，命西安门统领立时停战，俟还宫之后方行开炮。（本段应属六月初四日日记内容。——译注）

十一日（7月7日）。

裕帅奏以"我军杀寄天津之洋人不少，并掳掠驼只"等语，令人喷饭。荣禄劝其停止攻打外国人居住区。探闻以董军门招雇内务府庖丁，向荣相行刺，不意伊激于义气，将此事泄漏，告知荣中堂。盖此人系杀害德使（冯·科特勒男爵）恩海之兄，董想以攻破使馆一举，必为伊所乐助。但如庚公之斯、卫之善射者也，学射于尹公之地，实不忍为此不义之事也。

荣相又奏请老佛立时停战，其文征引近世中外事实，洋洋千言，允当切实。折上，留中不发。云以"皮之不存，毛将安附，就我国现在情形而论，万无与各国得胜之望。虽近来特英战事可引为列国前车之鉴，实则情形不同，铤而走险如是，则不免圣清孤立无援，竟同尾大。若将洋人概与骈诛，遂召分析之祸，现若竭全国之力，仅仅底定，或有转机，否则大局之坏，何堪设想"。荣亦云"陛下无由知之，以祖宗之鸿业，轻于一掷"等语。语极沉痛，老佛颇为动容，盖团民实不济于事，不过夸口大言而已。

今日津战之坏消息传至宫中，老佛极为不安，但仍不信夷寇能够进京。

十四日。（本书作"六月十五日（7月11日）"。——译注）

文安翁云以老佛颇动圣怒，因天时炎热，不得安，昨晚由大阿哥奏问老佛，可否准其恭奉慈驾幸避暑庄；令皇上在京议订和局，因皇上与洋夷有密切交谊，举国共知，实为一举两得。老佛未允其所请，令之退出。后有小太监入，告以"方才放炮，又死洋人一名"等语。老佛云以"二十余日之久，洋兵死者寥寥，良民骸骨狼藉，练团一事实为假虚，其伎俩亦可概见。旅华洋人，统计不过数万人之多，若团等真有神术，当早将彼族灭尽"等因。

六月十七日（7月13日）。

昨由荣相奏请老佛，如万一京师失守，示相当之办法。老佛引以贾生之言，语于荣相："欲试属国，施五饵三表以系单于。其五饵，系赏之以车表，以坏其目；以饍饌，以坏其腹；以女伶，以坏其耳；以美婢，以坏其身；以皇帝赐宴、亲临，以坏其思。三表系以装仁，以垂爱御下，以口出甜言，如此当不难仍归于好。年前召入洋使女眷，觐见之时，伊等颇形款洽，并散重金于该女眷之间，以收其欢心。虽甚知伊等不以垂帘为然，是以定当以谗言蜜语引诱之，致不念旧恶。因凡事乐伐易，而虑始难矣"等因。[1]（本段应属七月十三日日记内容。——译注）

六月十九日（7月15日）。

毓抚台在山西巡抚任内，纵容大刀会即今日团有据。山东前一二年，不记日期，有大刀会向洋人为难等案；总署管法国股总章京傅嘉年曾见此文书，即大刀会与法人为难事。此又上谕并各文书照会，有傅嘉年经手，上谕准洋人等皆送至天津，实系好意，并无中途谋害之意，然如团民不遵上谕，则洋人途中必遭险事。上谕送使臣出京，傅嘉年虽办此照会，未便将料想中途恐遭团险各节，暗中写信，乃洋人均不出京，甚为平安。文海管顺治门，向神机营借大炮，次日，始给小炮，荣相不准。又，文海面奏：城门内外、城门均看守，恐洋人改装中国人出城。若教民等出城，文海等曾奉六月十八日上谕，派文海带兵看守城，专管人出入城，司启闭城门。

六月二十日（7月16日）。

今得裕帅警耗，天津失守，洋势猖獗，各国纷纷调兵。时至今日，间不容发。先是无人敢入告老佛，后由端邸面奏以"伪团依附真团民之间，以致开罪于天，但必能以神术阴令洋人前进，九庙万无震惊之虞"。今早荣相面奏老佛，以请归政之照会出自伪纂，本系端王做主，令章京连某修纂。此事之内容，为荣所深知，老佛深滋不悦，云以"以假文书而言，尤为上负国恩，下辜众望。汝包藏祸心，觊觎非望，反复狡诈，

---

[1] 此事她做得多么好，多么成功，凯瑟琳·A.卡尔小姐（Miss Catherine A. Carl）的著作《与中国皇太后相处》中已有记述。其为圣路易展览会所作的肖像画本身就是慈禧"施政三大美德"之一例，她的这些美德在头脑简单的美国公使夫人康格太太（Mrs. Conger）身上获得了显著成功。【参见科迪埃（Cordier）:《中国的关系》第3卷第423页。）】

义和团民在菜市口刑场被杀

不一其端；如洋人果然直扑京师，定当明正汝罪。汝犬[1]字之称，颇为适当。予生一月，万无归政之意，如斯擅拟诏旨，驱策百僚，实有不轨之心"等因。端赶紧退值，以迅雷不及掩耳。

荣相已赢得所有军官支持，唯董福祥及其部属除外。他们达成共识：炮击使馆必须停止。荣相解释其不许用重炮缘由，因其必会严重毁损皇家宗庙祠堂之故。

老佛派人送礼给使馆，有西瓜、酒、蔬菜与冰，并言希望庆王前去看望外国公使。

闻以许景澄暗中与使馆沟通。

今日，一名信使身带十二封急件离开使团，已被抓获，押至庄王府。

---

[1] 端王载漪姓名中的第二字偏旁为"犬"，此名为咸丰皇帝所赐，因为他是在咸丰为其父道光爷服丧期间出生的，按照中国法律，在为父母服丧期间（二十七个月）出生的孩子是一种冲撞。

其中三封以密语书写，总理衙门之翻译无法译出，但其余几封则可看出，洋人已有一百多人死伤，其供给已极为缺乏。

绶卿前往晋省，因毓抚台来函，以有紧要之事。并闻以毓公遵旨杀害洋人一疏业经来到。先是将各该洋人诱入网罗，并将其锁禁，带往署内，令大师兄等杀之。唯有一女得脱，逃至城根，因已将其乳部割去，团民未得其生擒也。

今日大雨倾盆。刘大桥（Liu Ta—qiao）从御厨中带给予猪肉八斤，予送一大碗给已嫁之妹。傍晚一支马队携炮数门从门前经过，为李鉴帅之部属，前往紫禁城之高台安炮，以防洋人袭击。枪炮声通炸响不绝，闻以哈达门附近已有洋鬼子踪迹。

六月二十日（7月16日）。

老佛传旨，派庆邸慰问公使，并赐以蔬果米面，以示怀柔远人之至意。绶卿前往晋省，因毓抚台来函，以有紧要之事。并闻以毓公遵旨杀害洋人一疏，业经来到。先是将各该洋人诱入网罗，并将其锁禁，带往署内，令大师兄等杀之。唯有一女得脱，逃至城根，因已将其乳部割去，团民未得其生擒也。

此数日以来，阴雨绵绵，恐禾田受伤也。逃勇为患，到处皆然，望禄繁兴，人心不安。

（原文中六月二十日的日记有两则。——译注）

六月二十一日（7月17日）。

天气晴好。予去看望礼王与澜公。最近谣传以裕帅所部仓皇逃入乡间，闻以其哗变索要延期数月之饷，遍抢通州与张家湾。京城各东门如今紧闭，唯北门（安定门）偶尔开放。

门房杨顺已从京城东边之宝坻县家中归来，言一切平安。

闻以鉴帅所部已大胜一仗，已将洋夷驱入海中。然今日下午闻东南方有激烈枪炮声。

澜公已率一大团搜捕据报藏于太阳庙中之教民。

六月二十七日（7月23日）。

今晨袁昶及许景澄呈交其第三道反团奏疏，要求处死若干军机大臣。其勇气可嘉，其谨慎不足，尤因老佛于昨日召见鉴帅之后，又愿重新信团。鉴帅来自汉口，已奉命与荣禄联合总统北军。鉴帅信誓旦旦，向老佛担保能迅速攻下使馆，反复言以大清保护神不会让老佛再受被驱出京城之屈辱。

今晨予去澜公府邸，见到端王与鉴帅。他们忙于计划对使馆发起新攻击，鉴帅强烈赞成于翰林院那边埋雷。鉴帅向老佛建议引爆地雷，如同最近在西什库天主堂所行之事。鉴帅坚信，随起之混乱中，打败洋人易如反掌。

老佛已阅许、袁二人最近之奏，言以"此二人真勇士也。我从不看重许，但袁在戊戌年表现颇佳，向我警示康有为及其逆谋。然则，伊等无权用这些执着而牢骚满腹的问题来烦我。朝廷完全能够判断其奴仆之品质，越俎代庖[1]乃对职责之大误会。予对许、袁二人宽大为怀，下旨申斥，以儆未来，不许以任性抱怨渎陈"。

七月初三日（7月28日）。

老佛甚器重鉴帅，日昨刚中堂与李公将袁、许擅改懿旨，将"杀洋人"一句改为"保洋人"之事面奏老佛。刚云老佛颇有怒意，慈颜大发雷霆，云"其罪不容于死，应引《左传》辊高渠弥[2]一案，定拟其罪名，许、袁着就地正法，以为百僚之戒"等因。但所降谕旨未提及擅改上谕一事，因于国体有碍。乃历数罪状以"离间宫廷，与洋人有密切关系"等事。予殊为袁公惜。今日未刻，业经弃市。恩铭往观。袁以中清亮达，学识闳通，实受无妄之灾。至于许公，则早知其不廉之癖，辇金私室，官囊裕如。于伏刑之时，袁云以"正适彗星出现之际，尚盼乾坤之再造，日月之重光"等语。盖指端邸谋国不臧，以致老佛之圣聪轻听妄言。澜

---

[1] 一个常用的经典比喻，相当于"鞋钉就该守着它的鞋"。

[2] 一个叛徒，其犯罪与受罚皆记载于《春秋》之中。

公监刑，语袁谓："汝尚敢胡说乎，妄清尊汉，背君媚贼，汝有何面见人乎。"袁不为之动容，颇有泰然之态，云："予等本无罪，年后于尔罪魁祸首已正典刑之后，予等齐名并称。尔等执迷不悟，以小愤之故，遂成叛逆之举，内患滋大。"嗣向许云"古人视死如归，在黄泉相会之日不远矣"等语。澜往前，似欲殴之。其言未毕，乃二公伏诛矣。（本段应属七月初七日日记内容。——译注）

七月初四日（7月29日）。

荣中堂为大帅，不给董军大炮、地雷。中堂云："若用大炮、地雷，则董军系客军远来，并无大炮，宗庙宫阙内廷，若用地雷，恐为震动。"密嘱除董福祥外，诸将不可力攻东交民巷。否则中国兵力虽弱，令京师数省兵力，何致两月之久，一交民巷使馆之地，尚未攻开；此皆荣中堂恐伤和好之意，力保中国大局。董福祥当面屡次参奏，东交民巷未开，皆因荣相不准诸将力攻之故。许景澄亦有致使馆密信，系使馆派往天津信内所提。庆王亦有密信，大约在暗码信内，未译出洋文。信转交军机处，洋文九封，暗码信两封，发交总署翻译，翻出九封洋文，暗码信未翻出。洋文信云，许景澄常有密信至使馆等语。以故许、袁诸公均被杀。洋信内又云"另得交民巷米铺之米不少"等语。

山西巡抚毓公之女婿济绶卿，住东四牌楼拐棒胡同，济绶卿在京，将端、庄信团，欲害洋使各节，写信告知毓抚台，毓仰体端、庄之意，杀害洋人，皆由绶卿信内说北京内廷信团，以致毓公杀害洋人，信任匪团，酿成大祸。代毓公坐京写信办事，传说内廷消息，即其女婿济绶卿也。五月二十三日，董军并团攻东交民巷；六月十六日，济绶卿出京往西陵也。六月十八日，屡次上谕均系保护洋人，董军及团民攻使馆，并未明降谕旨。山西巡抚毓公欲杀洋教士男女数十名口，尚须请旨后方能正法，必有济绶卿将京中端、庄信团攻洋使馆各节写信告知毓抚，伊始敢伤洋人。

1900年6月，八国联军登陆天津大沽口

七月初八日（8月2日）。

予长子不孝，予之钱财被伊所偷，为数甚大，是以严加申斥。伊敢答以"予受恩甚重，答报良难，何如殉难报国，以全忠节"等语。（本段应属七月初七日日记内容。——译注）

鉴帅前赴通县，以期背城借与洋人决死战，并引以荣相媚外之实据，奏请老佛惩治，其折留中不发。今早皇上语荣，谓"朕所望于卿者，正未有艾，盖卿耳敏心灵，调度有方，务仍然加勉，力护使馆，勿违朕命，有厚望焉"等因。荣云："奴才从戊戌以来，未蒙我皇上嘉奖一次，现奉旨慰问，感愧无地矣。"[1]（本段应属六月二十日日记内容。——译注）

七月十一日（8月5日）。

老佛已令荣相派兵护送洋人至津，以阻联军前行。今探闻以那侍郎

[1] 指其在戊戌政变中所扮演的角色。

桐颇为启军机所倚重。那云以设伏掩击洋使为最妙之策。经那请启公致函，仿照总署照会体式，与伊等在该衙门定约会，但不得有洋兵护送，俾我军途中易于攻打。启公甚然之，乃虽迭次致函商订办法，洋人尚自为瓮中之鸡，不肯外出。唯杀害洋人一事，此那侍郎唯一之心，殊属可嘉。过去几日又曾几次攻打使馆。

前有洋夷一名由使馆逃跑，颇有癫狂之状，在崇文门一带向路过之人等叩首，大声喧嚷"救命，洋人快死，独我何罪"等语。后由荣之兵送往东厂胡同，荣相仍将其送回使馆，足见洋人朝不保夕之势。（本段应属七月十四日日记内容。——译注）

十五日（8月9日）。

南方有坏消息传来。裕帅之兵溃败，洋兵日益逼近。老佛打算逃往热河，但荣相坚请其留，不惧联军进城。澜公大笑，言洋兵无法进城。

老佛向荣相叩以急策。荣云："审急救之策，唯在圣驾不出巡而已。"言次唏嘘。

所幸者洋人军规甚严，虽果然来京，万无抢财之虞，咸丰十年，洋兵未敢闯进人民之家内，予以见洋寇军规之严也。虽取食不易，但洋人很少进城，未予伤害。

七月十六日（8月10日）。

有人参与予相善之尚书。原折云以伊凿有隧道，以便将食物送进西什库，因其府第在酒醋局胡同，与教堂相距不远也。今有端擅行将立、徐二尚书与联阁学一并交刑部，闻以罗织徐、联二公之故，系因对立大阿哥一举，力言其非，致端邸恨之入骨，那侍郎告知端邸以联与袁公相善，以致被屈。今早将三公正法，因通洋夷之故也。徐公寿享七十有九，长兵部时，颇克自镞励，以无罪而弃市，未免算为不白之冤。于被刑之时，立云以"君父之亲情无不通，谊无不浃，其言不我听者，必其情有未诚，诚有未至"。联仙蘅平治宋学，谨慎办公，于刀锯之下，徐云以

"端不过为洋人傅翼而已，我心志久如百炼之钢，端某所谋之事，非臣子所敢言，将来必有一歼厥渠魁之一日。死者，人之终境也，神京失守之后，当有何项景象，难以预料。杀我一事，非太后本意。其终无如愿以偿之一日乎"等语。探闻以老佛尚不知业将三公正法，仲华对于此事，颇为伤感也。

闻以晋省总兵刘某蒙召，入告老佛以伊所统之兵，颇为劲旅，定当于三日以内攻破使馆，并云以夷寇绝不敢扑入神京。猛烈炮击已开始。团民绵薄无似，几至摧残殆尽，势孤力薄，予早知伊等不济于事也。（本段应属七月十八日日记内容。——译注）

十八日（8月12日）。

闻我军迭次接仗失利之报，贼势日张，师久无功；七月十二日，裕帅在北仓兵败，退扎杨村，又退至蔡村，痛不欲生，入棺材铺，用手枪自尽，真系不吉之兆也。李鉴帅尚抵河西务，所统张春发、陈泽霖两军不战自溃，鉴帅亦服毒自尽，洋兵进逼通州。今日由荣将我军败绩一事入告老佛，荣相感悚之初，罔知所措，老佛聆奏，默然无言，君臣相顾而泣。荣云："奴才不敢因国是至此，稍有自诿之意。奴才本不信团，乃奴才一人不足惜，大局何堪设想。"老佛颇有殉社之意，并令皇上同时殉社，圣意颇不以出巡为然。

七月十八日。

老佛向荣相询以有何切实办法。荣云"务须劝圣驾万万不可出巡，应立刻独断，施行安民之办法；非将载漪等置诸重典，不足挽危局而赞大猷。若非奴才本营赴机神速，昼夜保卫使馆，则为患何堪设想，如不将谋国不臧之王、大臣惩治，恐难释群疑而彰慈仁"等语。不意老佛仍然尊奉拳民，神而明之，尚盼伊等可作为长城之恃。今日荣召见八次，端王五次，除荣外，他军机袖手旁观。

日前闻以晋省总兵刘某蒙召，入告老佛以伊所统之兵，颇为劲旅，定当于三日以内，攻破使馆，并云以夷寇绝不敢扑入神京。

七月二十日（8月14日）。

酉刻（午后5点），通州现已失守，城中哄传夷人定于明日攻城，居民纷纷移徙矣。今日于宁寿宫召见军机五次。京中鼎沸圣驾出巡张垣之说。旗汉大小官员眷口，无一不移出京外者。于申正（午后4点），澜闯入宫内，似有失措之状，狂然喧嚷，入告老佛"洋夷来了"等语。嗣由刚中堂、赵司寇等接踵而来，云以缠头之黑兵数百名，业经屯扎在天坛之内。老佛闻此凶耗之下，稍未动容，云以"或者伊等系新疆接应之军，并欲向洋人开仗，岂非意中之事乎"等因。刚相回奏："否，恐系洋兵来到，奴才务祈圣驾立时出巡，否则其祸不堪设想，非臣等忍言也。"亥正（午夜），召见军机，见面仅刚、赵、王三人而已。老佛云："只尔三人在此，其余何往？大约各回其乡，将我母子二人[1] 丢去不顾，尔三人务须随驾同行。"并谕王相："汝年纪太大，尚令汝吃此辛苦，我心实所不忍，汝当随后赶来；刚、赵素善骑马，必要随驾同行。"王复奏："臣必赶来矣，以诚心持以毅力。"皇上精神尚好，亦云："汝务必要来。"后下朝。然至夜半，犹说不即走。荣相未入值，因志图复败兵也。

二十一日（8月15日）。

文公方才路过，彼此于门口略得谈叙，云以老佛终夜未寝，不过安歇一时之久，于寅刻（午前3点）仓促着以昨日叫进农妇之衣，以汉妆梳头，实属奇事。老佛有言："团民闹事之初，谁想到有今日之怪状乎。"后叫进轿车三辆，赶入大内，御夫并未戴缨帽也。于寅初二刻（午前3点半）降旨，令宫眷诸位均到请安，并有暂时毋庸同行之旨。珍妃素不孝老佛，现胆敢跪请于老佛之前，以"皇上不必西幸，应请圣驾在京裁

---

[1] 皇帝是其过继的儿子。

夺议和各事"等语。老佛大发雷霆，立时命该班之太监，即将此忤逆之女推倒井内。皇上颇有忧伤之状，因珍妃系圣眷最宠之人，跪求老佛施恩，贷其一死。乃慈颜颇滋不悦，云："我事为时甚迫，谁肯多发闲话乎，尔等仍遵前命，将珍妃致死，以为鸮鸟[1]生翼、欲啄母睛者之戒。"嗣由李、宋二太监将珍妃推倒宁寿宫外之大井也。皇上忧惶迫切，悚疚莫名。老佛向皇上云："尔当上辇，务将车帘挂上，免沿途有人看见之事。"皇上穿黑纱长衫，黑布战裙两条。太后穿蓝布长衫。老佛命伦贝子与皇（上）同坐一车："尔当妥为照料。溥僬，汝当跨在予车辕之上。连英，汝素不善骑，乃当设法同往也。"彼时老佛神色泰然，照常毫不动于中，从容告知辇夫："尔等必为我效力，益快益妙。如有洋夷欲拦，不必言语，予当向伊等告说，我等为逃难回家之乡下人；先拟往湖，然后听命可也。"于是圣驾起銮，由宫眷诸位以及内务府大臣、太监等先行叩首于宫门之外，不过刚、赵随驾同行，他随扈大臣定在园候驾。文君遥随扈从，圣驾至德胜门，但人山人海，致城门口几拥挤不能行矣。申正（午后4点），圣驾于辰正（午前8点）至湖，老佛用膳稍坐。先由庆邸派员前往朝阳门，向倭寇悬止战之旗，后将城门辟开，由倭兵拥挤而入。圣驾幸湖之际，恩铭正在彼值班，两宫蒙尘而至，致无人敢认果然系老佛否；但一见慈颜似有不悦之状，立时开辟左门，将车赶进，于用膳之后，老佛命太监先将三山陈设古玩尾行送往避暑庄；并派金太监立时进城，面见皇后[2]，入告以须将紫禁城一切财物埋在宁寿宫院内。后由园仓皇拨越，随行者不过端、庆、那、肃四邸，及公爷几位而已。堂有刚、赵、吴、王、溥兴五人。各部八旗练军千余人，马玉昆保驾，率各营官弁兵丁，亦均千余人。

现予闻得以徐相国业经殉难，我公以谦抑自下，不敢自是，推诚待士，博览书籍，现竟投缳，岂不哀哉。其夫人以及四公子与女眷共十八位均亦殉死。呜呼，我圣朝宗族懿亲，衰败至斯，致衣冠填壑，为千古

---

[1] 一种猫头鹰——引自经典。
[2] 光绪的皇后，后来的皇太后，荣称为"隆裕"。

八国联军统帅

未有之奇祸也。与醇亲王指婚之萨克达氏，亦从容引药而死。[1]现京城已陷，老佛又遭蒙尘在外之患，经此大创，我为国危矣，其原皆由于端邸有排汉之意，小不忍，乱大谋，岂不然哉。以全国人民共同担任，事固未有为而寡效。荣相本明于先几，团民之神术，不值识者一笑，实不过秋毫之末。韶华不再，大清臣子只有一死字而已。天与人归，谋不得逞，亦异事也。

　　予内眷均拟仰药殉难，是为最下之策，乃以坤道之愚，实不服劝，致不得阻之也。予绝无此意，现内外信息断绝，各处有洋寇抢夺，但宣传竖白旗者免死，大约洋夷无法找余所藏之财，是以拟不他往，静候而已。恩澍无影，不知何往，予之跟丁各回其乡，无人备予之晚餐。

---

[1]　醇亲王后来根据皇太后的特旨，娶了荣禄的女儿。

日记至此终结。这位老人当夜被其长子所杀；其女眷之前已全部服毒自尽。

下面是光绪二十五年十二月二十四日（1900年1月24日）皇帝签发的朱笔谕旨，立端郡王之子为大阿哥：

> 朕以冲龄入继大统，仰承皇太后垂帘听政，殷勤教诲，巨细无遗。迨亲政后，复际时艰，亟思振奋图治，敬报慈恩，即以仰副穆宗毅皇帝付托之重。乃自上年以来，气体违和，庶政殷繁，时虞丛脞。唯念宗社至重，是以吁恳皇太后训政。
>
> 一年有余，朕躬总未康复，郊坛宗社诸大祀弗克亲行。值兹时事艰难，仰见深宫宵旰忧劳，不遑暇逸，抚躬循省，寝食难安。
>
> 敬念祖宗缔造之艰，深恐弗克负荷。且追维入继之初，曾奉皇太后懿旨，俟朕生有皇子，即承继穆宗毅皇帝为嗣。此天下臣民所共知者也。乃朕痼疾在躬，艰于诞育，以致穆宗毅皇帝嗣续无人，统系所关，至为重大。忧思及此，无地自容，诸病何能望愈！
>
> 用是叩恳圣慈，于近支宗室中慎简贤良，为穆宗毅皇帝立嗣，以为将来大统之归。再四恳求，始蒙俯允，以多罗端郡王载漪之子溥儁承继穆宗毅皇帝为子。钦承懿旨，感幸莫名。谨当仰遵慈训，封载漪之子溥儁为皇子，以绵统绪。将此通谕知之。

如此凄凉悲惨的文字史所罕见。这不仅是光绪对自己非法统身份与逊位的供认，还是他为自己签署的死亡许可书，纸写笔载，向世人通告。这个可怜的牺牲品不得已还要感谢行刑的刽子手，赞美那个女人的"慈恩"，她对权力不可遏止的热爱毁掉了光绪的一生，从他在摇篮的时候起。

下面这份奏疏是在京御史呈给西安行在的，记述了杀死德国公使克林德的凶手安海的被捕。[1] 这份奏疏生动地描述了很多朝廷近臣对义和团及其排外运动曾经给予和仍在给予的同情，以及他们对皇太后的真实情感的赞赏——即便吃了败仗。它还让我们得以了解中国官员对军人英雄主义的看法。

　　日本人所雇侦探，在日军领地当铺之内查得一表，有克林德图记，当铺主人言此乃满人名安海者所当。此人住内城车店内。侦探名为得洛，本旗营定字第八队之书记，查得此事，即报告于日人。立派人往车站内，以二三人先入内，立院中，问曰："安海在此住否？"有一人答曰："予即安海。"乃立时拘去。审问之时，安海神宇镇定，毫无畏惧。问官问曰："德国公使是否为汝所杀？"安海答曰："我奉长官命令，遇外国人即杀。我本一兵，只知服从长官命令。有一日，我带领二三十人，在街上见一外国人坐轿而来。我立于旁，对准外国人放一枪，轿夫立时逃走。我将外国人拖出，已死，其胸前有一表，我即取之。同事中有得其手枪者，有得其戒指者。我万不料因此表犯案。但我因杀国仇而死，心中甚乐！汝等即杀予以偿命可也。"

　　翻译又问曰："你那天是否醉了？"安海笑答曰："酒乃最好之物。我平常每次可饮四五斤，但那天实未饮一杯。你怕我要倚酒希图减罪吗？"安海真一忠勇之人，侃侃不惧，观者皆为动容，觉中国军中尚有英雄也。次日即交于德人，在克林德被杀之地杀之。臣等思此事理当奏闻。安海为国而死，当邀皇太后、皇上之悯惜，加以荣典。谨此具奏。

---

[1]　此疏从未公开发表，慈禧将之留中未发；一名随扈西安的官员将它交给了上海一家华文报纸，该报刊登出来。（此疏查不到原始文件，此处自陈冷汰所译之《慈禧外纪》相应部分照录。——译注）

第十五章

逃离北京及朝廷流亡

日记作者景善详细描述了皇太后与皇帝如何于 8 月 15 日黎明前逃离京城。关于朝廷这次旅行的一份记载，后来由内阁大学士王文韶在给其浙江朋友们的信函中写就，发表在上海的一份华文报纸上，我们从中获得了对于这位日记作者准确性的进一步证据，同时还获得了许多有趣的信息。

王文韶于 8 月 18 日在怀来县追上了皇太后和皇帝；过去三天时间里，皇太后一行经历了无数危险，吃了数不清的苦头。19 日晚他们停止于贯市（距京城七十里），下榻于一座清真寺。那里的回民商号"东光裕"（向北方车马商队出租驮载牲口的著名商号）给他们提供了劣等食品中最好的东西——粗面粉、蔬菜和小米粥，还提供了几辆骡轿，用于下一段旅行。由于卫队奉命，只要存在被联军骑兵追赶的危险，就要在后面保持一段距离，因此圣驾到达并不通报，其身份无人怀疑。当他们从大车上下来时，风尘仆仆，筋疲力尽，愁眉苦脸，便有一大群逃难者和村民围上前来，打听京城的消息。一名现场目击者说皇帝紧张地东张西望，还说："落魄至此，还得拜拳民所赐。"而老佛爷即便在最倒霉的时候仍然无所畏惧，叫他闭嘴。

第二天，他们坐骡车赶了九十里路，刚好在长城之外的岔道过夜。这里没做任何接待的准备，他们备尝艰苦，睡在砖砌的炕上，没有足够的铺盖。不过，延庆州的知州设法给皇太后找来了一乘蓝轿，这样她白天的旅行就舒适多了。又是在正午，他们在居庸关停下吃饭，总管太监李莲英从村民那里弄来了几杯茶。

1900 年 8 月进入皇宫的八国联军官兵在乾清宫内

17 日，他们从岔道前往怀来，这段五十里的路颇难行走。有些官员和宫廷侍从此时与两宫会合了，于是这一行人马共有七十辆大车，加上老佛爷的轿子和皇上的骡车。在队伍前进时，他们逃亡的消息传开了，有传言说他们是冒牌货，假冒天子和老佛爷。这些传言无疑是因为皇太后依然梳着汉人的发式，她身上穿的也是她逃出紫禁城时所穿的那身普通服装。尽管有这些传言，怀来县知县，湖北人吴永，没有得到皇太后与皇上驾到的通报，当皇家一行人在大群人簇拥下进入他的衙门时，他已无时间穿上官袍，而是急匆匆跑出来接驾。跪叩之后，他想把吵闹而好奇的围观者撵出去，但老佛爷吩咐道："别这样，只要他们愿意，就让他们围着吧。看到这些诚实的乡民，我很高兴。"在吃了三天粗茶淡饭之后，皇太后在这里再次享用了燕窝和鱼翅，是由县令献上的，他还给皇太后提供了一套女装，也给皇帝与大阿哥提供了穿戴。为此，他得到了皇太后再三的感谢。

就是在这里，在怀来，朝廷休整一天，王文韶赶了上来。老佛爷亲切地，甚至是动情地问候了他，慰问他一路上经历的艰辛，并坚持要他分享自己的燕窝羹。皇太后说，他在忍饥挨饿这么多天以后，一定会跟自己一样喜欢这道美食。皇太后责怪皇帝没有热情问候这位老学士，感谢他对朝廷的感人奉献。

庆亲王在怀来奉旨返京，与联军议和。他知道这是一桩苦差，很不情愿地领命而去；动身之前，皇太后召对良久，告诉他：自己完全信任他的谈判能力，并嘱咐他采用类似于恭亲王在1860年所采用的政策。

王文韶对朝廷西巡前段行程的记述非常有趣，值得将原文照录于下（引文与原文相比，在叙事次序上有所颠倒，内容也有增删，但意思并无抵触。此处照录原文，也保留了引文增加之处，以黑体字标注。——译注）

七月十二、十三日，裕帅由北仓兵败，退驻杨村，又返至蔡村，裕帅以手枪自尽。李鉴帅十四日始抵河西，所统张、陈二军不战自溃，鉴帅服毒自尽。洋兵进逼通州。十六日即有西巡之旨，因车辆未齐，迟迟未行。至十九日夜，城外火炮隆隆不绝。二十日早，本宅喜鹊胡同一带炮声尤甚，炮子如雨下。忽传天安门及西长安门已经失守，然不能得真消息。我在内值宿未归，禁门已闭，不得出入。至二十一（8月15日）早七下钟，我坐小轿进内，始知两宫已于黎明出城矣。我上日共召见五次，至亥刻（午后9点—11点）见面，仅刚、赵二人。太后云："只剩你等三人在此，其余均各回家，舍我母子二人不管，你三人务须随扈同行。"并谕我"汝年纪太大，尚要汝辛苦，我心不安，汝可随后赶来。刚、赵二人素能骑马，务须随扈同行"等谕。我复奏云："臣必赶来。"皇上亦云"汝必要来"云云。至夜半见面，犹说不即走。岂知甫及天明，两宫已仓促出宫。狼狈情形，不堪言状。两宫均便衣，与庶民一样。

是日，我进内，因后门、东华门均不开，不能回宅，并知两宫圣驾出德胜门。我遂于巳刻（午前9点—11点）冲出后门[1]，路遇荣相，见其倒于轿内，轿夫胆小，已将之丢弃。荣相言："此乃结局。我从未信团，看看吧，他们把老佛领至了何等难关。若你见到太后，代我奏告，我已去召兵，只要我活着，我会赶上太后的。"离开荣相后，我至灵鹫寺小住，庙在安定、德胜门之间。廖仲山向住此，而庙中和尚怕极，因洋兵进城，逢庙必烧，因庙中皆设义和拳也。至时，安定及德胜门城上均有洋兵来往放枪，街上亦有洋兵。和尚万不肯留，不得已，暂避隔壁韩姓家。（**自注云：内务府库役，旗人。**）我与汝兄用木板从墙上度过，车夫、轿夫各自逃命。

至下午，探闻西直门尚开放，可以行走。我将车马一切物件一概丢下，只带银钱并随身替换衣服，各人用小包裹背在身上。候至天昏，装作生意人，一并混出来，由德胜门、什刹海一带行走。行近戛戛胡同，天复下雨。我短衣步行尚好，乃至景宅借住一宵。其时城内枪炮之声已停，但见后门外火光通宵不断而已。至寅初，探知西直门已开，洋兵未来，华兵已逃，无人盘问，逃难之人不少。我本拟坐车出城，因沿途兵勇抢车、抢牲口，故先将车马饬王弁先押出城，几被抢去。我与汝兄仍均短衣步行，出西直门，至大桥外，始坐轿车。汝兄骑骡，所带仅十有六人，均步至海淀紧靠颐和园的镇子。饭店门已闭，勉强一饭，饭后即行。

二十二日行七十里，至贯市住。二十三日行四十里，至居庸关住。二十四日，行八十里，至怀来县住。始知两宫先于二十三日到此，驻跸一日，故能就此赶到，即见两宫。二十五日起行，随驾同行五十里，至沙城住。二十六日行四十里，至鸡鸣驿住。二十七日行六十里，至宣化府住。二十八、二十九、三十休息三天，拟初一起跸，往山西大同。至山西省大约须八月中秋后也。共一千里路。

此次出京，危险已极。沿途居民铺户均被前敌溃兵以随驾（其时

---

[1] 皇城北门。

驾尚未到）为名纷纷西行抢劫，至室室皆空。及两宫驻跸之时，万乘千骑，强买强取，更不待言。迨两宫既过之后，则靡有孑遗矣。

我出京后，沿途无店可住，无物可买，只拾得兵勇抢剩之小米子，均在地上狼藉，自用柴火煮饭，聊以充饥而已。然犹幸毫无所带，得免于难。不然，与溃兵一路处，浑身凶器，千百成群，一同行走，未有不遭害者。我与汝兄托赖天地祖宗保佑，得脱此难。此后随驾同走，沿途有地方办差供应，不致如前步行、拾小米煮饭之苦。我与汝兄身体甚健，家中勿念。

两宫自京启跸情形，所谓天子蒙尘，从古稀有之惨，可痛已极。两宫均坐车，七十里至贯市，始由光裕驼行孝敬驼轿三乘，皇上与伦贝子同坐一乘。至怀来县，县尹备大轿一顶，宣化府又备轿四顶，两宫、皇后、大阿哥始均有轿坐。太后身穿粗蓝夏布衫，亦不梳头。皇上穿黑纱长衫，灰色战裙两条。铺盖行李一概未带。出京三日，均睡火炕，无被褥，无替换衣服，亦无饭吃，吃小米粥。此从古至今稀有之惨，可怜之至，竟有不忍言者。

至怀来县，始由地方官络绎进奉，稍觉宽舒。此次妃嫔均未带出，太监亦不多，诸王、贝勒等随行亦少，其余一概未来。礼王、荣相、启秀亦未来。所有随行者，不过庆、端、那、肃四王，肃、伦二贝子，及公爷几位而已。堂官刚相、赵、英、王、溥兴五人，各部院司员共十三人，满小军机二人，汉小军机一人，神机营、虎神营、八旗练军兵均千余人，马玉崑保驾及各营官兵丁千余人。兵丁到一处，空一处，盖各店铺均先闭户逃走，实在无处买物，亦无怪其然也。

朝廷从怀来县继续向宣化府行进，走了三天，在宣化停留四天，稍事休整，为进入山西的旅行做准备。沙河镇都统为皇太后与皇帝各准备了一乘绿色官轿，朝廷与军机处的通常礼仪逐渐恢复了。皇太后精神极佳，对每样事务都兴趣盎然。例如在鸡鸣驿，她想去附近山顶上的一座寺庙看看，因为康熙皇帝为给该寺增光，在那里留下了一块刻有诗文的碑铭，大家好不容易才让她打消了这个念头。

宣化府一片混乱，但朝廷享受了更多的舒适。这要感谢当地知县陈本的热情与能量。老佛爷在这里收到了庆亲王从北京发来的第一份急件——奏报糟糕的局势。

朝廷于8月25日离开宣化（皇后领着几名侍从赶到，因此人数有所增加），在一所名叫"左卫"的兵站过夜。国家的糟糕状况，反映于他们在那里找到的住所。卫兵全开溜了，官署遭到洗劫并被焚毁，只剩下两个小房间，散发出难闻的气味，潮湿不堪。除了被水泡过的面粉所做的馒头，没有其他食物。两个可住人的房间，老佛爷占了其中一间，另一间给了光绪与皇后，而朝廷的所有官员，无论职位高低，尽可能在狭小的庭院里对付了一晚。唯有这一次，这位圣母的镇静抛弃了她。她抱怨说："真讨厌！这鬼地方到处是臭虫，我一刻也睡不着！没想到我这辈子会落到如此丢人的地步。我的境况，比唐玄宗被迫逃出长安，眼睁睁看着宠妃被杀还要惨！"联军已抢掠了皇太后宫室的宝库的谣言，更令她无法平静下来，扈从人员因害怕她发火而暂时躲了起来。

8月27日，朝廷越过了山西边界，在天镇县过夜。该县县令，一个满人，听闻奉天及其他满洲城市陷落后自杀了，县城破败混乱。皇太后与皇帝草草吃了点典狱官仓促提供的饭菜。但岑春煊[1]的到来，令他们恢复了勇气，此人是一位胆识俱优的官员，他进献了一些荷包蛋，令老佛爷大喜。

8月30日，朝廷驻跸大同府，住在总兵衙门。他们在此停留四天，享受了大为改善的膳宿，这是总兵极力为之操办的。

9月4日，他们抵达岱岳商镇，那一天走了一百一十里，在此他们看到的又是潮湿的房间和难以下咽的膳食。但皇太后的精神已经复原。16日，在过雁门关时，皇太后下令暂停，以欣赏风景。她说："这里让我想起了热河乡间。"然后转向皇帝说，"像这样走出京城，看看世界，毕竟也很不错，是不是？"皇帝答道："要是情况乐观一些，当然如此。"这时候，岑春煊

---

[1] 当时尚未就任的陕西巡抚。他带兵北上保卫京师。

山西巡抚衙门西辕门前

进献了一大束黄花，皇太后深受感动。作为回报，她赐给他一壶奶茶。

9月7日，在原平镇，地方官员所能提供的唯一住所，是一名普通百姓的泥屋，由于疏忽，其中还留有几口空棺。提前到达的岑春煊得到报告，赶忙去求皇太后原谅，并恭聆口谕。很幸运，"慈颜"未怒，"天恩浩荡"。皇太后说："棺木能移走就移走吧，不过没摆在主室，我并不很在意。"但棺材都被移走了，皇太后得以免受可能的不良影响。

9月8日，在忻州，地方官提供了三乘黄（皇）轿，于是两宫在10日进入太原府时，就不致没有威严了。朝廷驻跸于巡抚衙门（六周以前，毓贤就是在这幢满是血污的建筑里屠杀了传教士）。巡抚毓贤到城外接驾，当老佛爷的轿子走近时，他在路旁跪下。皇太后吩咐轿夫停下，叫他过来。当他走近时，皇太后说："去年年底，你陛辞赴任时，曾向我保证团民确是刀枪不入。唉！你错了，京城如今失陷了！可你奉旨办事，甚为出力，山西的洋鬼子都被你扫尽了！为此大家都说你的好，我也知道，你诚心办差，口碑甚佳。不过，洋鬼子扬言要报复你，我恐怕不得不将你革职，当然还有李秉衡。

但你不要着急，我这样做只是给洋夷使个障眼法，达到我们自己的目的。我们必须等待时机，希望能有好日子。"

毓贤磕头谢恩，按照规定，叩了九下，然后奏答："奴才抓洋鬼子，如同探囊取物，必致鸡犬不留。奴才愿受处罚，愿领革职。至于团民，他们失败，乃因他们不遵法纪，滥杀无辜，劫掠良民。"

这场谈话，被几个旁观者听得分明，其中一人写信给上海做了报道。毓贤说罢这番话，老佛爷叹息一声，吩咐起轿前行。几天后，她颁发第一道罪己诏，将毓贤及其他团首革职。在这之前，她去参观了倒霉的传教士们在其中送命的那个院落，向毓贤反复询问了那次屠杀的每个细节。据记载，在她专心倾听这个难以言喻的怯懦与残忍的故事时，大阿哥在院落里大摇大摆，跳跃叫嚷，挥舞毓贤给他的大刀，当初毓贤就是用这把刀干了恶事。我们举不出更好的例子来说明这个非凡女人的原始本能和强烈的报复欲望。

朝廷驻跸太原期间，老佛爷再次与毓贤会面。这次召见，由于她意识到了洋人坚持要处死毓贤的决心，也意识到了太原居民对这位巡抚的拥戴，于是她明明白白地告诉毓贤：棺木正在涨价。这是清晰而委婉的暗示：毓贤最好自己了断，以免下场更糟。

皇太后对太原提供的膳宿条件甚为满意，特别高兴看到全套的金银器皿，那是为乾隆皇帝1775年前往五台山太庙置办的。这次已被擦拭一新，明光锃亮，于是"慈颜"大悦。她说："咱们在京城都没有这么好的家什呢。"

朝廷抵达太原府的第二天，荣禄赶来了，得到了老佛爷最衷心的欢迎。荣禄向她详述了穿过直隶的旅行，以及拳民造成的广泛破坏。

慈禧就未来的政策让荣禄提供建议。荣禄以他一贯的坦率答道："老佛爷，路只有一条。必须将端王及其他曾误导您的王公大臣斩首，然后您要返京。"

有一件事，当时随扈朝廷的一名满人高官担保是真的，说明了这一时期皇帝、皇太后与荣禄三者之间的关系。当荣禄抵达太原府时，光绪派一位特使去召他来见。陛下说："很高兴你终于来了，希望你立刻杀掉端王。"

荣禄答道："没有太后的懿旨，我怎能这么做呢？只要陛下发号施令就管用的日子已经过去了。"[1]

要不是因为有皇太后罩着，荣禄的位置充满了危险，因为保守派和维新派都不喜欢他。他身边都是极端分子，他靠直觉获得的常识，以及他所信奉的"中庸之道"，给他树敌很多。他也不敢自命有他所极为钦佩的同事崇绮所有的那种"守正不阿"的好名声。在太原府，有人向老佛爷公开指责他纵容一个叫陈泽霖的人盗用公款，此人大规模地盗用军费。荣禄曾命令他把挪用的款子补上，但后来又向朝廷奏报，说那笔钱被联军缴获了，参劾他的那位御史毫不犹豫地指出，他把说法这一改变，得到的好处（经一个姓姚的军官之手交到他的住所）是四万两白银、二十斤上等燕窝和四箱丝绸。皇太后像往常一样，将这份奏疏留中不发，不过毫无疑问，她利用这一信息为她私人的钱包谋求到了最大的好处。荣禄还在自己的生日庆典上，在妻子的丧礼上，收取了大量的现金和值钱的礼物，进项如此之大，以至于总管太监李莲英看得眼睛赤红，此人当时正在为他那被联军洗劫一空的巢穴重新捞钱。

在太原府，那么多官员都来趋奉朝廷，以至于阴谋盛行。人们为权力和地位妒火中烧。那些曾经吃苦耐劳，经历过逃离北京的危险及困苦的人，要求在皇家女主子手上得到特殊的酬劳和职位。他们都认为自己应该得到特权，高于那些只是在所有危险都已过去之后才来趋奉朝廷的同级官员，更高于那些眼下才匆匆从各省赶来希图晋升的人。

在朝会上，在军机处的会议上，讨论的主要话题是朝廷回京的问题，或者是迁都至南方或西部某个主要城市的问题。张之洞上了一道奏疏，强烈推荐湖北的当阳城，因为其地处中央。这个"书呆子"为此一本正经提出的论据之一，竟然是"当阳"二字（意思是"面朝南方"）本身就是好兆头，预示着更好的日子将会来临，因为皇帝总是坐北朝南。张之洞在朝廷里的敌人们则从这个想法中看出了一个隐藏的意图：应该让皇帝归政。

但是，荣禄在老佛爷的顾问班子里独占鳌头，在朝会上，他在军机处的两位同僚（鹿传霖和王文韶）都会绝对以他马首是瞻。他从未停止劝说皇太

---

[1] 暗指光绪在 1898 年下令将荣禄立即处死的上谕。

后立即返京，而后来当慈禧决定走这一步时，与其说是因为其他大臣交章叠奏，还不如说是因为她信任荣禄健全的判断力。在朝廷驻留太原府期间，关于这个问题的争论一刻未停，但是，到了9月底，皇太后听到一些传言，说联军派出了一支快速讨伐部队，要为被屠杀的传教士们报仇。这使慈禧决定立即启程前往西安府，她觉得那里较容易躲过进一步的追击。于是朝廷于9月30日启程了；但是，由于在世人面前保全"面子"是一项基本原则，在中国，上自皇太后，下至婢女，莫不如此，因此慈禧启行时颁布了下面这道简短的上谕：

> 朕恭奉慈舆驻跸太原将近两旬，该省适值荒歉，千乘万骑，供亿维艰，食用皆昂，民生滋累。每一念及，怃焉难安。且省城电报不通，京外往来要件辗转每多延误，不得已谨择于闰八月初八日启銮，西幸长安。

进入陕西的旅程，一路供张都很得体，让两宫既有威风，又很舒适。但皇太后在途中被刚毅去世引起的悲哀给压倒了，此人是义和团的主要保护人，也是皇太后身边所有保守分子当中最顽固、最暴烈的一个。他在一个叫侯马的地方病倒了，三天后死去，尽管都察院副都御史何乃莹获准留在后面照顾他。老佛爷很不情愿丢下这个病人，表现出非同寻常的伤感。刚毅死后，太后对其子（他随朝廷一起前往西安）很是关照，时常对他说起其父的忠君爱国。

在西安府，朝廷驻跸巡抚官署，皇太后先在以前留作陕甘总督前来巡视时的临时住处里暂住，然后才搬进这里。两处衙门都做了准备，可供两宫之用；围墙被漆上了皇家专用的红色，外庭围了栅栏，栏外是大内侍卫的驻地，以及在宫中当值的六部九卿的临时安顿之所。朝廷的布置虽然受空间限制，但套路跟京师一样。"行宫"的正殿空置不用，偏殿作为官员们等待朝会的候见室。正殿后面有厅一间，可从一道有六扇面板的门进入，此门有两扇是敞开的，可以看见厅中央铺着黄绸坐垫的宝座。朝廷的仪典就在此举行。此厅左边是每天举行朝会的厅堂，此厅后面便是皇太后的卧室和私人起居室。皇帝与皇后住一小室，与皇太后的居室相通，这些房子西边还有三间小房，由大阿哥占用。总管太监住在老佛爷居室东首相邻的房子里。为朝廷的舒适和方便所做的总体布置必然带有权宜之计和临时将就的性质，而皇太后的私人钱包暂时瘪了不少，因此她花了很大的心思来收受和保管从各省涌来的贡品，既有现金也有实物。只要她的内务管理处在岑巡抚监管之下，就会执行最严格的节约措施；例如两宫餐桌上的开销，他允许的金额为每天二百两银子（约合二十五英镑），老佛爷曾说，这只相当于她在京城里平日同一项开销的十分之一。她说："如今我们节俭度日。"对此，巡抚的答复是："开销还可减少。"

皇太后的习惯是，在挑选一天的菜单时，要让人开列一份约有一百道菜的清单，每天夜间由当值的太监呈览。在经历了逃离京城的艰难困苦之后，南方进献的燕窝与海参大量供应，令皇太后大为赞赏，鸡和蛋之类的粗食让位于这些精品菜肴。但皇帝一如既往，只进食蔬菜。皇太后下令，一顿饭不得超过六道菜肴。她亲自操心牛奶供应，这种食品她总要消费相当数量。于是紧邻行在之处养了六头奶牛，为了喂养它们，皇太后每个月花掉二百两银子。她的健康状况总的来说是良好的，但她消化不良，她将之归因于气候的变化和旅途的劳顿。对于失眠的偶尔来袭，她会求助于按摩，有几名太监精于此道。朝廷在西安府安定下来之后，皇太后又经人劝说而批准演戏了，这些表演和京城的那些演出一样，她似乎都很喜欢观赏。但她脑子里总是充塞着对于京城里与外国列强谈判进程的焦虑，收到的所有电报都会立即送呈她的手上。其夏宫遭受亵渎的消息令她心中充满愤怒和悲痛，尤其是当她从孙太监（此人留守京城）的来信中得知，她的宝座已被扔进湖水里，而洋兵们甚至在其卧室墙上留下了"淫秽下流之图文"。她听说和平条款已经达成，接着记载于9月7日的协议中，她大大地松了一口气，而当这些条款已成定局时，她以皇帝的名义发布了一道上谕（1901年6月），定下了朝廷于9月份回銮的日期。其中写道：

圣母高年，理宜卫摄起居，以昭敬养，势难于溽暑之际跋涉长途，自应俟节候稍凉，再行启跸。兹择于七月十九日，朕恭奉慈舆，由河南直隶一带回京。

义和团首领之一，即庄亲王之弟辅国公载功，拖家带口，扈从朝廷，来到西安。老佛爷意识到，他的存在必定会连累自己，如今决定将他打发走。这一家人连遭困境，一路上没有任何官员肯帮他们一把。最终，在历经颠沛流离之后，这位辅国公走投无路，只得在一个小衙门里当差役赚钱糊口，其年轻标致的妻子被卖为奴。很明显，老佛爷如今意识到了她在怂恿义和团时所做的错事和蠢事。在这场运动被通缉的首领们都被处斩或赐死之后，慈禧曾说："这些个王公大臣仗着跟咱们有新的亲戚关系，惯于虚张声势，自吹自擂，而我们竟然上当了，相信了他们的大言，说什么洋鬼子绝对打不赢中国。我大清险些断送在这些蠢材手中！我所可惜者唯赵舒翘一人。我真的对不住他啊。"

庄亲王之弟的命运清楚地表明，官员和百姓都意识到了皇太后对义和团感情的真正转变，因为没人傻到对他表示尊敬。

无论是前往西安府的途中，还是后来返京的途中，皇太后都对农民的生活和大众的生存状况表现出了极大的关注。在山西，她为饥荒赈济基金慷慨解囊，对灾民表现出了最大的同情。她对皇帝说，在宫禁之内，她从未体会到百姓的疾苦。

在朝廷驻跸西安府期间，皇帝比自戊戌政变以来的任何时候都更关注国事，但是，尽管老佛爷随意地跟他讨论国事，采纳他的意见，但在决定重大问题时他都没有发言权。他的脾气依然不稳定，有时狂暴，所以很多朝廷重臣总是宁愿将他们的公事交给皇太后去决断。老佛爷这一时期在皇帝亲自请求下做了一项重要任命，就是任命孙家鼐（前帝师）为大学士。这位官员曾于1900年1月朝廷择立大阿哥时辞官，他认为这无异于废黜皇帝。后来，在整个拳乱时期，他待在京城的家中，遭到抢掠，若非荣禄给予保护，他无疑会被杀掉。也是此时，鹿传霖入值军机处。此人在对使馆的围攻开始时离

1900 年，八国联军进入北京，慈禧和光绪西逃至西安。图为八国联军总司令瓦德西进入紫禁城前，美军列队迎接。

开了江苏巡抚的职位，领着大约三千人马北上，护卫京师，抵抗洋人。然而，他还没抵达京师，京城就陷落了，于是他解散了部队，回直隶老家待了几周，然后前往大同府加入朝廷，老佛爷在那里极为亲切地接见了他。他的情况特别有意思，因为他在去世前一直是军机处成员 [1]，像京城的许多大臣一样，他对于治国之术的观念，以及对于中国在世界上相对地位的观念，跟义和团运动之前相比，完全没有改变。他离开南方的岗位率兵北上的行为也很有趣，这表明了封疆大吏们半独立的地位，以及任何一个有主见的人都可以主张并行使的自主权。两江总督和湖广总督胆敢违背皇太后的意愿，就向洋人宣战一事行使自己的判断，但这也同样向他们的下属打开了方便之门：可以持不

---

[1]　他于 1910 年 8 月 26 日去世。

同的意见，可以采取他们自己认为恰当的措施，甚至可以采取军事行动。

一位官员，是负责运送贡品至西安行在的人数众多的各省代表之一，后来回到其在苏州的任上，写信给在京的一位朋友，详述了朝廷在流亡中的生活，下面是该信的一些摘录。这份文件在当时是私密性的，并未打算发表，让我们得以窥见官方文件所不载的朝廷及其作为的若干情形。

太后仍朝纲独揽，事无巨细，必亲躬焉。其所宠信者，荣禄与鹿传霖也。岑中丞近已失势。朝议皆力主回銮。予见太后气色甚佳，虽寿已六十有四，见之者莫不以为四十许也。皇上貌甚郁郁，然近日稍发福矣。大阿哥年十五，肥胖粗野，状类伧荒。不喜读书，专好音乐、驰马、拳棒，日与太监数人至戏园观戏。头戴韦陀金边毡帽，身衣青色紧身皮袍、枣红色巴图鲁领褂，无异下流。有京伶名严玉者，屡邀厚赏。其他伶工作乐，或时有不合者，必当面申斥。至亲自上台，敲鼓板，扯胡琴，以炫己长。怪状劣迹，殆难悉数。时为太后所闻，则重加鞭责。忽与侍奉太后之宫女有私，太后知之大怒，因此吃亏不小。常同李莲英在外浪游。[1]予友高某曾论之曰："可惜一候补皇帝，将来恐变成开缺太子。"此语大妙，亦实言耳。

十月十八日，大阿哥与澜公、溥偅率领太监多名，与甘军哄于城隍庙之庆喜园，太监大受伤。彭述、裴维按在座，均遭殃及。起衅之由，因争座位而起。大监受伤后，又不敢与甘军一图报复，遂迁怒于戏园。嘱某中丞将各园一律封禁，并将园主枷示通衢。其告示有云："两宫蒙尘，万民涂炭，是乃君辱臣死之秋，上下共图，卧薪尝胆，何事演戏行乐！况陕中旱灾浩大，尤宜节省浮费，其一切饭店、酒楼，均一律严禁。"继而各园营求内务府大臣继禄、工部侍郎溥兴转求李莲英，向大阿哥缓颊，大阿哥亦正以戏园禁闭，日常寂寞，许其开演。则又出示云："天降瑞雪，预兆丰盈，理宜演戏酬神，所有园馆，一律弛禁，唯不得滋闹，

---

[1] 就像李莲英对慈禧之子同治皇帝所做的一样。

如违重惩。"借以掩人耳目，然见者无不鼓掌。

……

夏震武上折，力保余蛮子可胜经略之任，愿以全家保其与联军背城一战。折中引用尚父、韩信两典，请德宗设坛拜帅；又谓联军若来逼，可引渭水灌之，使其片甲不返。虽未见实行，而太后赞赏不已。

第十六章

老佛爷忏悔

当列强的怒火因义和团首领们的死亡与流放而平息下来时，当皇太后终于意识到其未来的政策必须是调和与改革时，为后世的好处起见，她采取的第一个步骤，就是调整对其治下的历史记载，于是就有了下面这道引人注目的上谕（1901 年 2 月 14 日）：

> 本年夏间，拳匪衅起，凭恃城设，挟制朝廷。当时所颁谕旨，首祸诸人竟于事机纷扰之际乘间矫擅，非出朝廷之意。所有不得已之苦衷，微言宣示，中外臣民谅能默喻。现已将首祸诸人分别严惩。着内阁将五月二十四日以后、七月二十日以前谕旨汇呈，听候查明，将矫擅妄传各谕旨提出消除，以重纶音而昭信史。钦此。

慈禧如此确保了子孙后代对她的尊敬，便开始从事体面的修正（适当照顾皇家"脸面"），修正其打算承认的大量过失。以皇帝名义颁发的另一道上谕，姑息地记述了朝廷在 1900 年这场危机中的角色与命运，伤感地描述了她本人和皇帝在逃亡中所受的苦难，她在其中郑重地承认了错误，并承诺进行改革。这道上谕表明了历史在中国是如何被制造出来的，具有隽永的意义和价值，但其篇幅太长，此处不予照录。

这道上谕是 2 月份颁发的，与皇太后接受列强在北京议和时所强加的条件正好同时。从那时起，直到 6 月份协议条款由全权大使们敲定为止，她的态度一直是焦虑不安的，而西安生活的诸多不便，以及荣禄及各省总督再三给她的忠告，形成合力，使她焦急地盼望着启跸回銮的那一天。

剩下的麻烦之源只有一个，即端郡王之子——大阿哥，还待在她的朝廷内。慈禧很清楚，只要这个义和团首领的儿子还是皇位继承人，她就很难指望跟列强驻京的代表们建立友好的关系，也很难赢得海外的同情。很明显，有朝一日他当了皇帝，要他同意让其父继续流放在外，那是不可能的；指望列强同意端郡王官复原职，返回京城，也是同样不可能的。然而这个年轻人曾被正式而郑重地指定为皇位继承人，此事不能轻易取消。再一次，老佛爷让我们看到：神圣的继承法律，敌不过一个女强人的意志。

撇开政治不谈，众所周知，慈禧一度后悔选择端郡王这个态度恶劣、举止粗鲁的儿子作为大阿哥。不止一次，其粗野的、有时是可耻的行为令她蒙羞。即使当着她的面，这个孩子也很少顾及宫廷礼仪的规矩，更不把自己的身份和未来地位的显贵放在眼里。因此，慈禧或许不会因为将之从高位上废黜而感到惋惜。在废除其大阿哥名号的上谕中，皇太后指出：其父端郡王把大清帝国带到了毁灭的边缘，他因此而对神圣祖先们犯下的罪行绝不能洗脱。为了在尴尬的局面下保全大阿哥和她自己的"面子"，上谕说大阿哥已充分认识到现有条件下他根本不可能继承皇位，主动恳求皇太后撤销先前的决定。皇太后恩准了他的请求，令他立刻离开宫禁，赐给他最低级别的公爵爵位，同时免其履行该身份所有的权责。她想通过这个决定，显示大阿哥落到了多么卑微的地位，因为赐给他的爵位级别很低，又无任何权责和薪俸，他注定要度过穷困潦倒的一生。这位坠落的龙位继承人，如今在京师汉城那些藏污纳垢之地，是一个出名的人物：一个酒鬼和邋遢鬼，靠赌博为生。他的出名，只是因为他是拥有一段传奇往事和趣闻的流氓，就是这个人，要不是因为时运不济，要不是因为该死的洋人，本该成为中国的皇帝。

废掉大阿哥之后，皇太后表示，为同治的孤魂选立继承人一事将押后办理，"俟有合适人选"之时。人们一般将此暗示理解为：给皇位提供一位合法而又合适的继承人这个关键问题，要等到中国的外交关系和内部事务有了较为安全的基础时才能顺利地决定。说来也怪，在所有类似的说法当中，人

1901 年，清政府与八国签订了历史上赔款数目最大的《辛丑条约》，清帝国的
签字代表是奕劻和李鸿章。

们似乎都默认光绪皇帝是个"短命鬼"。

于是，在流亡中，老佛爷明智地披上了白色的苦行衫，点燃了赎罪烛，
准备不久之后凭借一纸新的权力租约，重新进入京城，在那里，她很清楚，
洋人记性短而耐性长。1901 年 6 月，和平条款谈妥了；9 月 7 日，列强各国
的代表们郑重地签署了和平协议，那个"集体无能的纪念碑"，播下了将要
延续多年的麻烦的种子。在西安，在"深宫内苑"，她知道懊悔了，不无恐
惧的刺激；在返京途中（自 1901 年 10 月 6 日至 1902 年 1 月 8 日），她在
准备用以迷惑洋夷的手法和恩典的同时，仍然是怀疑和忧虑的牺牲品。与此
同时，在京城，官场因和谈代表们的态度及其所拟条款打消了疑虑，迅速脱
下了恐惧的外衣，如往昔一样展示羽毛，对自己不容置疑的优越性恢复了自
信。这种精神的证据在四面八方都能找到，在后来谈判通商条约修订时逐步
达于顶点，令研究这些事物的人们再次清楚地认识到最早的英国驻华代表之

一在多年前发现的那个不变的真理，即"这些人从不服理，而独服恐惧"。

这种官僚阶层传统的傲慢自大复活的一个最明显的事例，真是意味深长，与皇帝之弟醇亲王（当今摄政王）所担负的前往柏林谢罪的使命有关，这个插曲在很短的时间内险些导致中德关系破裂。根据和平协议的第一款，中国特派醇亲王担任这一使命，就冯·克林德男爵被杀一事亲自向德国皇帝表达中国政府的歉意，他身负明确的指令。醇亲王认为，德国皇帝提出的此事必须遵循的仪式，与他自己得到的指示相冲突，值得记住的是，在德国政府方面略作犹豫之后，中国人消极抵抗的策略最终获胜了。有关此事的下面这份电报具有隽永的价值，是醇亲王（其本名为载沣）于9月26日从德国发给议和全权代表庆亲王与李鸿章的：

前接啸枢电，相机因应，并示折中，仰见周密，欣有遵依。十四，德皇停止礼节后，遣来朝车、提督、礼官俱未撤回。察其动静，似有挽回之机。因与翼、昌、诚、李希德等再四筹维，命昌用德文信致赓音泰[1]，婉商外部，以跪礼我国万难应允，于德既无所取，更与两国体面尤有相关，作为出自沣意，恳请德皇宽免。一面又与驻巴在尔艾领事面商，或将此意由沣备函，径达外部，托其先为代通消息。复于十八晚面命吕使赶回德京，设法接办。十九，吕回后，接啸电，亦即转电吕，合其诏示再与外部切商。旋于廿申，据艾领事来称，顷得外部电，命询王爷何时起身，以速为宜，我皇必见，跪礼已免，递书只带荫昌一人，余在别殿伺候等语。当晚复接吕回电云：德皇六号出巡，现据外部大司员云，王爷前来，德皇必见，事有转机云云。据以上各情，事已挽回，但为时甚迫，沣未敢稍涉拘泥，赶即于十一钟令该国来接各官备车前往。二十一，三点[2]到波茨坦，德皇又遣朝车并头等提督接沣等均至旧皇宫居住，供应优渥。随商订次日进见，并送故德后花圈礼节。廿二巳刻，亲至故德后墓如礼，十二点复遣朝车、提督迎至新行宫，沣随带荫昌进

[1]　一德国人名之汉译。
[2]　这是中国日期；召见日为9月4日。

见，内殿递书，宣读颂词。张冀六人在外殿侍立。礼成，德皇遣马队送归旧行宫。两点，德皇亲来答拜，意极殷勤，座谈良久，并命备舟车游览哈芬湖孔雀岛。二十二早，看操，午后仍至新行宫进见，德后并留多在柏林居住，看各厂院。又面属前赴丹西，会晤亨利亲王，看其水师。沣未便拂却。现拟见德后后即赴柏林，另住客寓。所有一切，均赖国家洪福，俱臻妥协，堪慰宸念。祈代奏。

皇太后高兴地表达了对这次出使结果的赞赏，这个结果在中国政府眼里无疑是中国在物质资源完全衰退时似乎轻而易举取得的外交胜利之一。读了上面这份电报，很难意识到醇亲王出使的目的是为了一次残忍的谋杀去谢罪的，这次谋杀得到了中国政府的充分认可，其对象是友好国家的一名代表。驻京的公使团普遍认为，这位摄政王从德国首都出使谢罪归来，大长了见识。1910 年他的两个弟弟也忙于出洋，表面上是打算去学习中国海陆军亟须的重整所需的知识，那是几乎每一个文明强国都会以皇家礼仪接待的使节；但有北京变局的许多密切观察者，在这些出使中只看到了滑稽剧的重演，以及为了在中国百姓眼里为摄政王家族和朝廷获取威望的企图，而不是打算改革官僚体制的任何明确的意图或愿望。

第十七章

回銮京城

皇太后的心态，在逃离京城及后来朝廷流亡西安期间，和她在整个义和团危机与京城遭到围攻期间标志其行为的典型心态一样，表现出优柔寡断与摇摆的冲动。这可以部分归因于她年事已高，部分归因于占星家和算命先生们互相冲突的影响，在整个危机中，她都极为看重这些人的忠告。我们已在别处谈到她明显地容易受到先兆与迷信的影响。不过，在其生命的这一阶段，其效果是最显著的，在返京的整个旅程中所发生的细枝末节的事情上，都很引人注目。

身在西安的荣禄和身在京城的李鸿章，都施加了有计划的影响，劝导皇太后返京，但是，直到和平协议的条款敲定，直到她被说服而恰当地下诏惩处义和团首领为止，在她心中占了支配地位的情绪，显然是疑惧交加，正如她下令从太原府仓促逃往西安时所表现的情绪一样。李鸿章从一开始就意识到，中国政府支持攻打公使馆是干下了傻事，他施加的影响在皇太后脑子里更清晰地形成了对这一政策的愚蠢印象。在危机的巅峰时刻（1900 年 7 月 21 日），皇太后意识到，用来对付中国的外国军队正在不断地击败义和团与帝国军队，于是她任命李鸿章为直隶总督，令他火速从广州北上，朝廷迫切需要精通外国事务的外交官效力。皇太后心情急迫，竟然建议李鸿章"为此借用"一艘俄国船从上海赶往天津。李鸿章的答复，通过电报发给袁世凯，让他转呈朝廷，表面谦恭，却清楚地暗示了皇太后应为当时发生的灾难负责。他说："仰蒙倚任优隆，曷胜感悚。唯念前在北洋二十余年，经营诸务，粗

1900 年的李鸿章

有就绪，今一旦败坏扫地尽矣。奉命于危难之中，深惧无可措手，万难再当巨任。"接下来，他甚至批评了皇太后对其旅程所提的建议，指出："至俄国并无信船在沪，现值奉天黑龙江开衅，俄船必不肯借。"最后，他解释了自己推迟启程的原因，理由是英国公使要求他在各国公使都被安全地从北京护送至天津之后方才动身。他说："未知都中能派队伍送各使赴津否？"于是他在电文末尾写道：他请袁世凯通知朝廷，他将由陆路北上。对于李大总督的这份直截了当的电报，慈禧以同样典型的直白回复了两行字："现在事机甚紧，着仍遵前旨迅速北来，勿再藉延。钦此。"

尽管有这些不容置辩的命令，但李鸿章仍然留在上海，他非常明白自己身处困境，表面上是在协商，实际上是在等待，想看看围攻使馆的结果。7月23日，他接受了《泰晤士报》驻上海记者的采访，当时声称，他不会北上履任，直到有明白的证据使他确信皇太后已经看出了自己行为的愚蠢，准备对愤怒的外国列强采取安抚政策。7月底，他看出朝廷已决定逃亡，于是他派快足寄出了一份极为不同寻常的奏疏，以明白达于极致的措辞对朝廷加以指责，敦促其立即改弦更张。这份奏疏在皇太后离京之前到了她的手里，其直言不讳的忠告对她不无影响。8月19日和20日，她从怀来以皇帝名义颁发的上谕，是她第一次向外界表明：她已明确决定要采取安抚政策，以便为她最终返京留下余地。正如她所预见的那样，这件事很可能不难实现，因为联军之间已经存在不可避免的分歧与猜忌。

8月19日的上谕解释了整个义和团危机和对使馆的攻击都是缘于教民与非教民之间的纷争，接着她愤愤地抱怨：尽管外国列强"平乱"无疑是出于好意，但其所作所为却令人想到是向中国寻衅，表现出对正当程序和友谊的漠视，真是令人遗憾。她天真地指出：中国政府排除万难，不遗余力地保护在京外国人的生命与财产，因此为他们对自己的仁慈与礼貌恩将仇报而大惑不解。若非外国的外交官们具有无边的包容力，若非曾有充分的证据表明，他们往往被中国的治国之术骗得团团转，那么，他们会难以相信这些言论是一位明智统治者的作品。但和通常一样，慈禧的话被采信了，就在这些上谕颁发的同时，俄国已在使用类似的理由为中国政府开脱，奉行其在北京的政策。

在上面谈及的那道上谕的末尾，皇太后命令荣禄、徐桐与崇绮留京，充当议和代表，但她承认，跟有军队做后盾并受到胜利鼓舞的洋人打交道，很难在刚一开始就敲定一条令人满意的程序。于是她让这几位全权大使去决定，最好的路子究竟是分别致电相关国家的外交部，还是与其驻上海的总领事进行磋商，以寻求友好的干预！像慈禧这样精明的人不可能看不出来，在这个节骨眼上，北京的氛围不大可能有利于她的目的，而蒙哄各国外交部和驻上海的总领事，比蒙哄那些刚刚经历过围攻的人容易一些。

第二天的一道上谕，也是以皇帝名义颁发，却使用了大不相同的语气，是承认朝廷罪行的可怜供状，是对百姓同情的诉求，是对人们回归理智的劝诫。"涤虑洗心，匡予不逮；朕实不德，庶几不远而复，天心之悔祸可期矣。"

通篇读来，都是非常真诚的语调，以皇帝的名义，承担了国家蒙灾的全部过失，提醒官员阶层，这些灾难的最初根源，要追溯到其习养成了懒惰奢侈痼习的时候。上谕表达了深切的痛悔，充分承认了朝廷的责任："朕为天下之主，不能为民捍患，即身殉社稷，亦复何所顾惜。敬念圣母春秋已高，岂敢有亏孝养。"

改革的政策现已明白宣布，并概述为帝国未来政府的基本状况。疆吏和京官们奉命立即动身，奔赴行在，以便尽快启动改革计划。长江流域的督抚们因遵照"条规"维护了秩序而受到褒奖，皈依基督教的中国人再一次有了朝廷的保护和善意。

朝廷的这些言论，庆王及其同事们原原本本地提交给列强，立刻产生了预期的效果，令朝廷及其顾问们对自己的个人安全放下心来。因此，在9月初，我们发现各省督抚联名上疏，敦请朝廷立即回銮。这样的提议，倘使联军有任何可能对皇太后采取强硬措施，他们绝对不会提出来的。这时国都的未来选址问题在朝廷里广泛议论，就此问题有很多相互冲突的建议。督抚们的奏疏由袁世凯起草，并由他寄给南京的刘坤一，由后者转呈。它断然地把中国突遭的这场灾难归咎于义和团及其首领们，并声称，由于过去困扰皇太后的混乱局面"渐有转机"，大家颇感欣慰。听说朝廷可能离开太原府"西幸长安"，他们强烈反对这个想法，并说明这一举措既不明智，也不方便。

上疏的督抚们指出，大清的发祥地及其祖先的陵墓都坐落于京师附近，而且该城在地理上最适合于作为行政中心，他们提醒朝廷：只要朝廷回銮，外国列强已承诺撤出京城，不会强占任何领土。他们说，如果朝廷一意孤行，继续西幸，这些目标就无法达成，因为如今外国公使们希望中国的统治者返京。如果联军长久占领京城，满人的损失是不可避免的。上疏的大臣们预言了瓜分和其他灾难，包括财政困难，以及无法在西安或帝国的其他偏远角落为行在提供补给。倘若朝廷前往西安的决定不可变更，那么至少应当颁发一道上谕，声明其在彼处只会做短暂逗留，朝廷将在京城完全安定后回銮。"存亡关键，实在于此。"奏疏在末尾乞求两宫授权庆亲王知会各国公使：联军一旦撤退，就会明确宣告朝廷回銮。

督抚们在另一篇奏折中声称，俄国的外务大臣已暗示中国驻圣彼得堡公使：鉴于陕西极为贫困的状况，迁都于西安肯定是不受大家欢迎的，因此，两宫无疑应当前往甘肃的兰州府。

然而，在做决断之前，慈禧要求得到充分的保证：外国列强不会坚持把她放弃最高权力作为议和条件之一。打消了这个疑虑之后，她先前在回銮问题上表现出来的犹豫不决，就如同外衣一般从她身上脱落了。保守派官员和士人们曾公开预言：老佛爷再也不希望见到她那被亵渎的京师，不愿涉足其被玷污了的宗庙。然而，尽管她迷信成性，但她是头脑清醒、富有远见的女人，不可能把情感因素置于顶端，也不会允许这些因素在自己的统治地位危如累卵时在天平上分量太重。她先前所表现的犹豫不决，以及她对希望她迁都华中的张之洞一类人的建议给予的关注，主要是"面子"的问题。唯有她从前的地位所拥有的尊严和权力得到了保障，她才会回北京。但是，随着和谈的进行，她看得很清楚了：沿着国际猜忌的那条老路，她可以完全不受惩罚地回到京城，甚至受到欢迎。于是她着手为早日回銮做准备。庆亲王每天都将其全权代表们在谈判和平协议中所取得的进展向她做详尽的奏报，她对协议的条款大喜过望，只要等到夏雨过后，把多少有些难以行走的道路路况修筑到了容许舒适旅行的程度，就可以回銮了。为了把皇太后和朝廷在驻跸西安期间收到的数量庞大的"贡品"收拾打包，耽搁了一些时间，她在其间得到了经过明确证实的佳音：她在京城的藏宝库并未遭洋兵劫掠。这真是个好消息，增加了她尽快回銮的渴望，她要赶在太监们偷窃之前，监督那些财宝的转移。

八月二十四日（1901年10月6日），长长的队列从皇太后在巡抚衙门的临时住处启程了；在人数庞大的随员扈从下，她去了城门外的一座小庙祭祀战神——清朝的守护神（可以补充一句：也是拳民们的守护神），以此开始这趟旅行。从这里出发，朝廷从容不迫地向北行进，每天约行八十里，第一站在河南府休息；然后行至开封，在这里庆祝她的六十六岁生日，并盘桓几周。在她的整个行程中，旅途的膳宿及为其舒适和方便所做的安排，与朝廷逃离京城时所经历的邋遢与匮乏相比，真有天壤之别。

在她驻跸开封期间，《辛丑条约》在北京签署。也是在她离开这座城市之前，在九月底，李鸿章去世了。他对外交事务的了解，以及他在谈判中的非凡才干，曾是对其帝国女老板的最大效力，而且毫无疑问，获胜的联军给予中国的宽松条款，在很大程度上要归功于他的努力。皇太后虽然充分欣赏他的才干，但从未待之以明显的宠信，一直拒绝任命他为军机大臣，她拿出来的借口，居然是她听不懂李鸿章的方言！然而，在李鸿章去世时，她却赐予死者清朝从未赐给任何汉人臣子的荣誉，即除了在他曾任职的省份为他建祠之外，还在京师为他建祠立祀。

有件事颇能体现皇太后公平睿智的统治，即尽管她要李鸿章为对日战争及其惨重的后果负原始之责，但她决不同意皇帝采取草率的报复行动，即革去李鸿章的直隶总督之职。在和约签订时，她又赐予李鸿章额外的身后殊荣，同时不失时机地颁发一道上谕，对庆亲王、袁世凯和其他人等表示祝贺与感谢，这些人协助并带来了和平条款的敲定。她特别赞扬了荣禄的忠心："荣禄保护使馆，力主剿拳，复能随时赞襄，匡扶大局。"

为庆贺皇太后诞辰举行了一系列盛大的戏剧招待活动之后，朝廷离开开封，继续返京之旅。在启程前夕，皇太后抓住时机，严厉而公开地斥责了满人知府文悌[1]，他竟敢建议皇太后不要返京，并预言背信弃义的洋人肯定会把皇太后抓起来，作为陈列馆里一件有用的展品。

皇太后在一个天气晴好的日子里渡过黄河，她祭祀了河神，表示谢罪和感恩。地方官员建造了一艘壮观的平底船，形似一条龙，皇太后及朝廷女眷们乘坐此船过河。从此以后人们注意到，只要观瞻朝廷回銮队列的人群里有了洋人的身影，皇太后总是强调要对他们表示特别的关注和礼貌，而在她抵京之前，她颁发了一道懿旨，命令在她抵达时，不得阻止欧洲人观看队列，尽管各国使馆依照惯例，已经发布通知，在皇家队列经过时，禁止本国人出现在大街上。事实上，每件事都表明，皇太后如今希望尽一切可能来安抚欧洲列强。如果我们还记得，如此讨好洋人，以此作为推进其自身未来政策是

[1] 文悌曾于1898年任御史，但因立场保守而被皇帝革职。慈禧在戊戌政变时恢复了对他的宠信。

1902 年 1 月，载着"光绪皇帝和慈禧太后"的"两宫回銮"专列从西安开到北京马家堡火车站。图为在袁世凯军队的保护下，光绪和慈禧回到北京紫禁城。

她慎重策略的一部分，那么，她的行动不会失去任何利益，而从幽默的观点看，倒是还能有所收获。

越过直隶省边境时，皇太后颁发了一道上谕，以热情洋溢的措辞表达友善，宣布皇帝回宫后，将立即在朝会上接见各国公使，而且会见将在紫禁城内的中央大殿里举行。中国人读了这道上谕，并不知道和平协议中的条款规定了对洋夷的这一特殊让步，自然会将之视为朝廷宽厚与善意的自发表示。在同一道上谕中，皇太后宣布了她亲自接见公使夫人们的意图，表示她对往日与她们的友好交往怀有最愉快的回忆。这里，我们再次注意到一项计划的实施，它是经过深思熟虑的，按照经典模式形成，"以应对强大之蛮夷"。

1902 年 1 月 6 日中午，皇太后一行乘专列抵达在京城南城墙附近建立的临时车站，邻近马家堡老终点站。车站附近搭起了装饰得很漂亮的大亭阁，将要把老佛爷和皇上接到此处。亭阁里配备了金漆宝座，景泰蓝祭器，以及许多件贵重的瓷器。数百位最高级别的京官在此恭候，还为外国人准备了一个专区。当长达三十余节车厢的专列进站时，从老佛爷所在车厢的一扇窗户里可以看到她紧张的面孔，正焦急地审视周围的环境。她的身边是皇后与大公主，而总管太监李莲英则肃立一旁。在认出了皇太后之后，所有官员都跪倒在地，而内务府总管继禄则指手画脚地对洋人叫嚷，要他们脱帽（其实他们已经脱帽）。第一个走出车厢的人是总管太监，他立即去核对各省贡品与珍宝的长清单。行李包裹堆积如山，都是从西安随朝廷而来，处于皇太后本人的严密监视之下。在太监之后下车的是皇帝，明显极度紧张，看见皇太后对他使了个眼色，便匆匆钻进自己的轿子，很快就被抬走了，没说一句话，也未跟在场的任何官员示意。在他离去后，皇太后下车了，站在车厢尾部的站台上。有人听到她说："我看洋人很多嘛。"她依照中国女性遵守的礼仪向他们致意——鞠躬，抬手合十。接着，庆亲王上前给皇太后请安，跟他一起的有王文韶（他已接替李鸿章担任和谈全权代表）。他们恭请皇太后登轿。"不急。"皇太后答道。她在众目睽睽之下站了大约五分钟，精力充沛地与身边人交谈，气色很好，就其年龄而言显得年轻，直到总管太监返回，把行李和财宝的清单交给她，她仔细地查看了一遍，然后带着满意的表情把清单还给李莲英。

此后，应直隶总督（袁世凯）之请，铁路上的洋经理和工程师被引见给皇太后，接受皇太后为了一路上令人满意的安排而表示的感谢。皇太后接着登舆，这乘轿子比提供给皇帝的那一乘更大更好，被抬着朝皇宫而去。轿旁有皇太后宠爱的一名太监跟着跑，请皇太后观看有趣的物事。每当看见洋人时，他就会禀报皇太后，有人清楚地听见他说："瞧！老佛爷，快看洋鬼子！"于是皇太后露出微笑，非常友好地点头致意。穿过了外城南门，轿夫们抬着她直奔前门满城的城墙，进入内城，那里矗立着一座供奉满人保护神的神庙。成群的洋人聚集在城墙上等候。他们俯瞰着通向神庙的院子，看见皇太后下轿，跪下烧香于战神像前，同时有几位道士唱礼。皇太后起身，抬头看向洋人，微笑，点头，然后登轿而去，穿门而入，进入紫禁城的大内。她约于下午2点到达内宫（宁寿宫），刚一下轿，便令太监们动手挖出她逃走时埋下的财宝。她发现那些宝贝确实原封未动，欣慰不已。

接下来，不仅是着眼于她与洋人的未来关系，也着眼于全国的舆论，皇太后颁发了一道上谕，赐予珍妃以身后的哀荣。我们记得，珍妃就是在朝廷逃出皇宫的那天早晨被皇太后下令扔下井里的那位妃子。在这道上谕中，皇太后赞扬了死者的德行和令人敬佩的勇气，这些品质促使她因"扈从不及，即于宫内殉难"，而不愿眼见宗庙被毁并遭玷污。于是，她那值得信赖的行为得到奖赏，她被赐予身后的尊号，并被提升一级，晋为贵妃。人们普遍认为，这道上谕满足了补偿死者的所有合理的要求，因为在中国，死者依然活着，在一个充满阴影但同样真实的等级制度中活着。活着的时候，区区一个珍妃，跟老佛爷的政治需求相比，多少是无足轻重的；但一旦死了，她的魂魄就必须得到安抚和补偿。

很多欧洲人目睹了皇太后的抵京，他们留在车站上，观看其一长列行李车厢的卸载，这是一个极为有趣、很有启发性的场景。首先卸下来的是年轻皇后与大公主的黄轿，还有主要妃嫔的四乘镶黄边的绿轿，其他妃嫔宫女乘马车跟随其后，每车两人。她们总共约九十人，她们交通工具的分配，伴随着不小的喧闹和混乱，若干年长妇人的饶舌最为引人注目。她们离去之后，太监和下级官员们的注意力便转向皇太后那堆积如山的私人行李，其中包括炊具和日常家庭用品。这项操作，加上大量金条（每根金条上都标有进贡省份或城市的名称）的搬运，一度由军机处监管。但由于这件工作足以延续几个小时，不久之后，在荣禄的带领下，军机大臣们登轿进城了。有人注意到，荣禄显得非常虚弱，步行时由两名身材魁伟的侍从搀扶。

在朝廷回銮后一周左右的时间里，按照和约所规定的条件，外国列强的代表们及时地在朝会上受到了接见。有人注意到，老佛爷照旧端坐于最高的宝座上，皇帝则占据一个较低而几乎是无足轻重的位置。在嗣后于宁寿宫招待公使夫人们的时候，外交使团的资深公使的夫人发表了一篇致辞，以"欢迎皇太后回到美丽的京师"。这份文稿措辞极为友好，几乎是热情洋溢，表明皇太后以娴熟的恭维与"诱惑"来安抚外国列强的事前精心安排的机敏措施，已经收到了期望的效果。1900 年可怕的围攻，以及凌辱与傲慢，都被遗忘了。列强的代表们准备好了，一如既往，要为赢得中国人的青睐而互相

北京东交民巷使馆区法国公使馆庚子事变后翻建的楼

竞争，彼此倾轧。

在聆听外交使团公使夫人们致辞时，皇太后给大家留下了深刻的印象，她动情地谈及她对所有欧洲人尤其是对其访客们的慈爱。她言之凿凿地解释说，一场"宫廷革命"迫使她逃离京城，她对外国使馆的朋友们如此不幸地遭受的麻烦和困苦深表歉意，希望重温往日的友好关系。外国女士们觐见后离去时，高度满意皇太后的屈尊，以及她们自己被置于这样一个展示宽宏大量的位置上。

这次觐见是许多次类似活动中的首次，上述及其后有关皇太后与欧洲人开展社交关系的大量资料，都显示了老佛爷从前向荣禄保证说对付蛮夷的古老经典办法自有其价值，并向他承诺，只要巧妙地行使屈尊的谦恭，一切将被原谅、将被遗忘的说法是无大错的。

生活又走上了旧轨，中国的京城里一切如前，联军的军营很快就成了大街小巷中熟悉的景色，商人们和大难不死的居民们陆续回到了这里。与所谓清朝政府的外交闹剧再次开幕，随之又重开了所有的阴谋与国际猜忌，唯有这些因素，才能让清朝的统治者们在互相冲突的压力中维持某种平衡。

皇座背后的权力毫无疑问是荣禄，从这时起，直到他去世为止。但是，外国使馆依然被遭受围攻的记忆与回声困扰，怀疑所有与其表达过的有关义和团起事缘由的想法不相吻合的信息，并且没有认识到事情的真相，把荣禄当成一名嫌犯，理当和他的同伙们一起受罚。但该案的实际情况，以及其个人的行为，正如《景善日记》无可争议的记录中所显示的那样，以及其他独立目击者明确无误所证实的那样，当时在大臣们当中是起不了作用的。于是，当荣禄最早对外国公使们进行正式的官方拜访时，他所受到的接待令他大为不满。他徒劳地向外交使团从前与他私交甚厚的一名成员保证：上天可以做证，1900年他除了极力保救使馆以外，未办一事。他的声明完全未被采信，他对自己所受的不公正待遇大为懊恼，以至于郑重其事地恳求皇太后准许他退出军机处。但慈禧对情况了如指掌，向他保证自己对他完全信任，并在一道表彰他的懿旨中拒绝了他的请求。

在皇太后去世之前，京城的百姓和洋人后来有两次机会目睹她在短途旅行之后乘火车返回京城，而且在这两次当中，她和蔼的、几乎是亲切随意的态度，都是人们普遍谈论的话题。第一次是在次年春天，当时她去东陵祭祀，返回时照例要到前门城郭战神的神庙前致祭，她口若悬河地跟曾在宫中见过面的几位夫人说话。从庙里出来之后，她吩咐一名太监取来她观剧用的望远镜，通过望远镜热切地扫视在城墙上俯瞰的人群，每当认出一张熟悉的面孔，就会挥舞手帕。有一次，她甚至高声询问一位外国公使女儿的健康。满人王公与廷臣们看到皇太后竟然对洋人屈尊纡贵，掩饰不住他们的愤慨与怒气。尽管有1900年的教训，但他们依然将洋人视为蛮夷。他们怒气太盛，以至于怂恿继禄去请皇太后收手，请她回轿。皇太后毫不理睬这个请求，明显对自己犯下破坏礼制的罪行感到高兴。有人注意到，另一方面，皇帝对洋人全不留意，看上去情绪低落，郁郁寡欢。

第二次是在1903年4月，在皇太后去西陵致祭之后，那时其挚友与顾问荣禄去世方才四天。这一次，皇太后显得情绪非常低落，缓慢地走下火车，不见了一贯的活泼愉快。其弟桂祥跪在站台上接驾，她只说了简短的一句话：

"你举荐的那个无用的大夫，害死了荣禄！"随后一言不发，上了舆轿。就是在这次，老佛爷在保定府为其所建的行宫里接见了几位洋女士，她直接提到了保定城发生的外国传教士被杀的事件，当然，她声称与此事毫无干系。到这时候，毫无疑问，通过重复的力量，慈禧已让自己相信她是完全无辜的；但无论她自己是否相信，她无疑已经通过她的魅力及其举止言谈的表面真诚，征服了她所接触过的大多数外国人。

在把宫廷生活安置于惯常的老路上之前，皇太后在上谕中做个人辩解的嗜好似乎增强了，她颁发了一道上谕，重新赢得了各级中国官员的同情。和通常一样，她劝诫其忠实的臣子们在其改革计划中与她真诚地合作，剔除弊端，力持善举，然后，她概要地陈述了她与皇上在被迫"西狩"期间所遭遇的困苦。在谈及那趟旅行中难忘的震惊与悲伤之后，上谕写道：

> 兹者乘舆遄返，比闾依然，钦感之余，弥增悚恻。惩前毖后，唯有恐惧修省，庶几克笃前烈，以敬迓天庥。

第十八章

慈禧新政

　　1900 年的危机，京师可憎的荒凉，以及漂泊荒野的困苦，所有这些恐惧，让皇太后彻底认识到了国家的内在虚弱，以及对补救措施的迫切需求。在前面章节引用过的罪己诏颁布之前，她已经以特有的果断，向世界宣布：她打算采用新法，打破过去那些陈腐的传统，她已知道它们是国家腐败的首要原因。她后来的政策，事实上成了对 1898 年光绪皇帝热心开创的那些政策的认可（不过她一直小心翼翼地不承认这一点），但她在方法上不同于光绪，在于她没有忽视预先调和皇座周边相互冲突的利益，解除各省顽固派的反对。

　　皇太后转向新的治国理想，是通过 1901 年 1 月 28 日在西安以皇帝名义颁发的一道上谕最早向世界宣布的。这份文件是在荣禄的协助下起草的，是慈禧男性智慧与治国之术的一个显著事例，不过中国诏书中必有的啰唆重复多少对它有所损害。全国各地的士人为之欢欣鼓舞，即便在皇太后本人当时并不受欢迎的广东和南方诸省。本国的新闻界称之为中国历史上最引人注目的一道上谕。它既雄辩地呼吁人民接受改革的原则，又面对外部世界为中国及其人民做了娴熟的辩护。上谕的措辞非常巧妙，安抚了国中所有的党派，于是提高了老佛爷的声望。"少年中国党"尤为热烈，因为通过这道上谕，皇太后明确地放弃了许多世纪以来一直作为中国行政体制基石的绝对独裁的原则。人们意识到，如此彻底地决裂于清朝传统，决裂于皇家宗室，决裂于她先前所有的信念，若非 1900 年的惨痛教训，是不可能实现的。于是，人们对皇太后技巧与勇气的崇敬更加热烈了，她已届垂暮之年，以这种技巧与勇气，在满目疮痍的京城里，再度挑起了治国的重担。这就是勇于担当的统治欲，一个统治者，如此分担了国家的耻辱，如此坦白地为过去的错误承担了责任，承诺未来将采用新的更好的办法，国民是很难不对她寄予同情的。

当然，不可避免的是，根据所有的经验，她的很多臣民，以及许多外国人，会怀疑她的真诚，会把这道上谕视为"魔鬼生病时"之一例，就像看待其他的许多上谕一样。但是渐渐地，当朝廷回銮之后，当她身边的扈从与大臣们看清楚这个自信的女人确实当了真，当她继续稳步地向很不情愿的宗亲们灌输她的新政，她在广大百姓中尤其是在南方的声望便逐渐恢复了，尽管1898年对广东维新党人的残酷镇压，一度使她在南方的声望大为受损。从这时起，直到她生命的终点，不管她的顾问和重臣们是否真诚，她在生活中的每一个行动都打上了忠实于改革事业的明确印记，其有记录的言行可以做证。

自义和团运动起，她以痛苦的代价得到了她如今正在付诸实施的教训，尽管如此，她至死都念念不忘义和团的首领们，至死都不忘称颂他们对她自己的忠心耿耿，以及他们努力赶走洋人的爱国勇气。但她被迫在经验这所艰苦的学校里学习那种努力的无望，她被迫得出结论：今后，直到中国变得足够强大之时，一切排外行动都必须压制下去。

因此，她毫不畏缩，向她的人民宣布了一个中国历史上前所未有的战线转变。可以肯定的是（正如在1898年光绪皇帝的事例中得到证明的那样），本朝没有任何其他的统治者，在宣布如此激烈的变革时，没有引发严重的纷争，以及可能的内战。但她随机应变的手段是如此高超，其上谕的文风与说理是如此有说服力地迎合了士人们的口味，以至于赢得了非常普遍的信任。她暗示了孔圣人本人要是面对着这个国家如今所面临的问题，他会采取何种态度，就连最顽固的儒家信徒，也为她这种微妙的暗示所折服。

在记录了皇太后转变的这道上谕中，皇帝被说成已经摒弃并谴责1898年的维新党人和他们所有的工作。这是很自然的事情，不管皇太后是多么真诚地相信必须采取补救的措施。因为，为了其亲随的利益而直接认错，绝非这个强势女人的弱点之一。在东方宫廷的氛围里，威信不是靠这样来维护的。她如今准备采取康有为及其朋友们曾经鼓吹过的改革措施，但为了至关重要的"面子"，她必须明白地表示：到了她的手里，这些措施有了根本的不同，而且更加高明。在公布她的新观点时，她不可能说出一个字，有可能被人理解为是在为维新运动做辩护，因为当初是她本人那么无情地将之扑灭了。于是"愚民们"必须清楚地懂得，她眼下的计划绝不是康有为及其"同党"所鼓吹的"革命"。不过，她的改革建议却跟他们走得一样远，甚至更远，唯一的真正差别是：这一次，她，老佛爷，是主动发起者，而以前她曾是个反对者。

回顾流亡回京后她在六年时间里的生活与统治，很少有人会怀疑她转向改革的真心，不过我们没有理由认为她对外国人的感情发生了任何好的改变。在义和团运动的兴衰中，在京城的陷落中，决定性的力量让她认清了一个教训：国家的无能意味着国家的灭亡。这个教训并非所有西方国家的政治家都完全学到了。她意识到西方世界的物质力量靠引经据典是不可能迎击和遏止的，如果中国要继续作为一个独立国家而存在，她必须仿效日本的榜样，根据西方模式重整国家的装备与国防体系。慈禧有所认识便会有所行动，这是她最突出的品质，使她有别于一般的满族亲贵和官员，那些人沉湎于昏睡的宿命论和无助的状态之中。

她在一开始面对的局面绝不简单。皇室宗亲享有由来已久的特权，对于其傲慢的无知她已有了正确的评价，除此以外，她必须小心翼翼地对待地方士绅的感情，他们是中国集体智慧的脊梁骨。与此同时，只要事关外国列强，她必须谨慎地维护完整的尊严，她在本国百姓中的威望全赖于此，还要维护那种朕即国家的姿态，这种姿态已被1900年的事件猛烈地撼动。在他们眼里，她不是一个变乖了的忏悔者，而是其无法控制的局势的无辜受到伤害的牺牲品。事实上，她扮演了好几个截然不同的角色，但每一个都不容易。

1901年2月从西安颁发的那道上谕，得到了全国学者的热烈喝彩，被当成一流的锦绣文章，但大多数地方官员（依据所有传统与经验）却只是将之视为经典的官样文章，于是继续走他们的老路，心底里肯定老佛爷和往常一样，不过是以糊弄洋夷来自娱，如果她的部下敷衍了事，她老人家不会生气。直到最后，即便是面对其遗诏中的谆谆告诫，仍有许多地方官员由于个人偏见与私利，声称他们认为老佛爷只是在演戏，但我们在其六年中的官方或私人记载中，找不到任何证据来支持这种看法。就在启跸返京之前，她还颁发了一道懿旨，非常清楚地表明了她自己的信念。

> 自经播越，一载于兹。幸赖社稷之灵，还京有日，卧薪尝胆，无时可忘。推积弱所由来，叹振兴之不早。近者特设政务处，集思广益，博采群言，逐渐施行。择西法之善者，不难舍己从人；救中法之弊者，统归实事求是。数月以来，兴革各事，业已降旨饬行，唯其中或条目繁重，须待考求，或事属创举，须加参酌。回銮以后，尤宜分别缓急，锐意图成。兹据政务处大臣荣禄等面奏，变法一事关系甚重，请重申诫谕，示天下以朝廷立意坚定，志在必行，并饬政务处随时督催，务使中外同心合力，期于必成。用是特颁懿旨，严加责成。尔中外臣工，须知国势至此，断非苟且补苴所能挽回厄运。唯有变法自强，为国家安危之命脉，亦即中国民生之转机。予与皇帝为宗庙计，为臣民计，舍此更无他策。尔诸臣受恩深重，务当将应行变通兴革诸事，力任其难，破除积习，以期补救时艰。昨据刘坤一、张之洞会奏整顿中法、仿行西法各条，事多可行，即当按照所陈，随时设法择要举办。各省疆吏亦应一律通筹，切实举行。大要不外言归于实，用得其人。予与皇帝宵旰焦劳，母子一心，力图兴复。大小臣工，其各实力奉行，以称予意。将此通谕知之。钦此。

慈禧不仅意识到西方世界的物质力量具有巨大的优势，她还确信教育和进步的通信手段正在她自己的臣民当中稳步地创造出无限的智力与政治力量，按照她的理解，这种力量，衰颓而无知的满人是迟早要正视的。有关这个微妙的问题，从她的懿旨中可以看得很明白，她清醒地意识到了那些威胁到满人统治的危险。她看出了，他们的阶级特权，他们接受进贡的权利，以及清王朝创立者们通过武力和机遇赢来的所有其他统治利益，如今已成为明

慈禧太后巡视农事试验场时，农务大学堂学员列队迎驾

日黄花，在不久的将来，必将把满人本身卷入严重的危险和困境之中，除非通过融合，才能找到避免它们的办法。在本朝奠立者们为保持纯正满人血统而制定的规矩中，有一条是禁止与汉人通婚。这条法律，尽管在南方驻军中屡遭违反，但在京畿地区总体上是有效的，在这里它起到了维护统治阶级及其社会等级的作用。但皇太后如今开始明白，如果中国要作为一个主权国家保持下来，必须把汉人的能量与智慧嫁接到满人血统之中，而不能单靠后者的积极性。1902年1月，在她刚刚回京之后，她就颁发了一道值得注意的上谕，阐述了自己在这个问题上的信念，建议今后满汉通婚。她说："我朝深仁厚泽，沦浃寰区。满汉臣民，朝廷从无歧视。唯旧例不通婚姻，原因入关之初，风俗、语言或多未喻，是以着为禁令。今则风同道一，已历二百余年，自应俯顺人情，开除此禁。"在同一道上谕中，皇太后反对满人从未采纳的汉人习俗，即裹足，并号召有教养的阶层团结起来，反对这种实际上大大有害健康的非人性的习俗。不过，此事不能强行禁止。只是在一个方面，她希望坚

持排他的满人传统，即有关后宫选秀的问题，必须继续坚持只从满人家庭中挑选。"如遇选秀女年份，仍由八旗挑取，不得采及汉人，免蹈前明弊政。"她不愿让其宗亲遭受谋反本朝的风险，如果允许汉人大家族的女儿们进宫，那么这种危险是肯定会发生的。努尔哈赤还曾一劳永逸地定下一项法律，约束龙座的每一位占有者，即"满人无太监，汉人无妃嫔"。

皇太后的下一步，是在一道坦率斥责宗室成员无可救药的无知的上谕中，准许皇室宗亲与贵族们将其子弟送到国外去受教育，指望其无能的肿块或许能够消除。符合条件的年轻人，年龄在十五岁到二十五岁之间，身体健康，将会入选，其费用由政府支付。

对满人而言这就够好了；而关于整个教育问题，她宣称这是中国所有困境的根源。在跟袁世凯与张之洞商议很久之后，她认为，只要古老的科举制度继续存在，由于它对群众具有强大的传统控制力，就必然对政体的任何有效改革构成主要的障碍。经过深思熟虑，她想通了：除非将科举考试制度整体废除，除根斩枝，否则用西学来修补就不会有任何实际价值。古老的论证体系是一个封闭的圈子，两百多年以来成为理想文章的特征，令理想的官员为之着迷，只要它依然是官员课程之一部分，它就必定会战胜所有其他的教育方法。在一道上谕中，皇太后煞费苦心地指出，三千多年前，在模范统治者周公的治下，无疑就存在学校，其形制与今日外国的大学并无大的不同；她还证明了，科举制度可谓并非很久之前的发明，是在明代首次引入的，约在西历 1390 年。终于，在 1904 年，在袁世凯的建议之下，又有张之洞的赞同，皇太后颁发了一道上谕，最终废除了旧的科举制度，将现代学堂毕业作为唯一认可的仕进之途。与此同时，她意识到学生在日本的受训，当时已在很大规模上进行，产生了一批在政府眼里最不希望看到的革命学者，于是她下令做出安排，今后向欧美派送更多的学生。

这篇划时代的声明发布之后，又有几道重要的上谕颁发，其中一道很值得注意，上谕下令在十年内彻底取缔鸦片买卖，这道上谕体现出和舆论达成了真诚而强大的共识，导致了一些最意想不到的结果，对中华民族的道德感与恢复能量而言，功莫大焉。这道上谕带来的广泛改革，与那些提出改革京师管理的上谕遭到的几乎是彻底的失败，形成了惊人的对比。后者取得的结果，由于在位官僚们强硬的消极抵制，只不过是让老的弊端换个新名字永存下去。当时创立的一个新部，得到洋人喝彩，被视为真正进步的一个标志，那就是邮传部，它从成立那天起就成了腐败的代名词，并在中国人当中因低效和浪费而成为一个笑柄。

处理了教育问题之后，老佛爷将注意力转向进步官员们最近在奏疏中经常提到的一个问题，即废除在所谓的帝国司法系统中普遍盛行的酷刑与其他虐待。她意识到，如果中国想得到外国列强的同意，废除外国人的治外法权，她就必须设计并实施与文明国家类似的民事与刑事法典。她就这个问题所颁发的上谕尽管形式漂亮，但似乎缺少她在这一时期所发其他上谕中所显露的信心。例如，它大不同于禁止鸦片和改革教育的上谕。其原则明显对立于她先前的所有观念和实践，可以公平地说，尽管大力起草了法典，但就地方衙门的野蛮行为而言，其结果是微乎其微的，甚至完全无效。她下令：在刑法没有引入之前，斩首应为法律的极刑；凌迟及肢解因野蛮而须废除；烙印、鞭笞和相关的各种刑罚必须停止。她指出，这些野蛮的刑罚引入中国始于明朝，满人只是在沿用其他汉人习俗时一并采用，违反了其本身较为仁慈的本性。

最后，鉴于南方舆论明白无误、日益增强的倾向，慈禧便采取最初的步骤引入宪政，派出一个钦差使团（由辅国公载泽牵头），考察各国现行的各种制度。使团回国后，接着便于1906年秋季颁发了那道著名的上谕，其中她明确宣布了立宪的意图，此法或迟或早付诸实施，根据情况，并根据官员与百姓在准备应对变化时所表现出来的能量或迟延。

　　我朝自开国以来，列圣相承，谟烈昭垂，无不因时损益，著为宪典。现在各国交通，政治法度，皆有彼此相因之势，而我国政令积久相仍，日处阽危，忧患迫切。非广求智识，更订法制，上无以承祖宗缔造之心，下无以慰臣庶治平之望。是以前简派大臣，分赴各国，考察政治。现载泽等回国陈奏，皆以国势不振，实由于上下相暌，内外隔阂，官不知所

清末载泽率五大臣出洋考察

以保民，民不知所以卫国。而各国之所以富强者，实由于实行宪法，取决公论，君民一体，呼吸相通，博采众长，明定权限，以及筹备财用，经画政务，无不公之于黎庶。又兼各国相师，变通尽利，政通民和，有由来矣。

时处今日，唯有及时详晰甄核，仿行宪政，大权统于朝廷，庶政公诸舆论，以立国家万年有道之基。但目前规制未备，民智未开，若操切从事，徒饰空文，何以对国民而昭大信？故廓清积弊，明定责成，必从官制入手。亟应先将官制分别议定，次第更张，并将各项法律详慎厘定，而又广兴教育，清理财政，整饬武备，普设巡警，使绅民明悉国政，以预备立宪基础。

即使是慈禧，也不可能在设计如此激进而全面的变革纲领时，不遭到既得利益者最强烈的反对和批评。然而，在京城，由于不存在直言不讳的新闻媒体，所有改革最终都要取决于其善意的官僚阶层，以执着于古老方法的传统形式，在表层之下进行抵制。如果是针对任何一个不如慈禧这么老练、这么受欢迎的人，皇室宗亲无疑会一致采取其他的更为强硬的措施，但他们了解他们的老佛爷，对她的愤怒怀着有益的畏惧。唯有她特殊的地位与权威使她得以仿效日本模式，引入建立宪政的机制，而我们有理由相信，即使在她去世的时候，许多保守的满人仍然没拿那个措施当真。

然而，尽管有行政的承诺，南方的舆论从未停止通过香港与上海的本国媒体发表言论，直言不讳地抨击皇太后的新政，一般是以她丧失尊严地讨好欧洲人为由批评她的政策。他们缺乏像她那样的阳刚智慧和对铁定事实的无畏承认，不体谅她所面对的诸多困难，很多情况下是在对满人统治的真正仇恨的驱使下，以肆无忌惮的辱骂攻击她；而开放商埠的外国报纸自然怀疑她的动机，念念不忘她在排外运动中的参与，一般而言也不予同情。这两种情况，都对这个女人的男子气概与活力缺乏认识。她的批评者们，像大多数凡夫俗子一样，未能认识到，皇太后是一个好与坏、智慧与谬误的混合体，主要随环境和身边的人性方程式而摇摆不定，也为女人与生俱来的易变性所左右。何况，最重要的是，她是一个天生的领袖，一个一流的政治家。

下面的文字摘自上海报纸当时刊载的文章，指引我们看清少年中国党的精神（如同印度先生的精神），表现为排满倾向和顽固的沙文主义。一位批评者抓住了皇太后对外国使团的招待大做文章，他写道：

> 如果客人有可能对款待心存感激并给予若干回报，那么谁也不会反对设宴招待他。但是，设宴招待一个用猜疑对待你的人，怎能指望得到什么好结果呢？我们汉人总是瞧不起对洋人奴颜婢膝的无知乡下人，但是，当一个处在皇太后这样尊贵地位的人，屈尊纡贵，亲密交往外国公使的夫人，甚至结交那些属于商贾和下层阶级的女人，又该怎么说呢？如今在宫中按照欧洲风格装饰的餐厅里，有外国的食品供应，这些招待会上的客人们在告辞时感谢其皇家女主人，而就在第二天，其公使馆会在我国的外务部对中国大发雷霆。因此，就缓和他们的野蛮方式而言，皇太后的美酒佳肴纯粹是白费了。事实上，她的这些客人毫不犹豫地把

她今日的盛宴比作她在围攻期间送给使馆的蔬果，一种绝非讨好皇太后的比喻。此事变成了丑闻。当年俄国多次招待李鸿章，皇太后在金钱上得了好处。眼下这种情况，莫非是皇太后指望自己得到类似的结果？

然而，慈禧不听批评，坚信自己的信念是正确的，继续坚定地推行她制订的路线，认为那是帝国未来的安全所必需的。即便是她强大的个性，也不可能指望一朝一夕就能克服宫廷内外根深蒂固的偏见与守旧。在她去世时，古老制度的许多主要堡垒（例如太监的势力与官员有组织的腐败）实际上仍未遭到批评和触及。但在她辞世时，她已规划了一条粗略的路线，如果忠实地遵循它，国家之船仍有可能安全地驶过前方海域中危险的礁石与险滩。

第十九章

最后的日子

　　荣禄于 1903 年 4 月去世，这对皇太后来说是一个很大的悲哀。在她漫长的人生中，几乎没有任何危机，或她治理国家的重大事件，未曾得到这位忠实追随者的大力协助。听到荣禄的死讯，她从保定府的行宫颁发了一道上谕，赞扬死者的忠君爱国及眼光明晰的智慧。此人作为荫生在仕途起步，直至升为总管内务府大臣、将军和总督，在所有这些职位上都提供了非凡的服务。在他去世时，他获得了中国臣子可能得到的最高荣耀，即位居大学士与军机大臣。皇太后在这道上谕中特别强调他在 1900 年致力于促进与外国列强之间的良好理解。此外，作为她深切尊敬的象征，她赐予死者一个床罩，其上织有摘自陀罗尼经的梵文和藏文的经文，以用作其葬礼的柩衣。她命令恭亲王前往死者的栖息之地，在十名大内侍卫的随从下，代表她向这位已故政治家的灵魂致祭。她给死者赐谥"文忠"，还赐给他一个既非打了胜仗的军事指挥官又非皇室宗亲的臣子所能得到的最高世袭爵位。荣禄的祖宗牌位得以入祀贤良祠，朝廷拨了三千两银子（三百五十英镑）的内帑供其丧礼开支之用。

　　1908 年夏季，皇太后素来强健的身体显示出了衰弱的迹象，这一事实被记录在了她的遗诏里，考虑到同时发生的皇帝生病这一事实，这就不是一件小事了。关于后者的死因及死法，至今无法确知；这些事情连同紫禁城的许多其他秘密，埋在了李莲英及其心腹随从们的心里。即便是在京城的大臣们当中，不论是满臣还是汉臣，关于慈禧及其不幸侄子在两天里相继去世的惊人巧合，也流传着许多互相矛盾的说法。对于有心人而言，并不缺乏旁证，证明长期受到威胁的皇帝是被以总管太监为首的保守派"除掉"的结论，那些人有足够的理由害怕他的皇权不受约束。与此同时，可以设想，当时颐和园有许多阴谋与行动是慈禧所不知道的，那些预见到皇太后会先死并以东方方式采取相应防范措施的人，故意向她隐瞒了实情。的确，依据目击者提供的非常可信的证据，对那些明显很难用巧合的理论来解答的事件，这似乎是一种合理的解释。以下有关皇太后最后日子的记述，大部分获自两位大臣的陈述，一位满臣，一位汉臣，他们当时在朝廷当值。他们的证词与结论，大体上吻合了消息最灵通、信息最可靠的中国报纸所做的报道，这些媒体发自京城的消息一般也是源于官方渠道。我们自然要有所保留地接受这些记述，但在这一次倾向于接受它们对皇太后的一些好评，并提出我们自己的怀疑。皇太后与皇帝的同时去世有可能是由于自然的原因，但最富有同情心的批评者指出，皇太后的忠实仆从们对于她在皇帝死后那一刻行为的叙述，令人联想到的绝不是悲痛，而是松了一口气。

皇帝病重，是在上年秋天，病情严重到他在生命的最后一年中，逐渐被迫停止参与通常的祭祀大典，这些仪式中的下跪和连续的叩头需要耗费不小的体力。于是，人们的印象渐渐强烈起来：皇帝可能活不长了。人们议论并记住了一个重要的情况，即老佛爷在不久前曾下令为醇亲王那个出生于1906年2月的婴儿聘请专门的奶妈。大家认为，这些命令暗示了这个婴儿会被择立为光绪的继承人。不过，尽管许多人试图劝说皇太后在这个问题上表明态度，但她还是拒绝这么做，因为以前有过倒霉的经验，因为她的选择总是引起很大的误解，更因为本朝的家法规定只有在君主临终时才能合法地选择皇位继承人，这个规定，她在1900年择立端郡王的儿子为大阿哥时，完全未放在眼里。[1]

在这方面，我们有各种理由认为，慈禧迷信的本性，以及对吴可读尸谏时预言灾难的记忆，无疑导致她后悔当年破坏神圣的继承法律，选择光绪继

---

[1] 这个家法是乾隆皇帝制定的，以防其廷臣们暗中争宠于大阿哥。

两岁的溥仪

承皇位。近些年来她曾不止一次致力于安抚这位已故御史的亡灵，安抚舆论，于是赐给他身后的荣誉。直到她统治末年，在法国、日本和联军的同盟在一连串战争中将羞辱强加于中国之后，人们常常听到她为自己误入歧途、招致天怒而表示悔恨。1888 年，当天坛被闪电击中，后来当紫禁城正门失火被毁，她都把这些事件解释为上天不赞成她的作为。此后皇帝与康有为及其同党于 1898 年的阴谋，在她眼里成为老天爷的又一次审判和惩罚。因此可以合理地假设：当拳党王公们劝她相信其魔法的效力及其将洋人赶进大海的能力时，她抓住这个希望，将此当作重新赢得神祇眷顾、赎偿过去错误的手段。尽管在选择端郡王之子作为其儿子即同治皇帝的继承人（因此忽略了光绪）这个做法上，她再一次破坏了本朝的祖宗家法，但毫无疑问，她之所以甘冒此险，是因她还指望小皇帝的父亲，权力仅次于她，会得到中国人民的拥戴，作为上天派来的使者，作为可恨洋夷的征服者，作为其国家的救星，如此就能增添她的家族及其本人的威望。换言之，她承认自己所犯的错误严重损害了她在国民心中的形象，决定孤注一掷，争取挽回形象。后来，从流亡中回銮之后，她意识到这次勇敢的冒险和她从前犯的所有错误一样，从一开始就被人误导了，她迅速地大转弯，采纳她曾反对过的那些改革措施，废除了端郡王之子的皇位继承人地位，表现出非凡的勇气与才智。于是她斩断了与拳党首领们之间的所有联系，同样彻底、同样坚决地从其统治档案中抹去了与她颁发的支持他们的上谕有关的所有记载。这次政策改变以及醇亲王幼子继承大统所带来的结果，使得皇族幼支的地位空前牢固。朝廷中人大都承认，老醇亲王，即光绪之父，当今帝位继承人之祖父，最终会被加封"皇帝"尊号，这实际上是通过身后的权利使他成为一个新朝分支的奠立者。直接继承的问题，即便在汉人眼里，也是绝不简单，一般认为（例如 1908 年 10 月驻北京的《泰晤士报》记者），皇太后会提名溥伦贝子继承光绪，就此恢复家族长支的继承。这当然很对全国正统派士大夫的口味，而且，作为安抚那位尸谏御史之哀灵的手段，也比她实际所采用的处理办法更为有效。莫里森博士（Doctor Morrison）事前曾讨论过这个继承，表达了一般的看法：指定另一个婴儿来继承光绪（牵涉到另一个漫长的摄政期），会使本朝充满巨大的危险。大家都能看清楚，少了那位半个世纪以来把组织混乱的中国政府整合在一起的强手，中国的局势会变得更糟，因为在未来的许多年里，最高权力似乎注定会掌握在一位摄政者手中，而这位摄政者的地位从一开始就被皇室长支施加的强大影响所削弱。慈禧非常了解选择醇亲王之子所造成的或者毋宁说是所延长的局面，而且无疑是为了这个原因，光绪继承人的择立一直拖延到了她去世的那一天。当她面临着采取行动的迫切需要时，她必须打定主意了，她心中主要权衡着两件事情：其一是她曾向荣禄许下的诺言，其二是她对庆亲王不加掩饰的厌恶，此人充当了溥伦贝子诉求的主要代言人。她也很自然地希望把皇太后这个头衔留给她宠爱的侄女（光绪的皇后），但愿能回报多年来她对自己真诚而忠心的效力。换言之，人性方程式的诉求与她的个人爱好最终压倒了正统信仰的诉求与良心的不安。

在 1907 年的整个冬天，以及次年春天，皇太后享受着一如既往的健康活力。

4月份，她照例去了颐和园，在那里度过热季。然而，暑热导致她痢疾复发，8月份又患了一次小中风，其结果是，她那张对于一个七十岁的老妇而言一直显得非常年轻的脸庞，现出了憔悴的倦色。在其他方面，她的健康状况相当不错，她说话的声气依然不减从前，她继续不懈地关注国事。她常声称她有雄心活到维多利亚女王那样的高寿，那位女王是她表示了最高钦佩的统治者。她说，她从那位英国女王的面相上看出了跟她一样的长寿特征。她经常召见的高道长对她影响颇大，曾预言她的寿命会长过本朝从前的任何一位皇太后；但他的预言并未成真，因为慈禧去世时比她前任中的三位都要年轻。

1908年夏季，老佛爷对达赖喇嘛的即将到访表现出浓厚的兴趣，此次访问安排在秋天。总管太监李莲英乞求她取消这次访问，理由是"活佛"与"天子"同时共住一城很不吉利。他说，二者必死其一，要么是圣僧，要么是圣主。[1] 对此，慈禧答复说，她早就料定，皇帝的病是不治之症，因此她看不出有什么理由阻止达赖喇嘛的到来。不过，在7月份，她召来几位在国外受教育的中国医生给皇帝看病，后者已大为憔悴，非常虚弱。医生们报告，皇帝患上了肾小球肾炎。他们察看了这位尊贵的患者，对其症状的诊断想必是敷衍了事，因为礼仪不允许他们做适当的检验，但他们声称已查明其心跳很弱。另一方面，南方报纸的写手们毫不犹豫地断言整个诊疗过程是一出闹剧，而且，一旦皇座周围的权要们确定了皇太后可能不会长久于人世，皇帝的死期也就到了。

根据京城舆论大体一致的看法，老佛爷和皇帝之间这一时期的关系并非不友善。据说在皇帝病情加剧之前不久，皇太后还鼓励他更积极地参与国事，为一些要职斟酌人选：她确实恢复了给他阅看上谕，例行公事地征求同意的做法。当维新党人王照从逃亡中回国自首时，曾在1898年发誓要处死这个人的皇太后，却请皇帝决定如今该如何惩处他。皇帝沉思良久，建议饶他一命。老佛爷答道："当然可以，我原本就打算饶了他，只是想听听你的看法。我很清楚，你真心痛恨康有为及其同党这帮家伙，所以担心你会坚持要将王照立即斩首。"她显然认为她已经彻底从皇帝脑子里抹去了对她意志的对立。

---

[1] 总管太监反对这位高僧实际上是在打自己的算盘，因为这位喇嘛向迷信界的索求自然会减少他自己的机会。

当皇帝的健康状况日益糟糕时，太监们接到指令：皇帝来请安时，别让他等候在外，还免其在军机处会议上在慈禧到来与离去时跪迎跪送。一名身居高位的满人大臣证实了下面这个小插曲。一天早晨，皇帝阅罢一名御史的奏疏，发现其中有些不准确的表述，对军机大臣们说："普遍的传言很少可信。例如我自知确实生病了，而这里却有人说我一点儿没病。"皇太后插话道："谁敢这样乱说？要是逮着了，定要处死！"光绪接着说道："我确实日渐衰弱，皇太后您寿辰将至，我也不能行礼如仪了。"老佛爷怜悯地回答："对我来说，你的身子康复，胜过给我磕头。"皇帝离座叩谢慈语，竟然晕倒在地。于是庆亲王提议召来一位名叫屈永秋的大夫，他曾在欧洲受训，但其提议直到后来才被采纳。第二天，皇帝询问当值的御医，他的病究竟会不会致命，此人接受的医学训练，跟唐朝传下来的没有两样。皇帝说："朕心很乱。"吕用宾大夫答道："陛下的现况并未显示任何致命疾病的迹象。臣等恳请陛下静下心来，不安的该是奴才们。"

慈禧中风之后，关于她的病情，外间有广泛的谣传，这使她意识到各地舆情汹汹，以及舆论跟她已批准的立宪之问题的关系，因此她决定立即履行她在1906年所做的承诺。于是在八月初一日，她颁发一道上谕，显示出一些迹象，如同日本统治者展示出的卓越治国之才般的相同精神，而且显然是仿效他们的榜样。其中承诺，将在九年时间内完全建立起宪法形式的政府。与此同时，敕令政府各部门实行必要的改革，以推动新配置的引入。在颁发这道上谕时，她表示，希望自己能在有生之年见证第一届中国国会的召开。上谕还说，倘若端郡王之子证实了自己的价值，如果他依然是皇位继承人，那么他现在已到了在皇帝宾天之后接掌朝政的年龄。岁月不饶人，她将很高兴退隐颐和园安享晚年。只要事情维持现状，重大问题必得交由她来决断，但她很希望她的摄政期不会无限期拖延下去。

9月份，前直隶总督袁世凯五十大寿，而朝廷仍然待在颐和园。老佛爷把贵重礼物赏赐给她所信赖的这位大臣，京城里几乎每一位高官都出席了生日庆典，送上了颂词与贺礼。然而，很扎眼的是，皇上之弟即醇亲王（后来的摄政王）没来，他为了避免到场而请了短假，而且也没送礼。

祝寿庆典上发生了一个有意思的插曲。在朋友们所送的挂在墙上的许多贺联当中，有一副引起了很多人的关注，直至被人匆忙取下。一边条幅写的是"戊戌之年，八月初五"（这是政变危机的日子，当时袁世凯向荣禄告密，导致皇帝实际上被废黜），另一边条幅上则写着"皇上万岁，阁下万岁"。

"万岁"一词不适用于皇帝的任何臣子，因此这些话的含义，就是指控袁世凯谋篡皇位。显然，某个对头送来了这副贺联，提醒人们记住袁世凯十年前出卖过他的主子，而它们之所以被挂到了墙上，也是因为袁世凯手下人的默许或疏忽。四个月之后，当这位前总督下台时，人们记起了这个插曲，并不可避免地把它跟醇亲王未在生日庆典上露面联系了起来。

9月份，达赖喇嘛抵京，但由于仪式细节上的某个分歧，他的觐见延期了。最终的安排是，这位高僧应该先给皇帝磕头，接着皇帝起身离座，邀请喇嘛坐在他旁边的藤榻上。达赖喇嘛勉强接受了这一仪式，而且是在大费口舌之后。在他看来，要他磕头，严重地损害了他的尊严。他带来了大量贡品，因此对老佛爷没示以他期望得到的尊重而感到更加失望。他的觐见在10月初举行，当时皇太后请求他定期为自己祈寿祝福。

10月份，皇太后还在颐和园接见了外国公使，当月20日，朝廷回到西苑过冬。这是皇太后的最后一次盛大出行，她和通常一样乘坐御船，经由连接昆明湖与西苑二海的运河，一直前往坐落于运河岸边的万寿寺。有人注意到，当她离开颐和园的宫禁时，她热切地注视着从湖岸耸起的高墙，从那里看向逐渐远去的群山。她把头转向坐在她脚边的瑾妃，说她担心皇帝危险的病情会使她在未来很长一段时间不能探访她最喜爱的住处了。

老佛爷坐在其雕龙刻凤的豪华游船升高甲板上的一把藤条椅上，她身边有宠监们及六名主要女眷环侍。当两名太监搀扶她走下游船进入将在两座寺庙内载她行走的轿子时，她的活力与健旺的精神成了普遍谈论的话题。她像往常一样先到万寿寺致祭，这是她慷慨捐赠的一所寺庙，但当她去世后，人们记起了一个不祥的预兆，即最后一炷香没能点着。离开万寿寺时，她请求僧人们每天祷告，为自己祈寿，因为她的寿辰已近。

离开寺庙区以后，皇太后在侍女们的簇拥下前往正好坐落于京城西直门

慈禧扮观音

外的动植物园。在到达门口时，她坚持要下轿，步行在园内巡游一圈。看到此前从未见过的动物，她兴致勃勃，非常快活，说她今后会经常来此观看。她对饲养员提了许多问题，对狮子兴趣尤大，并问万牲园总管（内务府的一名满人官员）那些动物来自何方，对此问题总管自然是一无所知，令她的贴身侍从们开心不已。她说："看来你对动物学所知不多嘛。"然后她不再理睬这位垂头丧气的官员，以完全不拘礼节的态度转身跟一名饲养员说话。总管太监李莲英厌倦了这样不同寻常的活动，恳求皇太后别累着自己，但老佛爷很开心，存心要催着他转来转去。这个场合很不寻常，明显不合礼仪，这样的场景会让英国人不由得想起另一位富有主见的女王，以及她视察另一座花园时的情景，那里的园丁和嬉笑猫的脑袋是没有保障的。那一天郊游的目击者们公开地谈到了皇太后不同寻常的精神与活力，预言她还能活很多年。

皇太后对那些出人意料的事物，总是具有非凡的记忆，这一回，她提到了端方当年从欧洲归国的时候带回的大象，那头大象和几头其他的动物，由于宫内没有适合圈养的场所，它们就是修建万牲园的起因，也是该园的第一批居住者。那头大象原本由两名德国饲养员照管，他们从哈根贝克动物园陪伴那头大象来此。这两人经常但是徒然地抗议负责的官员为那头野兽提供的口粮不足。大象最终因慢性饥饿而致死，两位饲养员领到未满期合同的薪水之后，回欧洲去了，这个结果使皇太后对那位犯错的官员大为不快。她现在提起此事，由于大多数动物好像被照看得很不错而表示满意，不过负责老虎的饲养员受到了严厉的申斥。

皇太后返回西苑之后，一切都准备妥当。为了庆祝 11 月 3 日她的七十三岁诞辰，城里的大街上都张灯结彩，宫里的安排则是连演五天的特别大戏。有一个特殊的仪式，大不同于朝廷的生日庆典，是为达赖喇嘛安排的，后者将率领众僧面向皇太后行礼。皇上的健康状况不允许他在举行仪式的仪鸾殿给皇太后行跪拜之礼。于是他委托一位宗室亲王代他履行这项职责，那些懂得在这种场合其深刻意义的人都意识到了，他的健康状况确实是极为严重了。这个印象得到以下事实的佐证：他同样被迫放弃出席在贡使殿里为达赖喇嘛举办的特殊宴会。这位高僧，已被迫跪在宴会厅外恭候皇上驾临，为这一情况感到震怒。

在万寿日早晨 8 点，皇帝离开了瀛台，来到大殿。然而，他的模样那么憔悴哀伤，引起了皇太后的怜悯，她吩咐其侍从太监扶他进轿，允许他不再出席庆典。这天晚些时候，她颁布了一道特谕，称赞达赖喇嘛的忠心，命他即行回藏，"到藏以后，务当恪遵主国之典章，奉扬中朝之信义"。皇太后在其万寿日下午是在惬意的化妆娱乐中度过的，打扮成观音菩萨，一大群妃嫔、格格和太监，都穿着奇装异服，陪伴在她身旁。他们在湖上野餐，皇太后显得精神非常高涨。不幸的是，傍晚时她着凉了，此后又吃了太多的冻奶油拌山楂子，导致折磨了她整个夏天的痢疾复发。第二天，她照常打理国事，批阅了大量的奏疏，但在 11 月 5 日，她与皇帝的状况都不太好，没能召见军机处，所以一应行政事务都悬置了两天。听到皇太后生病的消息，达赖喇嘛赶紧给她送来一尊佛像，他说应该立即将之送往她在山下的陵寝，其建筑刚在庆亲王的监督下完成。[1] 活佛催促，要火速把这尊创造奇迹的佛像送往慈禧未来的葬地。他说，如果很快送到的话，慈禧的寿命将会延长许多年，因为现在对她不利的不幸的星宿相合，斗不过这尊佛像的法力。达赖喇嘛乐观的预言令老佛爷大为放心，翌日早晨她照常主持朝会。她命令庆亲王立即前往陵寝，去把这神奇的佛像放在祭坛上。[2] 她令庆亲王在陵地特别关照此事的完成，确保她详细的指示被忠实地执行。庆亲王对这些指示略持异议，询问道：难道皇太后真的希望自己在她和皇上都生病时离京？但老佛爷不容分说，断然命他依旨而行。她说："这几天我不见得会死；我现在觉得好多了。不管怎样，你要照我说的去做。"11 月 9 日，星期一，皇太后和皇帝都出席了军机处会议，特别召见了即将离京赴任的直隶学政。这次召见，老佛爷略带怨恨地说到秀才们当中日益增强的表达革命思想的倾向，命令这位学政发挥其所有的权力去制止他们的政治活动。

不久之后，又有四名来自各省的医生获准给皇帝看病。同一天下午，他的病情出现了一次严重的复发，从那天起，皇帝的病情严重恶化。从那天起，他没再离开寝宫。翌晨，他派人（或者是别人替他派的）去给皇太后请安，而后者也出不了寝宫，没有主持朝会。御医们报告，两宫病情都不妙。他们担心其后果，恳请内务府总管大臣另请高明。军机处捎信给庆亲王，令他火速回京，有最重要的事情需要他立即参与。庆亲王日夜兼程，于 13 日早晨约 8 点钟抵京，匆忙入宫。他发现老佛爷心情很好，确信会完全康复，但皇帝的病情明显恶化，已不省人事，只有间隔的短暂清醒。他最后有意识的行动，是叫皇后去告诉皇太后，他很遗憾不能侍奉在她左右，希望她别再耽搁，立即指定皇位继承人。这些恭孝的口信是自发的还是被动的，还有，它们到底是不是由皇帝派人送去的，乃是人们公开表示怀疑的事情。

---

[1] 庆亲王继荣禄之后担任该陵寝的监护人。

[2] 皇陵大约位于京城以东三百里处，是一片广阔的圈地，入口宏阔，以最佳中国建筑风格的辉煌典范装修而成。它包括四重宫殿，呈升阶式后延，在第四重背面，也是最高处，耸立着一个大丘，古称"宝城"，其下便是宽敞的墓室。

庆亲王刚到，仪鸾殿里便举行了一次重要的朝会。皇太后能够升座，尽管看上去虚弱，但她不可战胜的勇气使她能够征服身体的疾病，如惯常一样快言快语。一位见多识广的军机大臣，对这种意志力的展现大为吃惊，记录下一个事实：皇太后完全主导和控制了这次会议。出席者有庆亲王，醇亲王，军机大臣袁世凯，内阁大学士张之洞、鹿传霖和世续。

皇太后宣布：时候到了，应该根据光绪即位那天的上谕，为同治皇帝立嗣。那份上谕规定：大行皇帝的香火延续应该得到保障，办法是允许他优先于其同辈的继承人。她说，她已经做出了选择，但她希望先听听军机大臣们的意见。接着，庆亲王与袁世凯建议立溥伦为嗣，如果溥伦不行，就立恭亲王。他们认为，前者是道光的长曾孙，更符合条件，庆亲王似乎倾向于同意这个观点。然而，其余的军机大臣则建议择立醇亲王的襁褓之子。

听完了军机大臣们的意见，老佛爷宣布：很久以前，早在她把荣禄的女儿许配给醇亲王时，她便已决定，这桩婚姻的长子将被册立为皇位继承人，以奖赏和报答荣禄毕生对自己的奉献，以及他在义和团起事时为大清所出的伟力。她将自己的看法记录在案：荣禄拒绝协助攻打使馆，从而挽救了大清。今年三月，她向荣禄的遗孀，她最好的朋友，在其辞世之前，重申了这个承诺。因此，她现在会加授醇亲王为摄政王，这个头衔的级别，高于1861年她和共同听证者授予恭亲王的"议政王"头衔。

听到这个决定，醇亲王起身离座，叩头不止，以谢皇太后隆恩，表示深感自己不配。袁世凯再次斗胆进言，声称溥伦资格较高，他诚心地认为，如今到时候继续沿着长子继承权的原始路线来继承皇位了；也很明显，他充分意识到了醇亲王是他的死敌。老佛爷转向他，愤怒地加以申斥。她说："你以为我老了，糊涂了，但如今你该懂得，只要我打定了主意，没什么能阻止我照办。时当国事艰危，冲龄之主于国而言无疑是危险之源，但别忘了，我会在这里指导和帮助醇亲王。"接着，她转向其他大臣，继续说道："马上拟旨，以我的名义，第一道，任命醇亲王载沣为摄政王；第二道，令醇亲王之子溥仪立即入宫，在宫中教养。"她令庆亲王将此二旨通报皇帝。

此时光绪仍有意识，听懂了庆亲王对他说的话。他说："册立一个成年

醇亲王载沣

人岂不更好？不过，皇太后知道得最清楚。"听说任命醇亲王为摄政王，他表示满意。此时已经是下午 3 点，两个小时之后，婴儿溥仪被抱进宫里，被其父带领去让皇太后与皇帝见过。翌晨 7 点，当值的御医们报告：皇帝"鼻翼抽搐，腹部隆起"，他们从这些迹象得知，皇帝死亡在即。夜里，光绪自觉死期将近，写下了最后的遗嘱，字迹几乎无法辨认，以下面这段很有意思的话开头：

> 太后选朕继承大统之时，朕乃醇亲王次子。太后对朕怀恨无已，然朕过去十年之不幸，则系袁世凯及某某（第二个名字据说无法辨认）之咎。时机一到，必即杀之。

光绪的皇后持有这份文件，却曾为不相干的目击者所见。其措辞说明，最后的一年中，皇帝这方面采取的任何和解姿态，肯定是出于恐惧，而非出于爱的复苏。

这天晚些时候，朝廷颁发了一道上谕，向京城和帝国的臣民们宣布，他们的圣上病情危急，呼吁各省火速派其技术最好的医生进京，使皇上的性命庶几可保。上谕详细描述了光绪疾病的症状，或真或假。一般认为，这是例行公事地宣布一件无关紧要而且早在意料之中的事情。

下午3点，皇太后来到瀛台探视皇帝，但他已人事不省，认不出皇太后。稍后，他短暂地恢复了意识，侍从们极力劝他穿上寿袍，礼仪规定皇帝应该穿着它死去。普遍的习惯是，只要可能，病人应该在临终时穿上这套寿袍，如果死后才穿，则被认为不吉利。然而，皇上固执地拒绝了，而到了5点钟，他去世了，在场的有皇太后、皇后、两位妃子，以及几名太监。皇太后没有留下来见证给遗体穿上龙袍的仪式，而是立即返回自己宫内，在那里下令颁发皇帝遗诏，宣布新帝即位。

下面是皇帝遗诏中最有意思的段落："念时事之艰难，折中中外之治法，辑和民教，广设学堂，整顿军政，振兴工商，修订法律，预备立宪，期与薄海臣庶共享升平。"在谈及摄政王的任命和龙座继承人的择立之后，他在结语中（或者说皇太后为他在结语中）再次谈到立宪，并号召大臣们纯正心灵，做好准备，以便在九年后建立新的秩序，实现皇帝的遗志。

在此关头，老佛爷显得精力格外旺盛，以其活力与敏锐令身边人吃惊。她下令以新皇的名义颁发一道上谕，照例赞美已故的君主，表达婴儿皇帝对皇太后的感恩，因为后者将他扶上了皇座。

我们还记得，御史吴可读在光绪统治伊始的时候有尸谏之举，以抗议皇位继承中的不轨行为，因为这使得同治皇帝无嗣，那位君主的亡灵成为孤魂，没有后嗣代他祭祀祖先。婴儿溥仪如今过继给了同治，成为他的后嗣，兑现了慈禧在吴可读耸人听闻的尸谏时所做的承诺，而这样的不轨行为似乎又要重演，因为光绪的在天之灵又要面临类似的悲惨处境，除非找出某种办法解决这个难题，让两位先帝的诉求都得到满足。倘若光绪没有后嗣到其圣庙中执行至关重要的祭祀，正统派的感情很难不受到伤害，而吴可读的榜样又会有其他的御史来效法。皇太后意识到了这个问题的重要性，便以她惯有的专横方式一举加以解决，尽管历史上没有完全适用的先例，但似乎能满足各个派别，抚平所有的偏见，只是因为它的简便和独创性。她就此问题颁发的懿旨写道：

> 前因穆宗毅皇帝未有储贰，曾于同治十三年十二月初五日降旨：大行皇帝生有皇子即承祧穆宗毅皇帝为嗣。现大行皇帝龙驭上宾，亦未有储贰，不得已以摄政王载沣之子溥仪承继穆宗毅皇帝为嗣，并兼承大行皇帝之祧。钦此。

对那些熟悉中国朝廷礼仪和继承法律繁文缛节的人而言，如此简单（而又如此新奇）的这样一个权宜之计，在从前的类似场合应该被人恰当地采用过，因为它所需的一切，仅仅是让一位活着的皇帝采取双重的身份。于是我们不禁好奇，如果它是出自一个不像慈禧这么老练而有主见的人之手，那些控制这些事情的古典权谋究竟会不会接受如此方便的解决方案。

在其后的一道上谕中，皇太后把所有日常工作的全部控制权都移交给了摄政王，只给自己保留了所有国家大事的最后拍板权。这一安排的作用，就是把醇亲王放在了名义的位置上，与光绪过去的位置大致相当，直到儿皇帝成年的时候，或者直到皇太后去世之时。换言之，慈禧再次运行起她的那套体制，通过这套体制，她自其夫君咸丰皇帝去世之后，获得并掌握了最高的权力。不用怀疑，此刻她完全指望着再活许多年，并盘算着能把连续而不衰减的权力享受到底。在她有关这个问题的懿旨中，和往常一样，首先提到了时局艰危，以证明其行为的正当性，接着声称摄政王执政"悉秉承予之训示裁度施行"。毫无疑问，只要她活着，就不会允许光绪皇帝之弟享有的独立自主性或权力超过倒霉的光绪本人。

第二十章

慈禧的死与葬

　　11月14日，在漫长而令人兴奋的一天结束时，皇太后回宫休息，她因操劳而有些疲惫，但健康状况明显改善了很多。第二天早晨，她和往常一样，6点起床，召见军机大臣，与已故皇帝的遗孀、摄政王及其福晋，即荣禄的女儿，说了一阵话。根据以婴儿皇帝名义颁发的一道上谕，她有了"太皇太后"的尊号，而让光绪的遗孀做了皇太后。人们筹划了复杂烦琐的仪式，以庆贺这两个新尊号的授予，以及宣布摄政王的就职。突然，在中午坐着用膳时，老佛爷晕厥了，时间长而病情重。当她最终恢复意识时，大家都很清楚，过去几天的紧张和兴奋，使她旧病复发，她的元气已被痢疾的长期折磨而伤害了。慈禧意识到自己大限已近，连忙将新太后、摄政王与军机大臣召进宫，在他们聚齐时，她以处理日常政务时惯用的平静语调说话，口授了下面这道懿旨。

　　　　太皇太后懿旨：昨经降旨，特命摄政王为监国，所有军国政事，悉　　　　秉承予之训示裁度施行。现予病势危笃，恐将不起。嗣后军国政事，均　　　　由摄政王裁定，遇有重大事件，有必须请皇太后懿旨者，由摄政王随时　　　　面请施行。

　　这道懿旨结尾部分的重要意义，对于任何一个熟悉中国朝廷程序、熟悉慈禧生平经历的人而言，都是显而易见的。其巧妙的措辞，明显是想给新太后及叶赫那拉家族提供一个机会，在任何特定的危机中干预国事，如此来维护本族的终极权力，并在摄政王及其追随者们万一采取敌对行动时捍卫家族的地位。这一预防措施的结果，表现于端方被指控在皇太后葬礼上失敬而被革去直隶总督之职的时候，这个插曲清楚地表明，摄政王的差不好当，而新皇太后隆裕一心要捍卫本族的地位，并沿着与其威严的前任非常相似的路线来利用这一地位。

在颁发了以上引用的那道懿旨之后，皇太后迅速衰弱下去，她命人起草遗诏，呈给她批准。这件事很快办好了。她细读了这份文件，改动了几个地方，特别是加了"不得不再行听政"一句。为了说明加这句话的理由，她主动解释说，她要插入这句话，是因为人们不止一次把她获得最高权力错误地归因于她的个人野心，而事实上她总是把国家的福祉看得跟她自己的志趣同样重要，她是不得已才担当此任。遗诏末尾那段感人肺腑的话，即以"回念五十年来"开头的那段，也是出自她的手笔。在写这段话时，她指出，她一生中没有遗憾，只希望能多活许多年。她接着动情地跟她人数众多的贴身侍从和身边的侍女们告别，这些人全都真情流露，伤心欲绝。直到最后，她的神志相当清醒。在撒手人寰的那一刻，她依然谈吐平静，仿佛正要动身去一趟颐和园一样。一次又一次，在所有人都认为最后时刻已经到来时，她恢复了意识，直到最后，守候在她床边的人都不禁希望（或者说担心，情况因人而异）她还能战胜死神。最终，在濒死之际，身边人按照中国的习俗，请她说出临终遗言。这个塑造并引导中国命运长达半个世纪的非凡女人所做的回答，是出人意料而很有意思的，她说："以后别让女人掌握国家最高权力啦，这是违背本朝家法的，应予严禁。留心别让太监干政。明朝就是亡在太监们手里，其命运是我们的前车之鉴。"慈禧死了，正如她活着时一样，凌驾于法律之上，却还羡慕别人对法律的遵守。仅在几小时之前，她还准备把权力移交给其本族的一个女人。此刻，面对彼岸的黑暗，她踌躇了，不愿延续这个体制，这个体制若非由最强硬的双手掌握，定会令帝国陷入混乱。她死了，正如她活着时一样，是一个冲动而情绪无常的人，一个变化多端的女人。

下午3点，她伸直了肢体，面朝南方咽气了。按照中国人的观念，这是临终君主的正确姿势。那些目睹其死亡的人说，她的嘴张开未合，中国人对此的解释是：逝者的魂魄不愿离开躯体启程奔赴九泉。

慈禧就这样死了。她的女眷及侍女们给她的身子穿上描龙画凤的庄重寿袍，她和皇帝的遗体被人们从西苑移往紫禁城，穿过两侧跪着的长列的臣民，以隆重讲究的礼仪，被虔敬地安置在不同的宫殿里。

慈禧的遗诏，那支确实比刀剑更锋利的笔写下的最后言辞，大部分是对经典模式的忠实复制，是一个将写作当作其宗教的民族的统治者的辞世之作。其结尾的文字如下：

> 回念五十年来，忧患迭经，疚业之心无时或释。今举行新政，渐有端倪。嗣皇帝方在冲龄，正资启迪。摄政王及内外诸臣尚其协心翊赞，固我邦基。嗣皇帝以国事为重，尤宜勉节哀思，孜孜典学，他日光大前谟，有厚望焉。
>
> 丧服二十七日而除。布告天下，咸使闻知。钦此。
>
> 十月二十三日（11 月 15 日）

皇太后受封的尊号不少于二十二个字，其中十六个字是她去世时就有的，另六字则是由记载其逝世并襃扬其辉煌成就的上谕中所追封的。追封的第一字为"孝"，即对其丈夫而言，已故的皇后通常都封了此字；第二字为"钦"，意指恪守祖宗成法；第三字与第四字为"配天"，将其与孔子等量齐观；第五字与第六字是"显圣"，将她的地位提高到超越国家圣庙中圣贤的地位，因为她是"神圣有加"，而孔子只是"宣道者"。在本朝的文献记录中，她从此就被称为"孝钦显皇后"，按照中国的谥法，这个谥号比有史以来任何一名女性统治者所得之谥都要崇隆。

皇太后去世之后，她的威望，她在百姓心中留下的印象，是有增无减了。灵柩首先置于她的宁寿宫，后来移置于紫禁城北面煤山脚下的一座殿堂，等待在选定的吉日安葬。环绕着灵柩的哀婉与敬仰，超越了中国统治者们通常都会得到的身后之荣。对官员和百姓而言，她的逝世，令大家失去了强大的

慈禧太后出殡

舵手，失去了一个不论是从人性还是从官性的观点来看都对他们具有吸引力的个性鲜明的人。他们对老佛爷的深切怀念，清楚地反映于他们精心制作的祭品，从她去世的日子到一年之后其神主极为隆重地从陵墓运回紫禁城那天为止，人们源源不断地把这些祭品献给皇太后的灵魂。

佛教的中元节在七月份举行，刚好是西历9月，恰逢皇太后去世之后，人们用纸扎起一条豪华游船，长达十四丈许，放置于紫禁城外紧邻煤山的一块大空地上。船上挤满了纸扎的太监与侍女，还有家具和肴馔，供这位杰出的逝者在下界享用。船头上设了宝座，周围跪着模拟的官员们，全部身着官服，仿佛慈禧的阴魂正在举持朝会。

中元节早晨，摄政王以皇帝的名义，在这艘游船前面致祭，随后付之一炬，以让老佛爷能在"黄泉"享用它。葬礼前一两天，以同样的方式焚烧了数以千计的纸扎侍从、骑兵、骆驼和其他驮畜，让她的魂魄能够享用她生前惯于享受的排场。

以下的文字摘自 1909 年 11 月 27 日《泰晤士报》刊载的关于其葬礼的
报道：

　　皇太后的神主从东陵运至紫禁城宗庙内它的栖息之处，是一个令人
印象至善的仪式，显示了那种令祖先崇拜在中国人生活中成为重要因素
的感情所具有的活力。神主就是一块上了漆、雕了字的木牌，上有满汉
文书写的死者名字，正式地供奉于葬礼上。随着陵墓大门关闭，逝去统
治者的灵魂被认为转移到了这块灵牌上，因此对神主的尊敬，如同对生
前的君主。慈禧的神主自东陵回京，行走得缓慢而庄重，走了三天的路
程，高高地放置在覆盖着黄色丝绸的华丽乘舆上，由大队的骑马侍卫护
送。在每个台站，过夜时要把它放在一个特建的亭阁内休息，由典仪大
臣虔敬地下跪，"请"它下车去休息。为了这位强大逝者灵魂的栖息之
牌通过，御道经过了精心的布置，由士兵清扫干净；它成为圣道，凡人
之足不得来往于其上。当抬着神主的队列接近京师城门时，摄政王率朝
廷的文武百官虔敬地跪迎。所有交通停止了；街上鸦雀无声，人们跪下，
对老佛爷示敬。乘舆缓慢而庄严地通过紫禁城正门，抵达太庙，那是帝
国最神圣的处所，神主在此被"请"入其指定的位置，位于九位皇帝、
三十五位皇后之中。不过，在完成这项程序之前，先要把慈禧之子同治
和她儿媳的神主从那个威严的集体中转移开，因为正确的礼仪要求刚到
的神主要向祖宗们的神主行礼，而父母的神主不适合给儿子或儿媳的神
主行此大礼。敬礼由摄政王代表婴儿皇帝代行，在太庙的每位神主前都
要九叩，共约四百叩。这些程序完成后，依据逝者长幼尊卑之序，同治
皇帝及其皇后的神主被正式地"请"回太庙，有人在此代他们向慈禧的
阴魂行礼，那阴魂，已被安置于其从前的同事与共同听政者慈安皇太后
旁边的神龛之内。

　　就这样，这位非凡女性的生与死中最后的一项礼仪落幕了，但是，她的
灵魂依然关注着紫禁城及其臣民的公共事务。人们坚信，她的灵魂会及时地

引导这个国家摆脱所有的困苦，走向幸福的结局。随着时间流逝，她性格中的弱点和她生平所犯的错误被遗忘了，只有她的伟大被铭记。对这个伟大的满人而言，最好的墓志铭莫过于她自己的遗诏，凌驾于她治下所有的卑琐与屈辱之上，踏实地直面死亡与变革，在我们眼里将她拔高到（引用《观察家》杂志[1]一位作者的话）"希腊人想象出来的人类统治的大致理想状态，那时候，国王应是哲学家，而哲学家则应是国王"。

---

[1] 1909 年 1 月 2 日。

第二十一章

结　论

　　柯勒律治说："一切笼统的判断都是不公正的。"法国哲人则说："理解一切即宽容一切。"要理解皇太后的生平与个性，首要的是去掉我们种族偏见的观念，尽力理解她出生的环境和传统。借用已经引用过的《观察家》杂志上那篇具有思想性的论文中的话来说，"她生活、工作并受支配于远离所有西方思维方式与行为标准的背景中，历史学家的任务中的第一步，就是务必做到用她自己的标准而不是完全用我们的标准来评判她。"根据粗略的民意测验和在其祖国累积的证据来判断，慈禧的名字将会作为一个政治天才，作为一个天生的统治者，作为一个"坤元兼乾元，圣明过人"[1]的女人，而被载入中国的史册。

　　由于改革与新闻自由依然是"少年中国"的一个遥不可及的梦想，无法指望任何中国作者写出有关皇太后生平与时事的有用记载。尽管在京官们的日记与档案中，在熟悉她的人所写的个人回忆录中，存在海量的信息，但关于这个主题并无任何具有人性趣味或价值的文字在中国出版。从官方和正统的观点来看，一部忠实的皇太后传记是亵渎神圣的。的确，在依据条约开放的商埠受到欧洲人保护的华文报纸上，以及在香港与新加坡的报纸上，广东著作者们发表过对于皇太后个性的印象，以及对其生平的简述，但这些文字都有无可救药的偏见，因对满人的仇恨而扭曲，以至于对历史研究几乎毫无价值，就如朝廷

---

[1]　参见本书中的《景善日记》。

的历史记载一样无用。我们参考了这些出版物中最著名的一部，它是一系列信函，最初发表于一份新加坡报纸上，并以《中国的内部危机》[1]为题出版，作者笔名为"文庆"，隐藏了真实身份，即康有为最热心的弟子之一。此作以持续的猛烈抨击与轻率的错误而引人注目，显然是企图在其同胞们的心里制造仇满的氛围（为了广东人的终极利益），劝阻外国列强容许皇太后返京。这位作者利用典型的"西学"杂货铺，把皇太后比作希腊神话中的女巫瑟西、古代传说中的亚述女王塞米勒米斯、法国皇后凯瑟琳·德·梅迪奇、罗马皇帝第三个妻子梅萨利娜、富尔维亚和罗马皇帝尼禄之母朱莉娅·阿格丽品娜；引用但丁与罗塞蒂的话来支持他的论点，在其辱骂中掺入一点点可以得到证明的事实，足以令其叙述带有几分类真性。但他的判断明显是笼统的。他同样忽视了慈禧的不可否认的优秀品质，使她情有可原的环境，以及她所受教育的缺陷和所处位置的困难，以至于其作品几乎没有价值。

就历史准确性的目标而言，那些在仪典上当皇太后沐浴在照射于龙座上的假光中时见过其个性与意志的欧洲人，或者受到皇太后蓄意欺骗及其装扮得惟妙惟肖的仪态魅力影响的欧洲人（尤其是外交使团的女士及其朋友们），他们记载的有关皇太后的故事与印象，同样是毫无价值的。倘若清廷的礼制允许皇太后与男性的欧洲外交官和贵宾们交往，她肯定也会获得并对其施加直接的个人影响，这种影响，是从她的非凡活力和意志力中迸发出来的；这种影响，西方世界已经知道，是与德国的威廉皇帝和罗斯福先生的名字联系在一起的。皇太后在外国人中的社交关系局限于她自己的性别，她尽力给她们留下弱质优雅、气质高贵的印象，从未失败。对她的这些品质，我们发现，得到在朝廷回銮后跟她接触过的所有人欣然的赞美，对了，甚至包括那些在她的宫墙之下经历过围攻恐怖的人。她神秘宫廷的魅力，她赐予的稀有视觉，她真正的仪态万方，以及其举止的单纯与友好，结合在一起，在见过她的欧洲女士们心中制造了良好的印象，与常识和经验的所有教训完全相反。在一些很著名的事例中，这种印象的效果明显地作用于和平协议的谈判过程。

---

[1]　格兰特·理查兹（Grant Richards），1901 年。

从《景善日记》中，我们看到的对慈禧性格的评价，是一个多年来有连续不断的机会近距离研究她的人所得出的，这种评价在过去和现在都得到了公众裁判的肯定，得到了京城茶楼酒肆街谈巷议的确认。慈禧尽管善变，尽管控制不了脾气，尽管她孩子气地缺乏是非感，尽管她对权力有着肆无忌惮的热爱，尽管她有狂暴的盛怒和报复心，但她并不像"文庆"所描绘的凶魔，而更像美国杂志上那位穿着时髦的好心肠的"慷慨女士"。她只是一个勇气非凡、活力强盛的女人，一个意志坚强、雄心无限的女人，一个东方的女人，按照她自己的理解过日子，遵循其民族和其社会等级的传统。景善在日记中说："圣母春秋已高，必不主战，所好皆文雅之游戏，借以消遣，如观戏、描画、著诗等事。素时性极温和，乃因意外之事，大发雷霆，令人不胜悚惶战栗之至。"从这里我们看到了一个女人的写生，没有心机，画者只是一个有同情心的观察者；这个女人能够赢得并留住她那个时代最伟大的男人们真挚的忠诚，更不用说仆从与侍女了；这个女人对身边一切所具有的人情味和同情心，未曾因年龄增长而枯萎，也未曾因习惯而变味；而她的一句申斥，却能让凶暴的义和团首领从她身边缩回去。女人善变。慈禧，二十四岁就成了自己的女主人，成了帝国实际上的统治者，没有很多机会学习控制她的情绪和怒气。她学到的，从一开始就是独裁的把戏和性情。她在这么一座宫廷里受训，在这里，人命被视同草芥，权力靠残忍无情的手段来维持，叛逆和肮脏的行径蛰伏着，窥伺着统治者弱点的第一丝迹象，她怎么能学会让紫禁城从其道路上扫除骇人听闻的暴行呢？

让我们记住她所处的时代和位置。想想这个女人的环境和教育，她跟一个放荡傀儡的婚姻，她后来在皇城镀金牢狱里的生活，面对着没完没了的礼节，其基础却是阴谋和人为的罪孽。在与欧洲国家建立中国最早的外交关系之前，北京朝廷及其办事的方式跟中世纪的欧洲非常相似，自那时起，接下来的失败与入侵并未使其怀抱的传统与方法有丝毫的改变。借用最近的一位中世纪史著作者所说的话，北京宫廷的生活，就像我们的 14 世纪，"是深奥学识和盲目愚笨的生活，是婴儿般快乐和突如其来悲剧的生活，是昙花一现的幸运和迅速到来的厄运的生活。13 世纪和 14 世纪的罪人们具有某种无辜。的确，他们有许多问题是因同样的孩子气的率直与充满男子气概的未经折损的力量结合在一起所引起的"。无论慈禧犯下过什么残忍与报复的罪行，而且为数很多，但值得赞扬的是，她通常拥有忠实于其信念和立场的勇气，而且是当众犯罪。东方的统治者若无凶狠，就无望于实际存在，在这样的凶狠之下，确实跳动着一颗可能是善良的心——如果条件合适的话，并存在一种朴素的幽默感，那是满人普遍而逗人喜爱的一个特征。

我们还要记住，在今天的东方（就像如今表现出病态夸张迹象的那种人道主义得到发展之前我们欧洲人的情况一样），痛苦和死亡是普遍的日常生活风险的一部分，在围绕皇座不断上演的野心、爱憎的大游戏中，普通的东方人轻易就会遭受这种风险。慈禧在这场大游戏中扮演女王的角色，但没有记载表明她曾出于纯粹的残酷和对杀人的热爱而取人性命。当她打发一个人去死的时候，那是因为此人挡在了她的路上，使她不能充分而安全地满足她对权力的热爱。当她的暴怒转而针对洋人的傲慢无礼时，她把在华的每一个欧洲人交给刽子手，并无良心上的不安；当皇帝的宠妃对她的皇威提出异议时，她毫不犹豫地下令立即将她处死；但在每一桩有案可稽的事例中，只有一例除外，她的手段都是干净利落的，从东方的观点来看是并不残忍的。她不喜欢刑讯，也不喜欢凌迟处死。在她所有报复性的诏谕中，我们发现了和她在道路上扫除人类障碍时同样的干脆利落，完全没有那种往往跟专制暴政相关联的不必要的残忍。她的手段，事实上是伊丽莎白式的，而非佛罗伦萨式的。

如果说慈禧在早年生活中就发展出了自力更生的精神，那就毫不足怪，她很少有必要求助于她在朝廷官员中的追随者。精力枯竭的经典学士们，大腹便便的福斯塔夫们，鸦片鬼们，步履蹒跚的宿命论者们，以及皇室宗亲中腐败的寄生虫们，的确，在这样一群人当中，她似乎是一个时代的错误，是为她那些强健的祖先们赢得了中国的那种阳刚与活力的回光返照。她似乎是这个腐朽皇朝的天生而必然的统治者，如果说她变得为所欲为，那主要是因为她身边很少有适合领头或发号施令的人。

她充满了女性对奢华的热爱，贪图享乐，在其人生的某个时期，按照其宫廷的传统标准，她无疑是放荡的，她把这些品质结合为一种精明的常识，以及求取并聚敛私财的明显嗜好。用她自己的话来说，她在所有事情上都尽可能遵循"中庸"之道，很少让她对享乐的热爱减弱她的洞察力，或者妨碍她追逐人生大事的目标。

和许多专横好战的统治者一样，她很迷信，小心翼翼地遵行为避免凶兆所必须举行的仪式，安抚中国若干宗教的无数神鬼，慷慨地捐助僧侣和占卜者。不过，和英格兰的伊丽莎白一样，其世俗的本能从根本上强过其所有的迷信。那种健全的判断力，她曾凭借其极为成功地利用了她那些腐败追随者的弱点与贪欲，从未允许对权力的暗中觊觎严重妨碍她强有力地操控那些可见的事物，或抑制她对绝对权力的绝对热爱。

构成皇太后显著个性的品质是多样而复杂的，但令她获得声望与权力的主要品质，首推其勇气，次推其某种程度的单纯与直率，这两种品质与普通满人胆怯闪避的性格形成了强烈的比照。她的勇气是毋庸置疑的；即便在义和团恐怖时期的动乱当中，她也从未丧失勇气，许多人见证过她的不可征服的精神和冷静，景善只是其中之一。置身于荒凉和毁灭的场景之中，最勇敢的男人也不免泄气，我们却看见她平静地画竹于绸缎，或下令停止对使馆的炮击，好让她到湖上游玩。那种场景的戏剧性是多么有力，她在自己的宫门前申斥并制止住好斗的义和团首领们；还有，在出逃的那天早晨，只有她保持了镇定，下令时如同出发去野餐时一般沉着！在这样的时刻，她所受教养和其脾气的所有缺点都被忘却了，只剩下其高贵品质的不可抗拒的感染力。

对这些品质，对她神授的统治权，慈禧本人完全自信，其坚定的程度不亚于德皇，并坚持要让自己得到相应的认可与尊敬，得到君临宇宙发号施令的位置。有一次，她显著地展示了对自己至高无上地位的信念，以及她迷信的思维习惯。当时，她的肖像，由卡尔小姐为圣路易博览会而绘制，从外务部启程运往美国。她认为，描绘自己威仪的这幅作品，有资格在所有庄重的仪式上和她本人一样受到崇敬，于是她下令建造一条微型铁路，穿过京城的街道，专为运送她的肖像。用这种办法运送"圣容"，画要竖立着，置于黄丝绸的华盖之下，以免皇太后想到被画在肖像上的自己，由苦力们扛在肩膀上——这种行进方式太不吉利，令她受不了。在肖像离宫之前，皇帝被召去跪拜于肖像面前，在它穿过京城时，在铁路沿线，百姓虔敬地跪下，仿佛那就是老佛爷的血肉之躯。诸如此类的事件更清楚地表明，按照欧洲人的行为与思想标准，是不可能公正评价皇太后的。要想获得合适的环境与视点，我们必须回到都铎王朝的早期。

皇太后自己说话直来直去，对阿谀奉承敏于察觉，并会生气。因她的喜爱和关照而位极人臣的那些人，原本就是强者，是荣禄、曾国藩和左宗棠那种类型的直言不讳的官员；对谄媚邀宠之徒，她深感轻蔑，且从不费心掩饰，只是在某些事例中（如张之洞），她因对方成熟的学识或勇气，而忽略了其谄媚之举。

很自然的，皇太后没有超越对本民族即满人的偏爱，但其统治牢固的一个大奥秘，无疑在于她胸襟开阔的不偏不倚，在于她维持了政府各部门中满人与汉人之间的微妙平衡。她意识到了国家的智囊与能量一定是来自汉人，如果满人要保住他们的权力和清闲差事，就必须获得汉人的善意，以及各省官僚阶层的忠心。从她当政之初起，直到她把她的义和团亲属交给刽子手那一天为止，她在公正处罚满人时从不手软。一个能够说明这一点的事例发生于1863年，与她的一名宠将胜保有关，此人因在1860年参与抵抗英法联军入侵的战争，得到她衷心的感激，而此人因为好运，也由于朝廷的无知，把阻止联军向热河推进的功劳记到了他自己头上。因为这些所谓的功劳，慈禧赐予他特赏与很高的荣誉。然而，在1863年，他在陕西与太平军交战，遵照一项在中国军事指挥官当中并不罕见的习惯，他请准去劝降一名太平军首领，条件是给对方一个重要的官职。慈禧有过足够的机会了解这套办法的风险，拒绝批准他的请求，顺带指出了拒绝的理由。胜保竟敢压下她的上谕，擅自授予那名太平军首领以被谈及的要职。成功可以证明胜保是对的，但那位太平军首领却以食言证明了皇太后是正确的。他逮到一个合适的机会，再次揭竿而起，屠杀了大批官员，攻占了几个重要城镇。胜保将军被逮捕，并被押回京城监禁。他在审讯之下供认了一些轻罪，还承认他允许妇女在此次作战期间随营，按照中国军法，这是死罪。但是，他否认了对他的其他指控，态度仍然骄横，要求与原告对质。慈禧颁发了一道特别有力的上谕，宣布胜保应受的刑罚为斩首，但念其对英法联军、对太平军作战出力有功，开恩赐他自尽，而他很快地接受了这一赏赐。

慈禧，如前所述，是极度迷信的；此事不足为怪，如果我们还记得中世纪术士通灵和妖精的氛围，而她在早年的教育中必然会吸收这种氛围。她遵循儒家的箴言，对所有宗教问题都保持着宽容的态度，但是，她虽不愿讨论属于未知神怪的事物，却总是乐意安抚它们，并听任其日常事务中的行为由术士和占星家们的言辞来指导："信梦，信乌里姆，信先知。"于是我们发现她在其儿子冲龄的垂帘听政之初（1861 年），便以儿皇帝的名义颁发了一道上谕，它让我们不由得回想起巴比伦，以及巫师和占卜师身为国家要人的那些日子。上谕的开头如下：

> 七月十五日夜间，忽见众星流向西南甚多；本月二十五、二十六日夜，复有彗星见于西北。上苍垂象，变不虚生。且自上月以来，京师疫气盛行，至今未已。朕虽年在冲龄，实深恐惧。兹奉两宫皇太后懿旨：天人交儆，必政令有阙所致。

谕旨最后告诫所有相关人员"其勤思职业，用戒戏愉，以邀天鉴"。

在前面的章节里，我们已经说明，在朝廷从流亡中回銮时，有关她返京的吉日，她是如何谨慎小心地与占星术士商量，她很想严格遵循其忠告的迫切心情显然是真实的。她对兆头和奇迹的关心，如同拿破仑，似乎是在服从本能，这些本能覆盖并高于她天性中更实际的另一面，然而，只要出现重大危机，只要她的最高权威受到威胁，那实际的另一面肯定会挺身而出。她总是渴望得到祖宗灵魂的祝福，把其存在视为活生生的事实；但即便如此，只要她自己的专制权力与祖宗灵魂必须虑及的诉求之间发生了直接争端，她会毫不犹豫地把强大的死者束之高阁，满足于在适当的时候，以恰当地对其表示敬畏与悔恨的方式，对它们进行安抚。这类情况中最著名的事例，就是她无视本朝的继承法，剥夺了其子同治皇帝祖宗祭祀的香火，于是明知故犯了在中国人眼中极为可耻的罪行。

　　她的迷信倾向最明显地表现在她为自己选择墓址及陵寝建造之事，这是一种御用风水先生大显身手的场合。当同治在 1873 年亲政时，他履行的第一项职责就是陪伴两宫皇太后前往东陵，在那里极为郑重地选了两块依山傍水的风水宝地，并驱除了所有的邪魔。为了选择动工的吉日，还需要举行另外的仪式，进行神秘的计算；在这些活动中，在陵墓的装饰中，慈禧不断给予最热心的关注，直到她去世的那一天。为了让陵墓的建造得到一丝不苟的照料，以符合其风水先生的要求，让她的坟墓成为舒适而神圣的长眠之所，她委任荣禄为其总监，于是他获得了一个令满人官员们垂涎三尺的终身职位，按照惯例这是大有"油水"的肥缺。这两块墓地的风水条件带来了非同寻常的麻烦，慈安的陵墓向北移了一丈四尺，向西移了四尺二分；而慈禧的陵墓则北移了六尺七分，东移了六分。

　　慈禧不害怕任何人。从她掌权的第一刻起，她就有了获得神授权力的感觉，坚信自己的"运气"，像品尝美酒一般品尝她的权力。她从对帝国大臣们的说教中获得的快感，可从其上谕的字里行间读出。早在 1862 年，也就是说，她还不到二十七岁，我们就发现她一本正经地告诫军机大臣们尽忠职守，劝诫他们严于律己，制止他们腐败的倾向。她说，她并不禁止大臣们向社会底层征求意见，但他们应当小心避免构成阴谋或邀朋聚党的企图。另一次，她特邀御史们弹劾恭亲王，指出："该大臣均系特简，与王同列，如遇事有窒碍，即当面折廷争，公忠共矢，如《书》所称'汝无面从，退有后言者'，引为鉴戒，方足以励大臣之节。"慈禧能够以良好的文风，大量鼓捣出这类东西，很对中国学者的脾胃。她以制造训诫官僚的格言为傲，但每当她精心写下这些典范性的老生常谈时，人们总是怀疑她是虚心假意的，正如我们知道的那样，当她为了重新赢得康格夫人（Mrs. Conger）及外交使团女士们的好感而表现出《泰晤士报》驻北京记者针对她所说的那种"女孩子气的任性"时，人们也起了这样的疑心。

　　毫无疑问，皇太后在其各阶层臣民当中是享有声望和威信的。尤其是在京城，以及整个直隶省，她是人们非常普遍、非常真心喜爱的对象；人们提起她的名字时，很少不是怀着钦敬之情，实际上很像英国人民对维多利亚女王的感情。尽管众所周知，她应该分担义和团之乱及其后百姓所受痛苦的责任，但人们很少或不曾归罪于老佛爷。臣民们因其缺点而爱她，因其拿帝国孤注一掷时的莽撞之勇而爱她。在下层阶级当中，人们普遍认为她尽了全力，动机也是最好的。把洋鬼子赶进大海，这个计划本身就值得赞扬，很对老百姓的胃口，值得他们的统治者这么做，而且应该有更好的命运。这次计划失败了，那是天意，有朝一日，成功定会证明皇太后是有智慧的。人们即便责备她，那也是因为她在朝廷回銮后屈尊与可恨的洋人建立了密切的关系；但即使是在这件事情上，她得到臣民的同情也是多于责难。

她的百姓大众从未见过她，仅仅是通过日积月累的街谈巷议来了解她，但对他们而言，老佛爷就是勇气、慷慨与心地仁慈的化身。哪怕她就跟大家都知道的那样，容易突然发作暴怒，那也丝毫无损于她在百姓心目中的形象，因为这个民族相信，未经发泄的怒火，是机体中的致命毒素。单纯的直隶百姓不无幽默感地宽容其威严君主发火的本领，正如宽容其女性的多变；对他们而言，她是一个伟大的统治者，一个调皮的孩子。在一个酷吏和酷刑是秩序中早已得到承认的一个部分的国家里，人们对于其诸多冷血暴虐的行为的强调，不会多于谈论英国在 15 世纪末对伯爵们的斩首。

本书作者之一曾有幸见过一次皇太后，当时她正坐着轿子前往东陵。她很早的时候便在齐化门外的东岳庙内用过了早膳，正在前往通州的路上。她的轿子经过时，百姓们跪成一列，轿帘打开了，可以看见老佛爷在打瞌睡。善良的乡民们非常高兴。"瞧！"他们嚷道，"老佛爷在睡觉呢。她要做的事情确实太多啦！少见的女人哪，真高兴看到她！"

人们承认，慈禧凌驾于她强制别人服从的批评与法律之上。例如，就在她颁发上谕禁止体罚和牢狱刑讯几周之后，她便命人将维新党人沈京毙于鞭笞之下（1904 年 7 月），舆论并不认为这件事情有什么特别。几天后，在准备她的七十大寿庆典时，她颁发了一道懿旨，拒绝皇帝出于孝心授予的尊号以及相应的俸禄，理由是她没有心情参加庆典。"值此时事多艰，日俄两国兵事未定，我东三省境内人民方在流离颠沛之中；广西叛匪狈狯，生灵屡遭荼毒，其余完善各省亦复疲于捐派。民力难堪，满目疮痍，深宫无日不为引疚，岂尚忍以百姓之脂膏，供一人之逸豫。"她又说，"内外臣工，其各修职业，各矢血诚，于筹饷练兵、兴学育才以及农、商、工、艺诸要政，凡有裨于民生者，合力振兴，切实整顿，用以宏济艰难。俾天下苍生咸乐升平，而跻仁寿，是则予之所厚望也。"无疑，沈京的阴魂得到了很好的安抚。

她间或具有的报复性的凶残是可以肯定的。正如景善承认的那样，就连她最忠实的追随者和仆人们都懂得，在她发怒时，最好躲远点，如果无法从她面前逃走，那就不要拦着她。他们知道，凡是胆敢质疑她绝对权力的人，凡是胆敢批评她为了获取并维护权力而所用手段的人，都别指望得到宽恕。但他们也懂得，她会牢记真诚的效力与忠心，而且如同俄国的凯瑟琳一样，她绝不会忘记朋友。

她在华中与华南不受欢迎，这在甲午战争之后变得明显起来，而在戊戌政变之后趋于激烈，其根子上是由于排满与政治。这在广东尤为强烈，多年来，皇太后在那里一直被煽动家们指斥为空前堕落的妖怪。骚动而机敏的广东人的政治观点，通常以活泼而有些粗俗的方式表达出来，如果我们记住有一种普遍的倾向（不局限于远东），即把总体的堕落归咎于戴着皇冠的脑袋，那么就有理由拒绝不恰当地看重这个地区对皇太后的强烈指控。华南那些急性子和讽刺作家的言论，其主要的意义在于多少揭示了中国行政体制内存在着分裂的巨大可能性，并证明了满人的统治在那个教育与政治的新兴力量最为显著的地区已经堕落到令人嗤之以鼻的地步。

然而，这些不过是地方性的现象，在戊戌政变之后丢失了许多灵感。上海华文报纸明显的排满倾向，其中很多采取的形式是对皇太后的个人敌意，其结果也是局部性的，比少年中国党的朦胧志向与对变革的希望造成的地方性结果强不了多少，而且很少反映出严肃观点的分量。官僚阶层和士绅作为一个总体，是忠于皇太后的，并给她以尊敬。他们没有忘记对皇太后的智慧和治国才能表示钦佩，她的这些品质使帝国在极其困难的环境下团结在一起。他们一般把中国能够从太平天国运动的灾难中恢复过来，归功于皇太后对曾国藩的任用与支持，而把国家能够逃避突然革命的危险归功于皇太后在1898年的精明判断。他们承认，倘若不是她老练地处理了载垣的阴谋（1860—

1861），那么清朝是否还能够有十年的大一统，是值得怀疑的。他们意识到，当她那强劲的手不再掌舵时，国家之船很可能会漂入危险的水域。

慈禧一生的日常程序在卡尔小姐对于宫廷礼仪和娱乐的精确而生动的记述中有了很好的描写，[1]那是对中国宫廷私人生活的首部权威写照。慈禧具有对国事的敏锐天才（和维多利亚女王相似，后者是她从远处非常仰慕的人），除此之外，她至死都保持着对文学艺术充满活力的热爱，同时对娱乐具有健康而广泛的欲望。她对戏剧、假面舞会和穿着古代服装的盛会有一种上瘾的喜爱，她不论何时何地都沉迷其中，对优伶们具有一种内行的兴趣，对演出提出大量建议，她每天都会从呈给她的戏单上挑选演出。即便在朝廷于西安旅居外省荒僻之地时，她仍然照常召来优伶跟随朝廷并演出，这招致了物议，以及御史们的一些怀有敌意的批评。

她的私生活无疑具有阶段性。对于19世纪90年代早期颐和园修复之前慈禧的私生活细节，我们知之不多。不过，在中期，当她接受了"中庸"的哲学与实践时，其趣味变得单纯，其习惯变得正常了。她酷爱夏宫，酷爱那里青山环绕的园林和湖水，到了晚年，她尽可能少进城。她爱颐和园的自由自在，爱那里没有正式的礼仪，爱她的水上野餐，以及与她喜爱的女士们亲切交往，她跟这些女人谈论当天的新闻，闲聊皇室琐事。她跟这些女人，特别是荣禄之妻和大公主，不断地谈到过去的时光，并为将来制订计划。

她对文学的热爱，以及她渊博的历史知识，为她赢得官僚阶级的尊敬贡献不小，对那些人来说，经史典籍就是宗教。不过，她的阅读是没有偏见的，不用说，是什么书都看；她的习惯是每天花一些时间，听受过专门朗诵培训的太监们为她大声朗读古今作家的作品。她完全相信教育，但她清醒地意识到了把新酒装进旧瓶子的危险；在生命将要结束时，她认识到了，帝国正在迅速改变的环境，使得中国圣贤们的智慧作为行政管理的基础已无多大的实用价值。她在这个问题上的清醒认识，对比她在1898年的行为，反差确实是很鲜明的，但要记住，她与皇帝维新政策的对立，很大程度上是个人意气

---

[1] 《与中国皇太后在一起》（*With the Empress Dowager of China*），伊夫利·纳什公司（Eveleigh Nash），1906年。

与尊严受辱的结果，和她在 1900 年决定成为义和团首领的情况一样。

前面的章节多次提到慈禧的宫廷在她第一次听政期间呈现出铺张与放荡的景象。御史们为此而做的规谏，数量如此之多，言辞如此直率，指控如此具体，没给我们留下多少怀疑的余地，我们不得不相信皇太后理应受到其愤怒的指责。那一时期，尤其是从 1862 年至 1869 年，所有记载都指向了太监们与日俱增的邪恶影响，他们的腐败，以及他们对滥支钱财的怂恿鼓励，导致了对地方金库的不断索要。但即便是在可以公正地称之为其放纵生活的高峰的时期，慈禧也总是表现出了她的大度，公开赞成其监督官员们的正当提醒，并宣称自己渴望节俭，以安抚舆论。她要有自己的皇家生活方式，要有壮观的盛会与进贡财富的收藏，但御史们也该有他们的"脸面"。在 1869 年同治皇帝大婚之时，军机处极力郑重地反对增加宫廷开销，因为太平军运动给百姓带来的贫困状态。皇太后颁发了一道上谕，声称为百姓的普遍穷困而备感焦虑，甚至舍不得自己的劣质服装和粗茶淡饭所占的花销。事实上，她对良好的原则就像对公款一样大方。但要记住，花在宫中日用、修建陵墓与节庆典礼上的巨额开销，其中大部分是官员和太监们的"油水"，不管军机大臣们在指责铺张浪费时是多么严肃，他们实际上普遍承认，这种油水是跟清朝的行政体制密不可分的。慈禧完全明白，其内帑所负担的巨大开销当中，有很多成为"油水"流走了，但她愉快地默认了这个如同祖先崇拜一样植根于中国人心中的习惯，而她自己也从中得到不少的好处。在她为外交使团的女士们举行的招待会上，她总是频繁地询问家庭日用品的市场价格，这样做，如同她爽快解释的那样，为的是能向她的总管太监表明，她对其巨额的超支心知肚明。

然而，慈禧虽有对奢华排场的热爱，虽有偶尔突然爆发的皇恩浩荡的慷慨赠予，但她也有某种家庭主妇式的节俭本能，而这种本能随着年龄增长，几近于吝啬。中国统治者的内帑并不依赖于任何明确定义的皇室专款，而是依赖于一时的需求，依赖于帝国的收成和贸易，通过地方当局从中加课"油水"的提成，就有了支付朝廷开销所需的费用。[1] 这些进款的不确定，部分

---

[1] 自乾隆皇帝的时代以来，这些开销每年约为四千万两白银。参见 1909 年 12 月 7 日《泰晤士报》所刊专文。

地解释了皇太后聚敛的癖好，那种积储的本能促使她把巨额的财宝埋藏在皇宫的地下室内，并在紫禁城内积累了大量的丝绸、药材、钟表和各种各样的贵重物品。据一名朝廷大臣估算，在她去世时，其私人财富，包括储藏在宫中地下室内的大量金佛和祭器，约合一千六百万英镑。这个估算必定是不确切的，但可以大致确定的是，1900 年朝廷逃亡时埋在宁寿宫里的黄金储藏[1]共计有六千万两（约合八百万英镑），而朝廷驻跸太原和西安时各省送去的"贡品"数额更大。

她的健康与活力一直非同一般。（她向在她去世前不久给她画像的一位画家表示，应将她的皱纹忽略。）她绝没有摆脱女性的虚荣，她每天把相当多的时间花费于梳妆打扮，并特别关心其头发的梳理与造型。1900 年，在朝廷逃离宫中的重要时刻，人们听到她激动地抱怨自己被迫采用汉人的发型。

她的健康与活力总是非同寻常的。她本人主要将之归功于早起，生活习惯有规律，以及经常进食牛奶，而她进食的牛奶通常是凝结的。她吃得不多，但吃得很好，骨子里是个美食家，喜欢经过精心挑选的精致菜单。对于鸦片，就像对其他奢侈品一样，她以严格的节制来享用，但一天的工作完成后，她大为享受她的那根烟枪。她当时的做法是，休息一个小时，间歇地抽几轮大烟，这是宫廷中人都懂得不去打扰的午休。她充分意识到了滥用这种毒品的危害，赞成唐绍仪和其他大臣倡导的禁烟法律。但她对那些和她一样能够有节制地吸食鸦片的人所怀的同情，以及她对鸦片安抚与刺激心智效果的体验，导致她在禁烟上谕（1906 年 11 月 22 日）中坚持不去剥夺六十岁以上的人已经习惯的慰藉。事实上，她很乐意颁布法令，禁止大多数人吸烟，但对她自己，对那些已充分证明自己有能力遵循中庸之道的人，却是很宽大的。

这就是慈禧，一个具有非凡个性与生涯的女人，她的个性与生涯，必将让她在已经成为世界历史上标志并支撑着伟大性质的统治者当中占有一席之地。她一生的非凡成就，其铁杆拥护者们的忠诚奉献，是不能以平常的分析

---

[1] 这批储藏的核心是 1861 年从篡权的摄政大臣肃顺家中抄没的钱财。

或比较来轻易解释的；但毋庸置疑，它们主要归功于那种被称为"魅力"的神秘而不可思议的品质，这种品质显然无关于道德、伦理、教养之类，无关于我们所谓的文明；它的吸引力是普遍的，它对大多数人类的影响是不可抗拒的。正是这个女人的个人魅力，结合了她的强烈的活力与平易近人，为她赢得了尊敬，往往还赢得了喜爱，甚至赢得了那些有充分理由谴责其手段、否定其原则的人。这种个人魅力，这种微妙而有磁性的气质，无疑就是那种惊人力量的奥秘所在，她以那种力量，好歹不论，统治了地球上三分之一的人口长达半个世纪；正是这种魅力，让中国最勇敢、最优秀的精英站在了她这边；正是人们对那种魅力的持久记忆和传说，将传奇美德与超人智慧的属性赋予了"老佛爷"这个名字。

欧洲人，从西方道德的观点，研究她非凡个性中的许多复杂而出人意料的层面时，通常强调并谴责她的冷血残暴与嗜杀狂怒。不用否认这些事实，无须低估她的罪行，但必须承认，指望她遵循她必然一无所知的道德和行为标准是不公正的；还必须承认，以其前辈和同时代人的标准来判断，以其臣民们的意见来判断，她并没有被当成一个邪恶的女人。还请记住，在英国历史上较近的时期内，为了促进所谓的国家利益，对死亡的分配，并不是出自咨啬温和之手；人们被吊死，被开膛破肚，被分尸，为了国王更多的荣耀，为了保卫基督教，就在伊丽莎白和玛丽·斯图亚特的时代，而这两位都是温和的女士，厌恶流血的场面。

慈禧死了，如同她活着时一样，机敏到最后一刻，忍受不了疾病捆绑着她，使她无法开展新一天的工作，始终怀有对未来的憧憬。直到最后一刻，她仍然想着帝国，想着新的宪政计划，从中她看到了一个光荣新纪元的梦想，为中国，为她自己。当结局来临，她面对着死亡，如同面对生存，以坚定的心，以勇敢的言辞，去迎接未知的世界，仿佛她是启程去夏日郊游。她很不情愿地向人世告别，告别她满怀热情度过的人生；但是，她不像英格兰都铎王朝的女王，她向命运优雅地鞠躬，以坚定的皇家的高贵离开舞台，坚信其红运将会到来。

附　录

本书中出场的高官及其他人物简介

1. 惇亲王：道光皇帝第五子奕誴的封号。他被过继给其叔父即嘉庆皇帝（1796—1820）之三子绵恺为嗣子。

2. 端郡王：惇亲王次子载漪的封号。他被过继给嘉庆之孙瑞郡王奕约为嗣子。

3. 辅国公载澜：惇亲王第三子，义和团领袖。

4. 恭亲王：道光第六子奕䜣的封号。他生于 1833 年 1 月 11 日，死于 1898 年 5 月 29 日。

5. 醇亲王：道光第七子奕𫍯，生于 1840 年 10 月 16 日，死于 1891 年 1 月 1 日。

6. 载湉：光绪皇帝，醇亲王第二子。庙号"清德宗"。娶叶赫那拉氏，即桂祥公爵之女。此女在光绪身后仍然健在，为隆裕皇太后。

7. 载沣：宣统年间任摄政王。醇亲王与侧福晋所生之第三子。（其本名犯忌。）

8. 溥仪：宣统皇帝，载沣之子。

9. 溥伦：载治之子。时任资政院总裁。按照承继道统，他是合法的皇位继承人。

10. 镇国公载泽：嘉庆皇帝第五子惠亲王之孙。他娶了隆裕皇太后的妹妹。普遍认为他是当时在官的最强势的满人。

11. 贝勒载涛：道光帝第九子孚亲王之子。慈禧在政变时将其革职并囚禁，在袁世凯被革职的同一天由摄政王将其恢复官职。

12. 肃亲王：努尔哈赤一位小儿子的后裔。他是八位"铁帽子王"之一，其封号是世袭罔替的。

13. 郑亲王：名为端华，篡权的摄政大臣之一。"铁帽子王"之一，努尔哈赤的后裔。

14. 怡亲王载垣：篡权的摄政大臣之一。康熙小儿子的后裔。

15. 荣禄：慈禧的亲戚与宠臣。

16. 怀塔布（大学士瑞麟之子。其父瑞麟曾于1860年在八里桥战斗中指挥旗营抗击英法联军）：慈安的亲戚。他于1900年因被日军强迫和苦力们一起运沙而悲愤自尽。

17. 桂祥：承恩公，慈禧之弟，隆裕之父。

18. 承恩公照祥：慈禧之弟，德善公之父。

19. 格格，或大公主：恭亲王（见第4条）之女。特意过继给慈禧为女儿，后为有三个儿子的寡妇，其子都在军队中任职。

20. 刘氏：荣禄之福晋（初为侧福晋）。皇太后的密友。

21. 柏葰：大学士。在咸丰治下因肃顺的妒忌而被斩首。那桐之祖父。

22. 那桐：内阁协理大臣与外务部尚书。或许是摄政王最有势力的顾问及其一党的头目。

23. 耆英：《南京条约》签订后的满人两广总督。1856年（似应为1858年。——译注）因未能促成外国军舰从天津撤走，在叶赫那拉氏的建议下，被赐自尽。人们认为他倾向于基督教，这使他更加不受欢迎。

24. 肃顺：载垣政变的篡权大臣之一。

25. 周祖培：第一次垂帘听政时期的大学士。

26. 桂良：第一次垂帘听政时期的大学士。

27. 和珅：乾隆治下著名的大学士，后来被嘉庆赐死。据说他积攒了价值一千四百万英镑的黄金。

28. 景寿：同治继位时的辅政大臣。

29. 穆荫：同治继位时的辅政大臣。

30. 穆扬阿：曾于广西任道台。慈安之父，慈禧之恩人。

31. 崇绮：阿鲁特之父，大阿哥溥儁之师。曾任户部尚书。其自杀为荣禄所记载。

32. 庄亲王载勋（"庄"为封号）：一位义和团亲王，努尔哈赤小儿子的后裔。

33. 辅国公载功：庄亲王之弟，庄亲王封号的承袭者。慈禧恢复了其世袭王爵，因为倘若此封号被废除，是对努尔哈赤的侮辱。

34. 贵宝：同治朝内务府总管。

35. 文锡：同治朝内务府总管。

36. 桂清：端方之叔，内务府总管。

37. 端方：前总督，1909 年被革职。据记载，有一次，隆裕皇太后发现他盯着自己，便说："倘若你盯着的是已故皇太后，你的脑袋就会搬家了！"端方在满人当中不受欢迎，因为他直言不讳。他被革职是因为受到李鸿章长孙与继承人李国杰（时为驻布鲁塞尔公使）的弹劾。他过着退休生活，但据说在谋划讨得隆裕的欢心，以便在新内阁中得到职位。

38. 陈孚恩：咸丰朝的高官之一。被慈禧罢官。

39. 安德海：慈禧宠爱的太监，被慈禧的共同听政者慈安皇太后下令在山东斩首。

40. 安维峻：御史，1895 年因批评慈禧的私生活而在皇太后的教唆下被罢官流放。1910 年 10 月由摄政王复官，授予朝廷的高位。

41. 张之洞：辅政大臣与大学士。1909 年 10 月去世。

42. 张荫桓：广州人。光绪皇帝的追随者。他被慈禧放逐，并由端郡王下令斩首。摄政王赐给他身后的尊荣。

43. 赵舒翘：陕西人，1901 年在西安府（因其义和团倾向）被赐自尽。

44. 陈宝箴：湖北巡抚（应为湖南巡抚。——译注），光绪的追随者，被慈禧革职。

45. 嘉顺皇后：在阿鲁特氏的夫君同治皇帝身后赐给她的封号。

46. 启秀：满人军机大臣，义和团领袖。1901 年皇太后应联军要求下令将其在京斩首。

47. 敬信：满人大学士和皇亲。

48. 景善：某部满人侍郎（参见第十四章开首的生平简介）。

49. 经元善：上海知府（应为候补知府。——译注）。1900 年因要求慈禧恢复光绪政府而被革职。

50. 恩澍：景善之长子。

51. 恩海：1900 年 6 月杀害德国公使之凶手。

52. 恩麟：景善之子。

53. 许景澄：曾任驻柏林和圣彼得堡的公使，因亲外倾向被慈禧处死。摄政王赐给其身后的尊荣。

54. 徐世昌：直隶人，曾是袁世凯的一名谋士。时任军机大臣。

55. 徐致靖：一位维新派人士，政变后被判永久监禁，1900 年北京陷落后被释放。

56. 徐桐：大学士，义和团领袖。1900 年北京陷落时自尽。

57. 许应骙：广州人，作为反对派被光绪皇帝免职，后被慈禧下令复职，任命为闽浙总督。

58. 徐用仪：浙江人，兵部尚书（应为侍郎。——译注）。因同情外国人被端郡王于 1900 年 8 月处死。

59. 会章：满人御史，皇室宗亲。1900 年的稳健派之一。

60. 惠徵：安徽道台，慈禧之父。身后荣封为公。

61. 刚毅：义和团首领，满人顽固派的代表。1900 年死于朝廷西狩途中。

62. 康有为：戊戌变法者的领袖，被宣判死刑，逃亡后悬赏购其脑袋。

63. 梁启超：康有为的同志、副手与流放伙伴。

64. 廖寿恒：甘肃人。从 1898 年 3 月至 1899 年 12 月任军机大臣。

65. 联元：因亲外倾向被端郡王于 1900 年 8 月处死的满人。已由摄政王的诏谕给予圣徒的荣誉。他和立山（见下）已在北京有了为他们修建的祠堂。

66. 李莲英：安德海的继任者，为慈禧大内总管太监。

67. 李鸿章：安徽人。任两广总督、直隶总督等职，并为 1900 年的和议者。

68. 李鸿藻：直隶人，任过多年的大学士和军机大臣。

69. 林旭：政变时被处死的变法者之一。摄政王给了他身后的尊荣。

70. 李秉衡：满人，1900 年 7 月任副总司令，后来自尽。

71. 礼亲王：其本名为世铎，在八位"铁帽子王"中年资最高。他是努尔哈赤第二子代善的后裔，当过几年军机大臣，任宗人府宗令。1900 年失去了其大部分财产。

72. 立山：某部（户部。——译注）的满人尚书，内务府总管，荣禄之友，以收集艺术宝藏而著称。1900 年 8 月被端郡王处死。后来被摄政王赐谥。（见第 65 条：联元。）

73. 李端棻：贵州人，光绪党人，被慈禧流放至新疆。1904 年去世。因摄政王之命而享有身后的尊荣。

74. 刘光第：戊戌六君子之一。

75. 刘坤一：湖南人。1900 为两江总督。为维护长江流域的秩序起了主要作用。1902 年去世，谥"忠诚"。

76. 吕海寰：直隶人。曾任驻德国公使。后任督办津浦铁路大臣。曾为慈禧的门生，后去职。

77. 马玉昆：安徽人，一名粗鲁的文盲军人，受到慈禧的高度赞扬，下诏令其满族亲贵效仿他的效忠精神。他于 1900 年护卫朝廷西狩。1908 年去世。

78. 钮祜禄氏：慈禧之母的族名。

79. 僧格林沁亲王：蒙古王爷，成吉思汗的后代。1864 年在山东被造反首领张宗禹杀死。慈禧给他很高的荣誉。

80. 沈京：变法者，根据慈禧之令在刑部被鞭笞致死（1898 年）。

81. 胜保：满人将领，因抗命被慈禧赐死。

82. 孙家鼐：安徽人。帝师（见生平简介）。1909 年去世。

83. 宋伯鲁：1898 年被慈禧革职的一名御史。摄政王为他恢复了名誉。

84. 孙毓汶：直隶人。当过几年军机大臣，慈禧的宠臣。

85. 谭钟麟：湖南人。两广总督（1899 年任直隶总督兼北洋大臣。——译注）。1900 年（应为 1905 年。——译注）死于北京。

86. 唐绍仪：袁世凯的副手，奉天巡抚，因隆裕党的敌视而去职。

87. 谭嗣同：戊戌六君子之一。前湖北巡抚之子。

88. 陶模：浙江人。两广总督，死于广州。

89. 丁汝昌：安徽人。中国海军提督，1895 年在威海卫自尽。（其在中国人当中享有的声望不如在外国人当中那么高。）

90. 丁宝桢：1869 年的山东巡抚。他执行了安德海的死刑。

91. 岑春煊：广西人，总督岑毓英之子。1900 年署理陕西巡抚。慈禧的宠臣，被授四川总督，后授两广总督，镇压了广西的动乱。1907 年应召进京任邮传部尚书，但庆亲王及其腐败的追随者们忌惮其无畏之忠，撺掇慈禧将其解职。

92. 曾国藩：湖南人。镇压了太平天国运动。

93. 左宗棠：湖南人，杰出的将领。被擢升为大学士和军机大臣。1885 年去世。

94. 同治皇帝：慈禧之子。

95. 董福祥：原为造反的回民（应为汉人。——译注），后成为帝国将领，在 1900 年对公使馆的围攻中大出风头。

96. 慈安：东太后，穆扬阿之女。

97. 慈禧："圣母"皇太后。

98. 王文韶：浙江人。曾任直隶总督、大学士和军机大臣。1909 年（应为 1908 年。——译注）去世。

99. 翁同龢：江苏人。大学士和军机大臣，帝师。为慈禧所嫌恶，1898 年将其罢黜。1904 年去世。摄政王在其身后恢复了他的所有名誉。

100. 文悌：御史，1898 年被光绪革职，后为慈禧提拔。1901 年 11 月朝廷驻跸开封府时，他任知府。

101. 吴可读：甘肃人。以尸谏反对光绪继承大统的御史。

102. 杨锐：戊戌六君子之一。

103. 杨深秀：御史，光绪党人。

104. 叶名琛：1857 年的两广总督。被英国人俘虏，带往印度，并卒于该国。

一位大学者。

105.袁昶：浙江人。因亲外于1900年7月被慈禧斩首。后摄政王给了他封号。

106.袁世凯：湖南人（应为河南人。——译注）。前直隶总督、军机大臣，慈禧的大宠臣。隆裕皇太后反对他复任官职，原因不明。

107.毓贤：满人。1900年在山西巡抚任上，在山西屠杀传教士，结果掉了脑袋。

108.裕禄：1900年的直隶总督。天津陷落后自尽。